La cuisine de nos RÉGIONS

Un tour de France gourmand en 200 recettes

Vincent Ferniot
avec Sylvie Girard-Lagorce

La cuisine
de nos
RÉGIONS

*Un tour de France gourmand
en 200 recettes*

Photographies de Pierre Chivoret
Stylisme d'Alexia Janny assistée d'Ayumi Iida

SOLAR
EDITIONS

SOMMAIRE

NORD-PAS-DE-CALAIS
& PICARDIE

NORMANDIE

ALSACE, LORRAINE
& CHAMPAGNE-ARDENNE

BRETAGNE, VENDÉE
& POITOU-CHARENTES

VAL DE LOIRE,
CENTRE & BERRY

BOURGOGNE,
LYONNAIS
& FRANCHE-COMTÉ

BORDELAIS,
PÉRIGORD
& QUERCY

SAVOIE
& DAUPHINÉ

AUVERGNE
& MASSIF CENTRAL

PAYS BASQUE

LANGUEDOC-
ROUSSILLON

PROVENCE
& CÔTE D'AZUR

BÉARN &
GASCOGNE

CORSE

ÉDITO

Depuis plus de 25 ans que je sillonne les routes, les villages et les campagnes, que je visite les artisans, les producteurs et les marchés, je n'ai cessé de chercher à remplir mon cœur et mon panier du meilleur des régions. Trouver une recette perdue, une spécialité oubliée, un mets unique, produit en moi la même excitation que celle ressentie par un archéologue exhumant un tibia mérovingien. Ces véritables trésors, je les glane auprès des cuisiniers amateurs et professionnels au gré de mes rencontres. Ils complètent mon grand cahier de recettes et remplissent mon cabas. Je fais cela par passion mais aussi pour que rien ne se perde de génération en génération. Pour que ces recettes qui sont l'âme de nos coins et recoins de France, puissent perdurer longtemps après nous, vous devez en être vous aussi les dépositaires et les messagers.

La bonne cuisine nous rend heureux ! C'est prouvé. Demandez donc leur avis aux touristes qui visitent notre beau pays (plus de 80 millions chaque année). Quels sont les souvenirs qu'ils remportent et partagent de retour dans leur pays ? Bien sûr, les sites grandioses et les monuments sublimes, mais plus encore notre cuisine régionale dans son incroyable diversité de saveurs et de produits. Ce qui singularise notre pays, c'est sa fine marqueterie de terroirs : une telle diversité de climats, paysages et cultures sur une surface aussi restreinte (la France représente moins de 0,5% de la superficie des pays du monde) et une cuisine foisonnante, colorée et si variée. Ou plutôt des cuisines qui ressemblent et incarnent parfaitement les diverses cultures riches d'histoire et de traditions. Elles sont le ciment de notre nation.

Et s'il est vrai que le plaisir gustatif ne commence pas à table mais qu'il grandit peu à peu en feuilletant un livre de recettes, en faisant le marché, en nouant un tablier et en allumant le feu sous la casserole… alors je suis certain que vous allez vous régaler. Et moi de mon côté, je salive de vous imaginer au-dessus de toutes ces marmites fumantes, cocottes bouillonnantes et plats embaumant vos foyers.

Bonne cuisine mes amis ! Mais surtout régalez-vous, régalez autour de vous et portez la bonne parole : la cuisine c'est de l'amour… et la cuisine régionale, c'est l'amour de notre pays, un amour à la française.

NORD-PAS-DE-CALAIS & PICARDIE

ENTRÉES

Asperges blanches à la flamande, 12
Salade de maquereaux et radis, 15
Gratin de chicons au jambon, 15
Caudière, 17
Tarte au maroilles, 19

PLATS

Anguilles au vert, 19
Ficelles picardes, 20
Waterzoï de poulet, 22
Hochepot à la queue de bœuf, 25
Potjevleisch , 25
Carbonade de boeuf, 27
Lapin aux pruneaux, 27

DESSERTS

« Ch'tiramisu » aux spéculoos et à la chicorée, 28
Cramique aux raisins, 30
Gâteau battu picard, 32

LE GRAND NORD CHALEUREUX

Depuis le succès du film *Bienvenue chez les Ch'tis*, le regard des Français sur le « Grand Nord » a changé du tout au tout. Bien loin du folklore trop longtemps servi en seule pâture aux sudistes amusés, l'identité de cette région passe par un esprit très affirmé et un calendrier festif ponctué de ducasses, foires, braderies et carnavals. La table nordiste repose sur quatre pieds bien solides et les chichis, c'est pas « pour ichi ». La cuisine s'est construite autour d'une belle agriculture privilégie le maraîchage, avec au premier rang la pomme de terre, le poireau et l'endive. Le Nord-Pas-de-Calais-Picardie, c'est aussi une frange maritime étendue entre mer du Nord et Manche, depuis Dunkerque, notre frontière septentrionale jusqu'au Tréport, en passant par Boulogne, premier port de pêche français et la baie de Somme, ourlée du sauvage parc du Marquenterre. Loin de la mer, la Thiérache verdoyante approvisionne en fromages les cités flamandes depuis le Moyen Âge, comme en témoigne toujours le célèbre et vivace maroilles. Souvent préparée pour de grandes tablées de familles nombreuses, la cuisine traditionnelle du Nord laisse mijoter longuement en « pot », marmite ou cocotte les produits de la mer, de la ferme ou du jardin. Le célèbre hochepot flamand tire son nom du pot et le potjevleisch est également dunkerquois d'origine. Pour échapper au climat rigoureux et à leurs conditions de vie souvent rudes au cours de l'histoire, les gens du Nord ont trouvé mille recettes à mijoter dans leurs intérieurs sympathiques. Ils gardent l'habitude de célébrer leurs événements familiaux autour de soupes, de flamiches, de gaufres, de tartes au sucre ou à la crème accompagnées de l'omniprésent café à la chicorée. Je peux vous en parler : ma femme est ch'ti et son père est né dans une famille de 14 enfants !

Chaleureuse, sincère et enjouée, voilà la cuisine du Nord-Pas-de-Calais-Picardie, à l'image des gens qui y vivent.

ASPERGES BLANCHES À LA FLAMANDE

Particulièrement moelleuses, les asperges blanches font partie des productions les plus réputées parmi les légumes du Nord. Choisissez-les plutôt grosses.

Pour 4 personnes
Préparation : 30 min
Cuisson : 25 min

€ €

✳

- 2 kg de grosses asperges blanches
- 1 petit bouquet de persil
- 3 œufs extra-frais
- 125 g de beurre
- 2 pincées de sucre en poudre
- sel et poivre du moulin

FRANCE · PURE TRADITION
Nord-
Pas-de-
Calais
FAIT-MAISON

🍷 Bière blonde
ou muscat sec d'Alsace

1 Pelez et parez les asperges. Faites-les cuire dans une casserole d'eau bouillante avec le sucre et 20 g de beurre 15 minutes environ. Égouttez-les dès qu'elles sont tendres et laissez-les tiédir sur un torchon plié.

2 Faites cuire les œufs 8 à 10 minutes à l'eau bouillante, écalez-les et coupez-les en deux.

3 Retirez les jaunes d'œufs et écrasez-les grossièrement dans un bol, salez et poivrez. Taillez les blancs en petits dés. Faites chauffer le reste de beurre dans une casserole en ajoutant les jaunes.

4 Répartissez les asperges sur des assiettes, nappez-les de sauce aux jaunes d'œufs et ajoutez les blancs hachés en garniture, avec le persil ciselé.

Variantes et conseils

Vous pouvez supprimer le beurre fondu et servir les asperges avec une vinaigrette aux fines herbes, agrémentée d'œufs durs hachés.

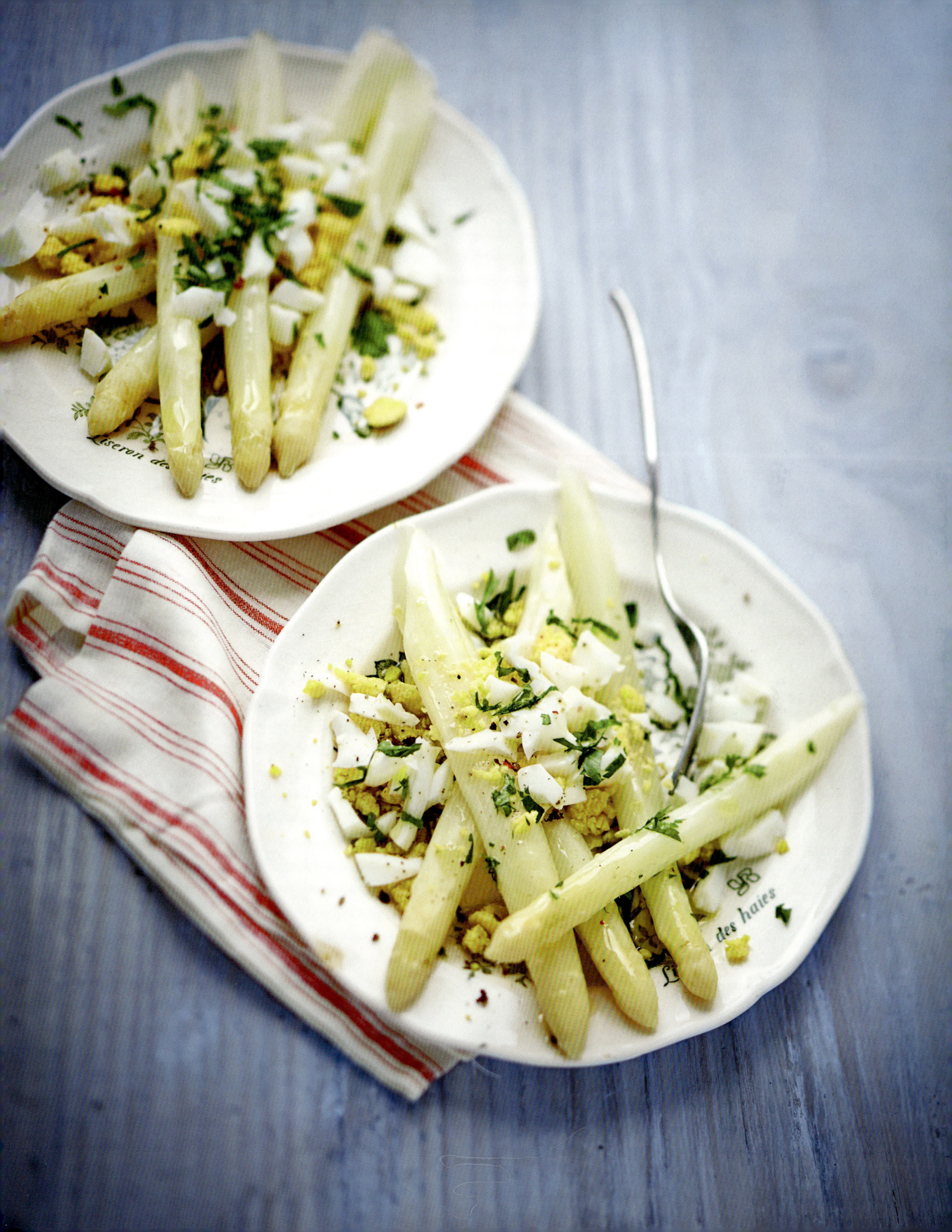

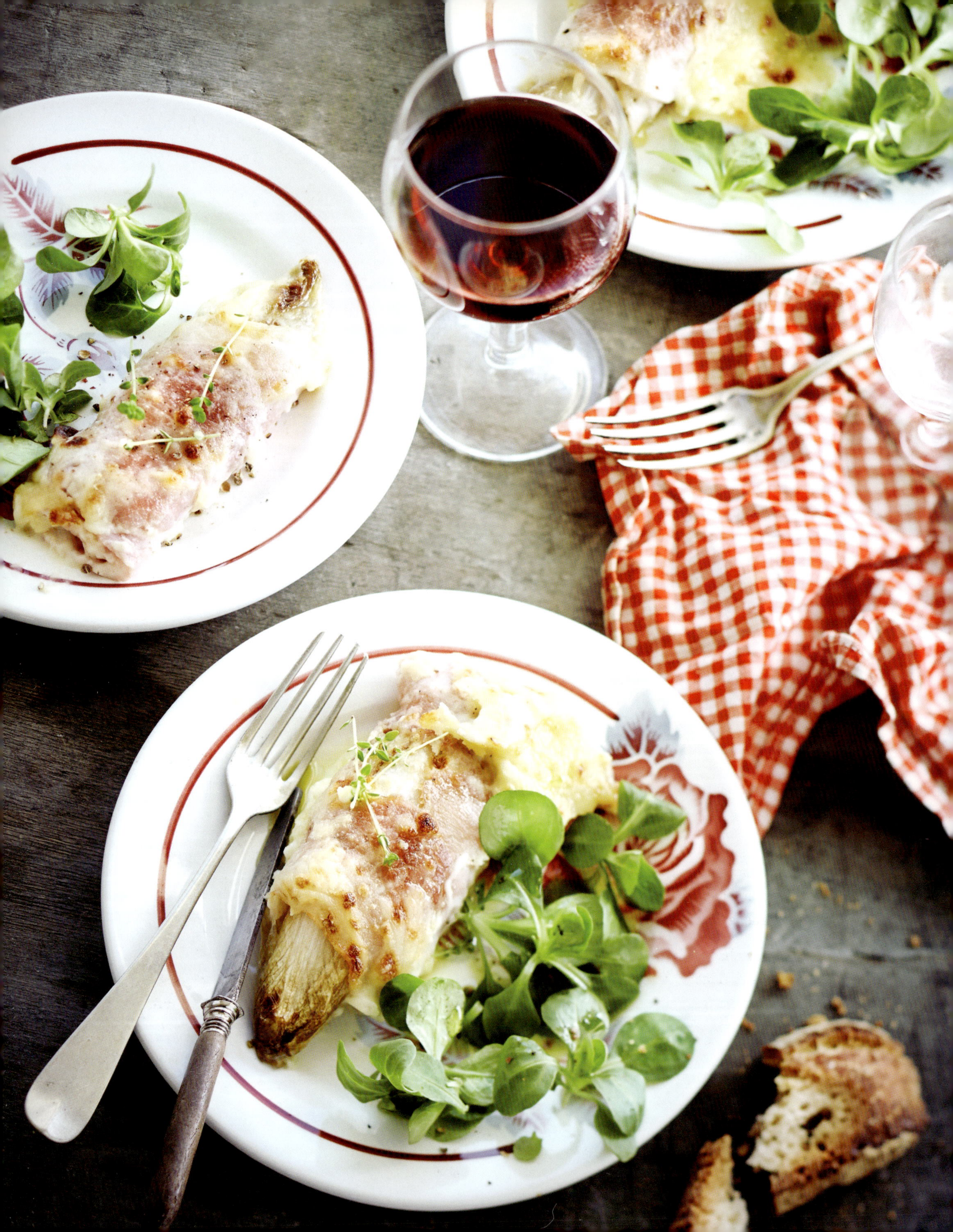

SALADE DE MAQUEREAUX ET RADIS

Pour 4 personnes
Préparation : 20 min

€ ✳

- 600 g de filets de maquereaux fumés
- 1 botte de gros radis rouges
- 1 grosse betterave cuite
- 1 citron
- 1 cuill. à café de moutarde douce
- 2 cuill. à soupe de vinaigre de cidre
- 5 cuill. à soupe d'huile de tournesol
- sel et poivre du moulin

1 Parez et lavez les radis, coupez-les en rondelles. Pelez les filets de maquereaux, émiettez-les grossièrement et arrosez-les de jus de citron. Préparez une vinaigrette avec l'huile, le vinaigre, la moutarde, du sel et du poivre.

2 Mélangez dans un saladier les miettes de maquereaux, les radis et la vinaigrette, ajoutez la betterave pelée et taillée en dés, remuez à nouveau, rectifiez l'assaisonnement et servez à température ambiante.

🍷 Menetou-dalon ou sauvignon de Touraine

FRANCE · PURE TRADITION · FAIT-MAISON · **Nord-Pas-de-Calais**

GRATIN DE CHICONS AU JAMBON

1 Préparez une sauce Béchamel. Faites chauffer dans une casserole 25 g de beurre et la farine, puis ajoutez progressivement le lait. Ajoutez du sel, du poivre et la noix de muscade. Laissez mijoter 15 minutes, puis incorporez la moitié du fromage. Réservez.

2 Faites blanchir les endives parées et citronnées 5 minutes à l'eau bouillante, égouttez-les soigneusement et coupez-les en deux dans la longueur.

3 Enroulez chaque demi-endive dans une tranche de jambon. Rangez-les dans un plat à gratin beurré et nappez-les de béchamel au fromage. Poudrez avec le reste de fromage et faites gratiner dans le four à 200 °C (th. 6-7) une vingtaine de minutes. Servez dans le plat.

🍷 Bière blonde ou bordeaux rouge jeune

Pour 4 personnes
Préparation : 20 min
Cuisson : 40 min

€ ✳

- 8 tranches de jambon blanc
- 4 grosses endives
- 1 citron
- 50 g de beurre
- 50 cl de lait
- 70 g de fromage râpé
- noix de muscade râpée
- 25 g de farine
- sel et poivre du moulin

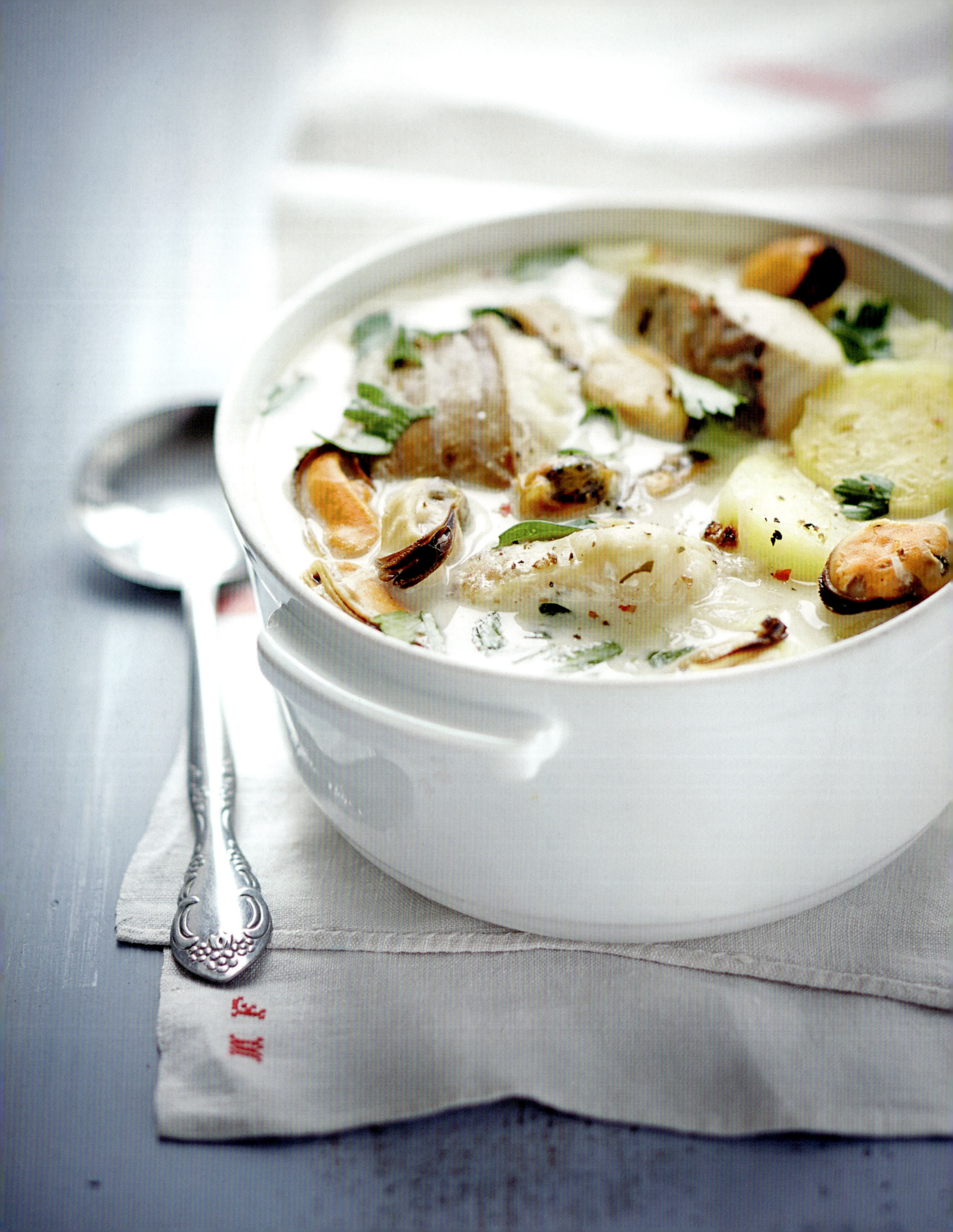

CAUDIÈRE

Cette soupe de poissons du littoral boulonnais est presque une potée. Les pêcheurs
la préparaient jadis à bord des bateaux dans un chaudron, que l'on appelait aussi « caudière ».

Pour 4 personnes
Préparation : 30 min
Cuisson : 30 min

€ €

✳ ✳

● 1,5 kg de poissons blancs
écaillés, dépouillés et vidés

● 2 l de moules

● 1 kg de pommes de terre

● 4 oignons

● 2 gousses d'ail

● 4 brins de persil

● 1 bouquet garni

● 3 jaunes d'œufs

● 15 cl de crème fraîche

● sel et poivre du moulin

Chablis ou vouvray sec

1 Disposez les oignons émincés en couche dans le fond
d'une marmite, ajoutez le persil et l'ail hachés, le bouquet
garni, puis les pommes de terre pelées et coupées en rondelles.
Versez doucement 3 litres d'eau par-dessus, salez et poivrez.
Faites bouillir, puis laissez frémir 10 minutes. Ajoutez les poissons
et poursuivez la cuisson 15 minutes à petits frémissements.

2 Faites ouvrir les moules dans une casserole sur feu vif,
décoquillez-les et mettez-les dans une grande soupière chaude.

3 Prélevez les pommes de terre et les poissons dans
la marmite, ajoutez-les dans la soupière et gardez au chaud.

4 Dans un bol, mélangez les jaunes d'œufs et la crème.
Jetez le bouquet garni, liez la soupe restante avec le
mélange œufs-crème, faites chauffer doucement et versez le tout
dans la soupière. Remuez délicatement et servez aussitôt.

Variantes et conseils

Selon le choix des poissons utilisés, la caudière est un plat
rustique (congre, grondin et daurade) ou nettement plus raffiné
(turbot et saint-pierre).

FRANCE · PURE TRADITION · FAIT-MAISON
Nord-Pas-de-Calais

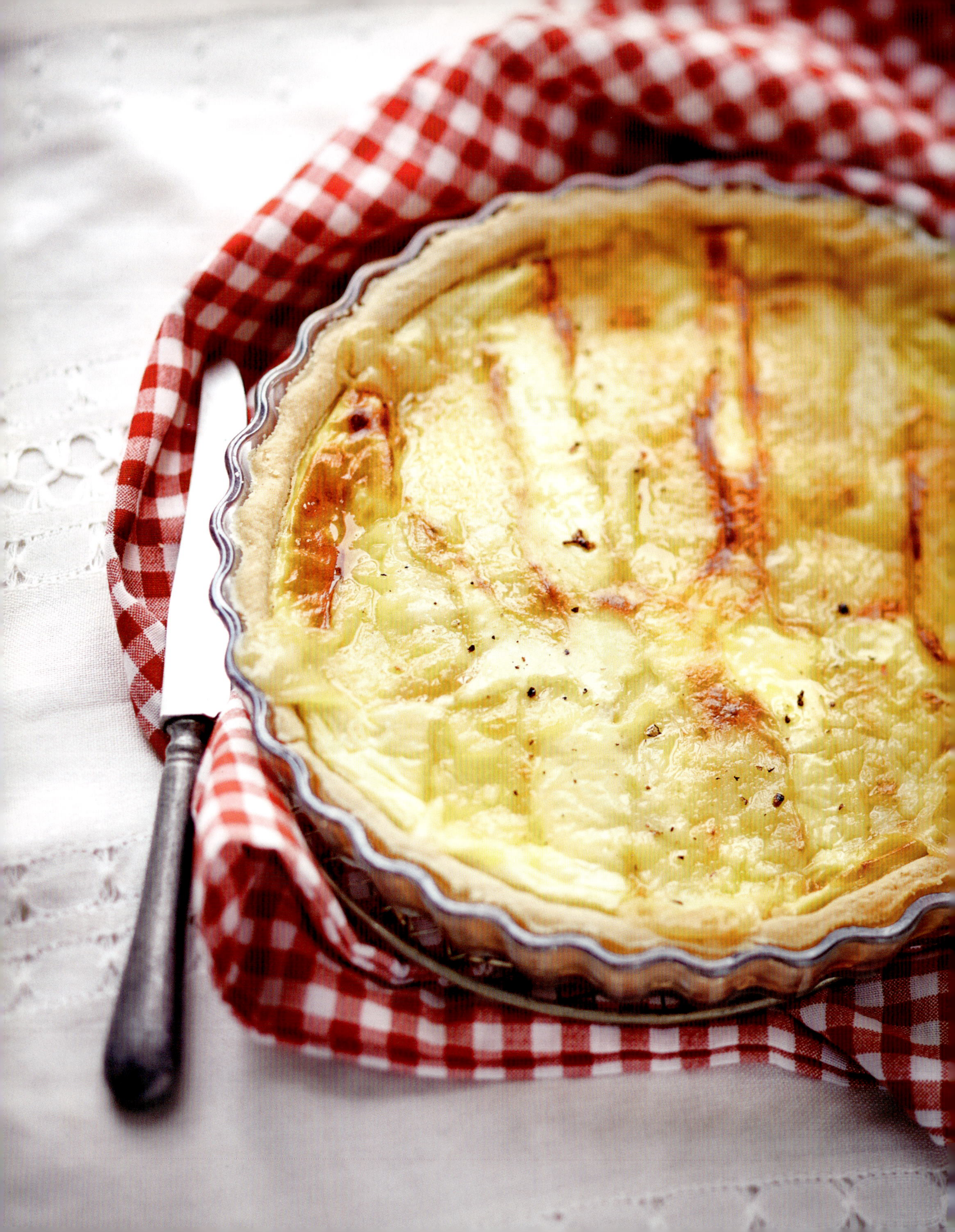

TARTE AU MAROILLES

Pour 6 personnes
Préparation : 40 min
Cuisson : 30 min

€ € ✴

- 300 g de maroilles
- 150 g de fromage frais bien égoutté
- 2 gros œufs
- 175 g de beurre
- 250 g de farine
- sel et poivre du moulin

🍷 Bière ambrée ou de garde

1 Préparez une pâte brisée avec la farine, 125 g de beurre en parcelles, deux pincées de sel et juste assez d'eau froide pour amalgamer la pâte. Abaissez-la et garnissez-en une tourtière de 26 cm de diamètre. Piquez le fond et réservez au frais.

2 Écroûtez le maroilles et coupez-le en petits dés. Mélangez-les avec le fromage frais et les œufs battus en omelette. Salez modérément et poivrez.

3 Versez ce mélange sur le fond de tarte et lissez le dessus. Faites cuire la tarte au fromage (on l'appelle aussi « goyère ») dans le four à 210 °C (th. 7) 20 minutes environ. Sortez la goyère du four et ajoutez le reste de beurre coupé en petits dés sur le dessus. Remettez la tarte dans le four et poursuivez la cuisson une dizaine de minutes. Servez très chaud.

ANGUILLES AU VERT

1 Coupez en tronçons les anguilles lavées et séchées, faites-les sauter 5 minutes dans une cocotte avec le beurre chaud, du sel et du poivre. Ajoutez les épinards et l'oseille ciselés, baissez le feu et laissez fondre le tout 5 minutes.

2 Ajoutez le vin blanc, le bouquet garni, le persil et les herbes mélangées, puis laissez mijoter 15 minutes.

3 Dans un bol, mélangez les jaunes d'œufs et le jus du citron. Versez cette liaison dans la cocotte et remuez sans laisser bouillir. Retirez le bouquet garni avant de servir dans un plat creux.

🍷 Bière blanche ou lambic

Pour 6 personnes
Préparation : 20 min
Cuisson : 30 min

€ € ✴ ✴

- 1,5 kg de petites anguilles vidées et parées
- 150 g d'épinards
- 150 g d'oseille
- le jus de 1 citron
- 1 bouquet de persil plat
- 1 bouquet garni
- 6 cuill. à soupe d'un mélange d'estragon, de sauge et de menthe
- 2 jaunes d'œufs
- 120 g de beurre
- 20 cl de vin blanc sec
- sel et poivre du moulin

FICELLES PICARDES

Ces crêpes farcies d'un mélange de jambon et de champignons lié de béchamel,
puis gratinées, sont une spécialité dont il existe de nombreuses déclinaisons.

Pour 6 personnes
Préparation : 30 min
Cuisson : 45 min

€

✳ ✳

- 6 grandes tranches de jambon blanc découenné
- 180 g de champignons de couche
- ½ citron
- 2 œufs
- 50 cl de lait
- 100 g de beurre
- 10 cl de crème fraîche épaisse
- 80 g de fromage râpé
- 250 g de farine
- 40 cl de bière blonde légère
- huile
- sel et poivre du moulin

1 Préparez une pâte à crêpes avec 200 g de farine, les œufs entiers, la bière et une pincée de sel. Laissez reposer.

2 Préparez une sauce Béchamel épaisse. Faites cuire ensemble dans une casserole 50 g de beurre, 50 g de farine et le lait en remuant sur le feu, sans laisser bouillir, 12 minutes. Réservez.

3 Nettoyez, émincez et citronnez les champignons. Faites-les cuire sans coloration 10 minutes avec 30 g de beurre dans une casserole, salez et poivrez. Incorporez la crème et réservez.

4 Dans une poêle huilée, faites 12 crêpes avec la pâte et garnissez chacune de 1 demi-tranche de jambon.

5 Mélangez la moitié de la béchamel avec les champignons à la crème et répartissez ce mélange sur les crêpes tapissées de jambon. Roulez-les et rangez-les dans un plat à gratin beurré. Nappez-les avec le reste de la béchamel, poudrez de fromage râpé et faites gratiner au four 10 minutes environ. Servez aussitôt.

Variantes et conseils

Vous pouvez aussi incorporer directement le jambon taillé en petits dés à la béchamel et aux champignons émincés, bien égouttés.

Chinon ou bourgueil

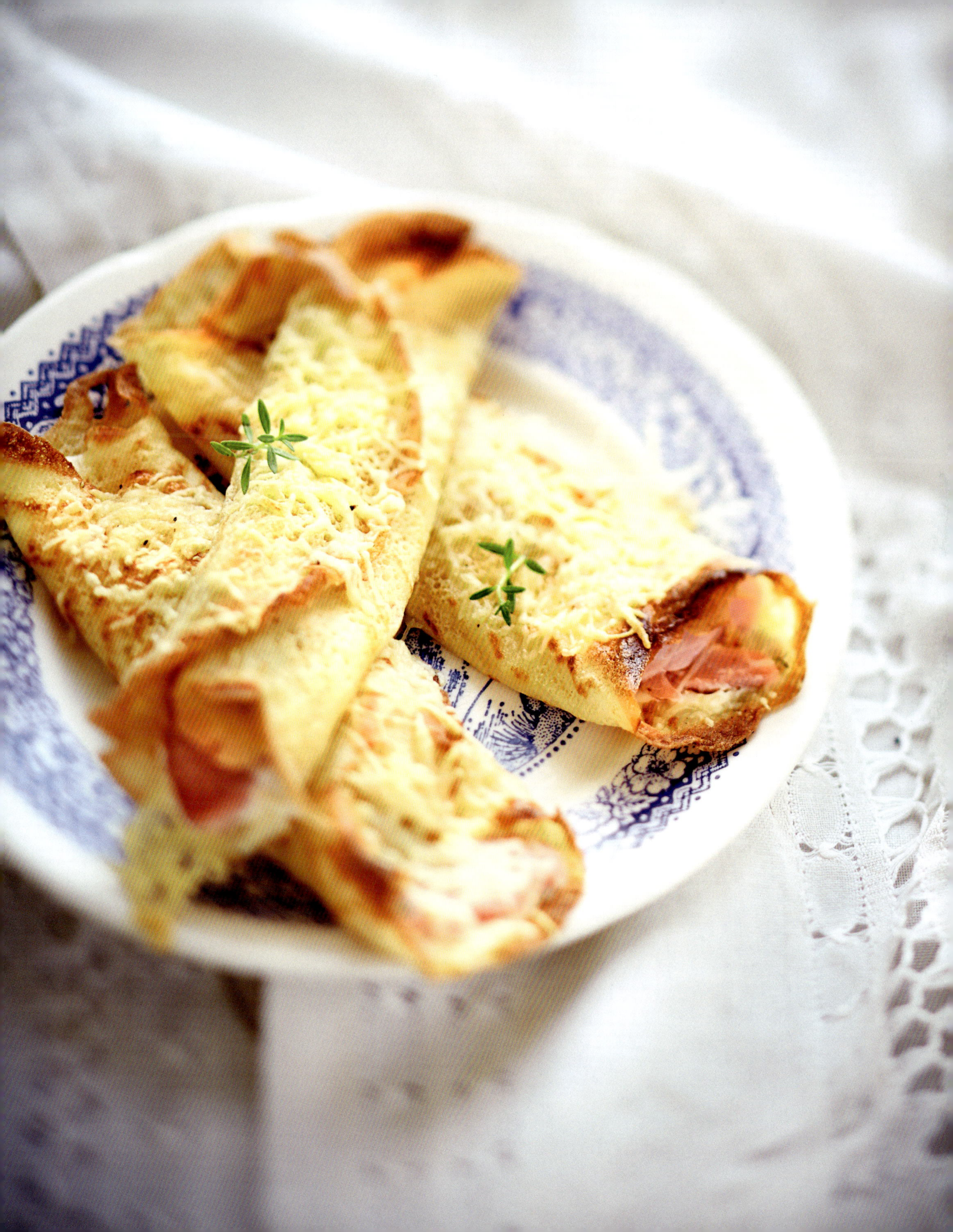

WATERZOÏ DE POULET

Le terme flamand *waterzooi* signifie littéralement « eau qui bout » : il désigne aussi bien un plat de poisson cuit au court-bouillon qu'une sorte de blanquette de volaille.

Pour 6 personnes
Préparation : 30 min
Cuisson : 1 h

€

✳

- 1 gros poulet fermier
- 8 jeunes carottes
- 250 g de céleri en branches
- 250 g de céleri-rave
- 4 poireaux
- 1 citron
- 1 bouquet de persil plat
- 6 cuill. à soupe de menthe fraîche ciselée
- 3 jaunes d'œufs
- 20 cl de crème fraîche
- sel et poivre du moulin

1 Parez et taillez les légumes en tronçons réguliers, citronnez le céleri-rave et faites-les tous cuire à la vapeur.

2 Farcissez le poulet avec le bouquet de persil et la moitié de la menthe, puis faites-le pocher à l'eau frémissante pendant 1 heure.

3 Dans un bol, mélangez la crème, les jaunes d'œufs et le reste de menthe. Salez et poivrez.

4 Coupez le poulet en portions et réchauffez les légumes à la vapeur.

5 Filtrez le bouillon de cuisson du poulet, faites-le réduire sur feu vif, incorporez le mélange à la crème et rectifiez l'assaisonnement.

6 Répartissez le poulet et les légumes dans des assiettes creuses, nappez de sauce et poivrez avant de servir.

FRANCE • PURE TRADITION • FAIT-MAISON
Nord-Pas-de-Calais

🍷 Saint-Joseph blanc ou meursault

Variantes et conseils

La caractéristique du waterzoï, tant de poisson que de poulet, réside dans la liaison du bouillon de cuisson avec de la crème. Les jaunes d'œufs ne sont pas indispensables.

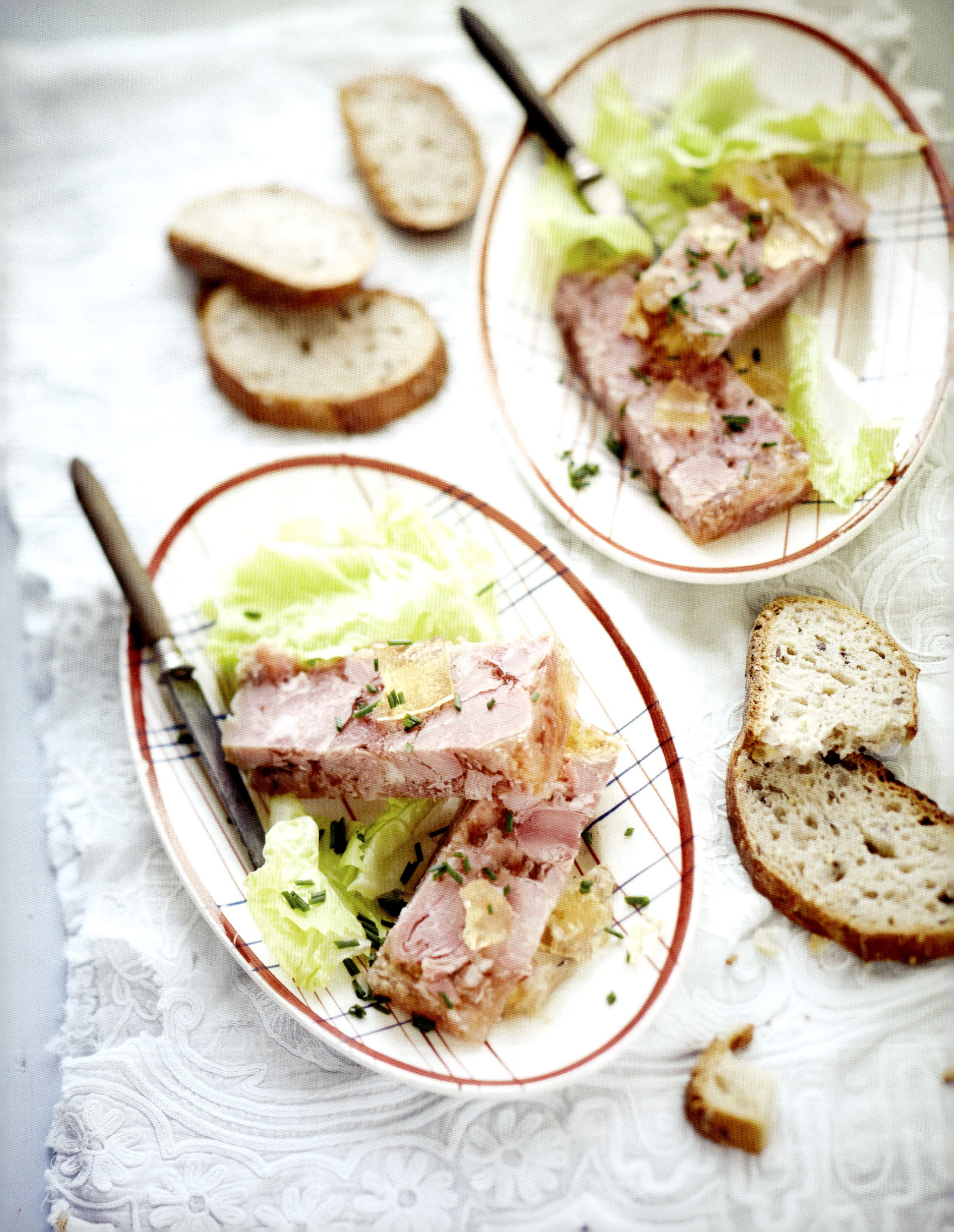

HOCHEPOT À LA QUEUE DE BŒUF

Pour 8 personnes
Préparation : 20 min
Cuisson : 3 h 45

€ ✳

- 1 queue de bœuf
- 3 pieds de porc frais
- 1 oreille de porc
- 8 carottes
- 8 navets
- 1 cœur de chou pommé
- 3 gros oignons
- sel et poivre du moulin

🍷 Bière brune ou rousse

1 Réunissez dans une marmite la queue de bœuf coupée en tronçons, les pieds de porc coupés en quatre dans la longueur et l'oreille de porc. Couvrez largement d'eau, salez et faites bouillir. Écumez, baissez le feu et laissez cuire doucement 1 h 45. Ajoutez les oignons, les carottes et les navets coupés en tronçons ou en quartiers.

2 Poursuivez la cuisson 45 minutes. Ajoutez enfin le chou préalablement blanchi 5 minutes à l'eau bouillante et prolongez la cuisson encore 1 heure.

3 Égouttez les viandes, taillez l'oreille en lanières, mettez le tout dans un grand plat creux, ajoutez les légumes, poivrez abondamment et servez aussitôt.

POTJEVLEISCH

Pour 8 personnes
Préparation : 1 h
Cuisson : 4 h
Réfrigération : 48 h

€ € ✳ ✳

- ailes et cuisses de poulet, 2 râbles de lapin, 400 g d'épaule de veau
- 1 couenne de porc
- 200 g de lardons
- 5 échalotes
- 1 bouquet de persil, 2 brins de thym, 2 feuilles de laurier
- 75 cl de vin blanc sec
- sel et poivre du moulin

🍷 Bière blonde ou bourgogne aligoté

1 Coupez les trois viandes en morceaux sans les désosser et mettez-les dans une terrine. Ajoutez les échalotes hachées, le persil ciselé et les lardons. Mélangez, salez et poivrez. Versez le vin, ajoutez le thym et le laurier émiettés. Posez la couenne sur le dessus, côté gras contre les viandes.

2 Faites cuire au bain-marie dans un four à 180 °C (th. 6) pendant 4 heures. Laissez tiédir.

3 Retirez la couenne. Désossez toutes les viandes et remettez-les dans la terrine. Posez à nouveau la couenne dessus, tassez bien et mettez dans le réfrigérateur 2 jours. Servez froid.

FRANCE · PURE TRADITION · Nord-Pas-de-Calais · FAIT-MAISON

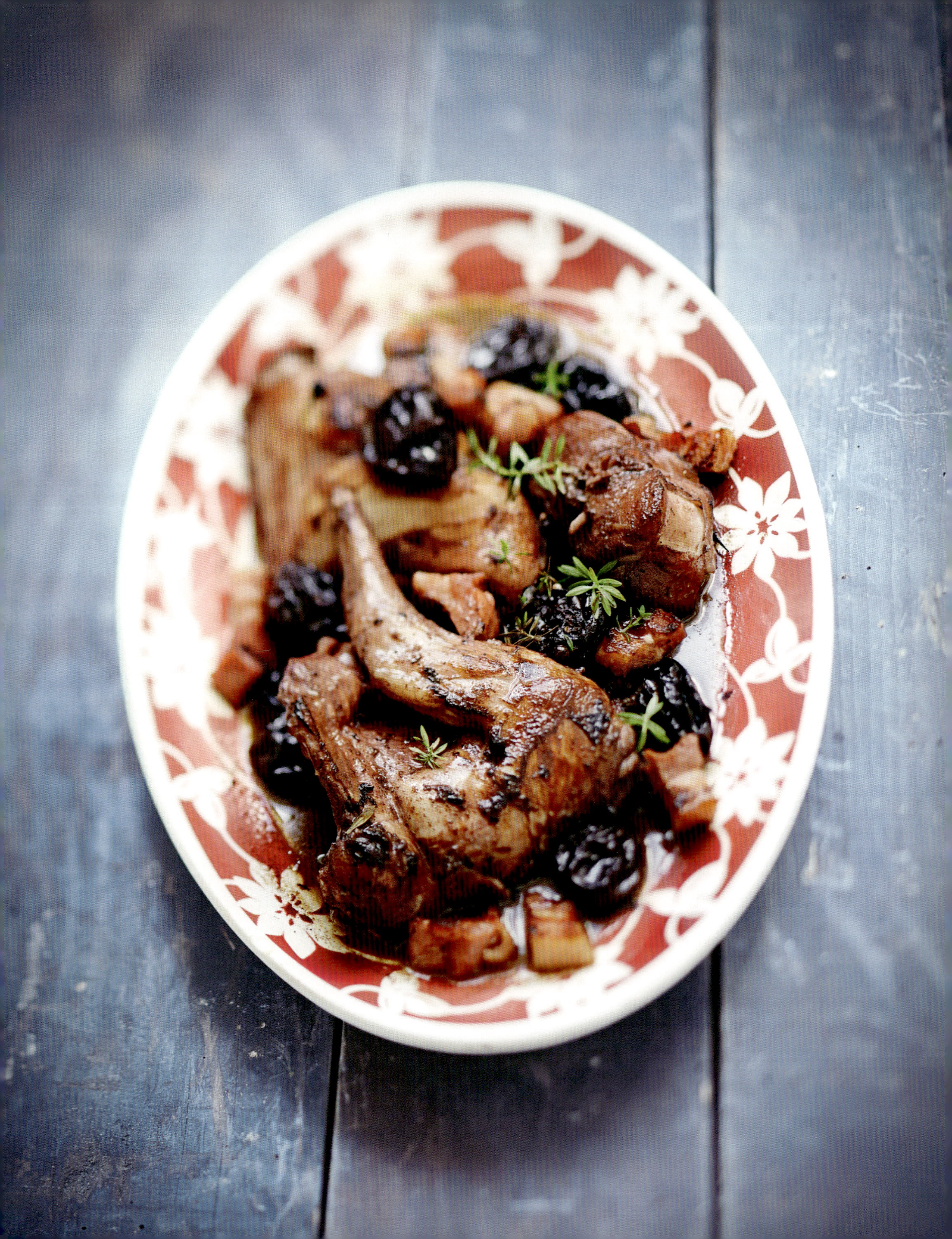

CARBONADE DE BOEUF

1 Parez et découpez la viande en cubes de 5 cm environ. Passez-les dans la farine et tapotez-les pour en retirer l'excédent. Dans une cocotte faites mousser le beurre dans l'huile et faites-y colorer les morceaux de viande sur toutes les faces. Épluchez et émincez les oignons, puis ajoutez-les à la viande. Salez et poivrez. Poursuivez la cuisson quelques minutes puis réservez.

2 Tartinez au couteau les tranches de pain d'épice avec un peu de moutarde. Disposez-les au fond de la cocotte, posez ensuite la viande et les oignons dessus. Ajoutez le bouquet garni et saupoudrez de cassonade. Mouillez l'ensemble avec la bière de garde et portez à ébullition. Baissez le feu, posez le couvercle sur la cocotte et laissez mijoter 3 heures. Rectifiez l'assaisonnement au bout de 2 heures. Retirez le bouquet garni en fin de cuisson et servez en cocotte, avec des pommes vapeur ou des frites à part.

Pour 6 personnes
Préparation : 20 min
Cuisson : 3 h 10

€ ✳

- 1,5 kg de viande de bœuf (paleron ou gîte)
- 1 l de bière de garde
- 2 oignons jaunes
- 40 g de beurre
- huile neutre
- 1 bouquet garni
- 10 g de cassonade
- 3 tranches de pain d'épice
- 1 cuill. à soupe de moutarde
- 1 cuill. à soupe de farine
- sel et poivre noir du moulin

LAPIN AUX PRUNEAUX

1 Réservez le foie du lapin au frais dans un bol avec un peu de vin. Faites mariner les morceaux de lapin 12 heures dans 50 cl de vin, le vinaigre, le bouquet garni, les grains de poivre concassés et l'huile sur le dessus. Faites tremper les pruneaux dans le reste de vin. Au bout de 12 heures, faites revenir les morceaux de lapin épongés dans une cocotte avec 30 g de beurre. Retirez-les, faites revenir à leur place les oignons émincés dans le reste de beurre, remettez les morceaux de lapin et ajoutez les pruneaux. Faites réduire la marinade sur feu vif puis versez-la sur le lapin dans la cocotte. Salez, poivrez et ajoutez les lardons. Couvrez et laissez mijoter 1 heure.

2 Ajoutez le foie au vin, salez et poivrez à nouveau. Égouttez le lapin, les lardons et les pruneaux. Disposez-les dans un plat creux et posez le foie au milieu. Passez la sauce, liez-la avec la gelée de groseille et nappez le plat.

Pour 6 personnes
Préparation : 30 min
Marinade : 12 h
Cuisson : 1 h 10

€ ✳ ✳

- 1 lapin avec le foie
- 200 g de lardons maigres
- 3 oignons, 1 bouquet garni
- 24 pruneaux dénoyautés
- 50 g de beurre
- 2 cuill. à soupe de gelée de groseille
- 75 cl de vin rouge
- 10 cl de vinaigre de vin rouge
- 1 filet d'huile de tournesol
- 12 grains de poivre, sel et poivre du moulin

« CH'TIRAMISU » AUX SPÉCULOOS ET À LA CHICORÉE

Le tiramisu, célèbre dessert italien composé d'une base de biscuits imbibés de café ou de marsala, surplombés d'une crème mousseuse aux œufs et de cacao, se décline aujourd'hui de cent façons selon les pays et les régions. En voici une version utilisant deux célèbres produits du Nord-Pas-de-Calais : le spéculoos et la chicorée. Ce sont les Ch'tis eux-mêmes qui l'ont appelé le ch'tiramisu. C'est bien trouvé !

Pour 8 personnes
Préparation : 40 min
Réfrigération : 4 h à 1 nuit

€

✳ ✳

- 3 gros œufs frais
- 100 g de cassonade (ou sucre roux en poudre)
- 1 sachet de sucre vanillé
- 250 g de mascarpone
- 20 spéculoos
- 40 cl de café noir assez serré non sucré
- 3 cl de whisky
- 20 g de poudre de cacao amer
- 10 g de café soluble
- 3 cuill. à soupe de chicorée soluble

1 Cassez les œufs et séparez les blancs des jaunes. Mélangez les jaunes, le sucre et le sucre vanillé jusqu'à blanchiment. Ajoutez intimement le mascarpone à l'aide d'un fouet. Montez les blancs en neige et incorporez-les délicatement au mélange à l'aide d'une spatule.

2 Préparez le café et ajoutez la chicorée soluble et le whisky. Mouillez les spéculoos en les trempant rapidement dans le mélange de café refroidi, de chicorée et whisky. Tapissez le fond du moule avec les spéculoos rangés les uns à côté des autres. Recouvrez le tout d'une couche du mélange à base de mascarpone. Alternez les biscuits et la crème sur 2 couches. Terminez par 1 couche de crème au mascarpone.

3 Mixez finement le café soluble et mélangez-le à la poudre de cacao. Saupoudrez le ch'tiramisu avec le mélange de cacao et café soluble à l'aide d'une passoire fine.

4 Mettez au réfrigérateur 4 heures minimum avant de servir (une nuit, c'est encore mieux).

🍷 Café à la chicorée

Nord-Pas-de-Calais · FRANCE · PURE TRADITION · FAIT-MAISON

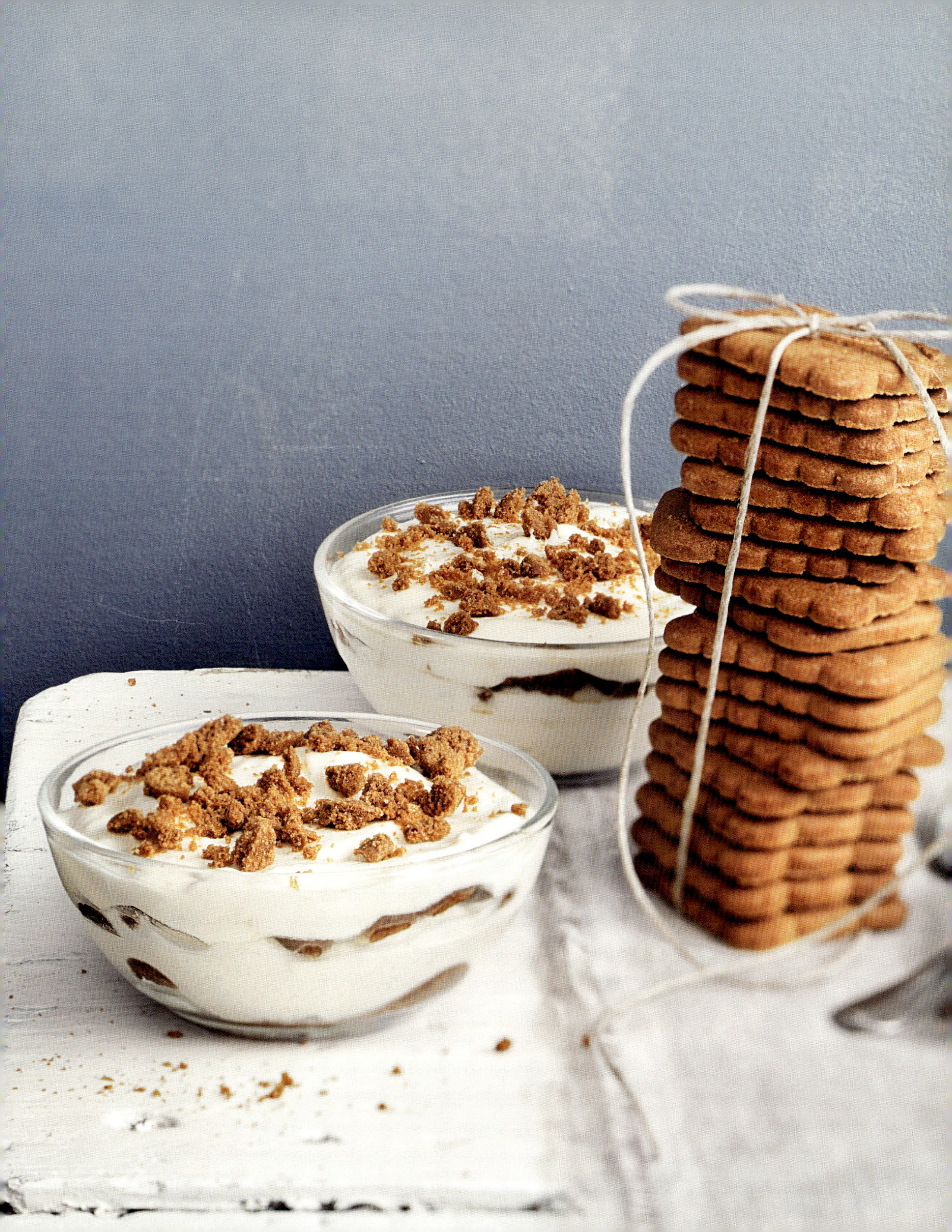

CRAMIQUE AUX RAISINS

Modèle des brioches aux raisins du Nord, la cramique est incontournable
pour le petit déjeuner ou le goûter, avec de la confiture.

Pour 8 personnes
Préparation : 25 min
Repos : 30 min
Cuisson : 50 min

€

✳

- 4 œufs
- 40 cl de lait
- 200 g de beurre
- 200 g de raisins de Corinthe
- 1 kg de farine
- 40 g de levure de boulanger
- 50 g de sucre en poudre
- sel

Nord-Pas-de-Calais
FRANCE · PURE TRADITION · FAIT-MAISON

🍷 Café à la chicorée

1 Faites tremper les raisins secs dans un bol d'eau tiède. Délayez la levure dans 1 verre de lait tiédi en ajoutant un peu de farine. Mettez cette pâte molle dans une grande terrine et recouvrez du reste de farine, avec une bonne pincée de sel.

2 Ajoutez le sucre, 3 œufs battus en omelette puis, peu à peu, le reste de lait tiède.

3 Travaillez la pâte jusqu'à l'obtention d'une consistance élastique, puis incorporez le beurre ramolli par petits morceaux, puis les raisins égouttés. Versez la pâte dans un moule à cake, dorez le dessus au jaune d'œuf et laissez lever 30 minutes.

4 Faites cuire dans le four à 250 °C (th. 8-9) pendant 15 minutes, puis à 210 °C (th. 7) pendant 35 minutes. Laissez refroidir sur une grille.

Variantes et conseils

En Belgique, la cramique se sert de préférence tiède. Les raisins secs sont en principe de Corinthe, mais vous pouvez en choisir d'autres selon votre goût.

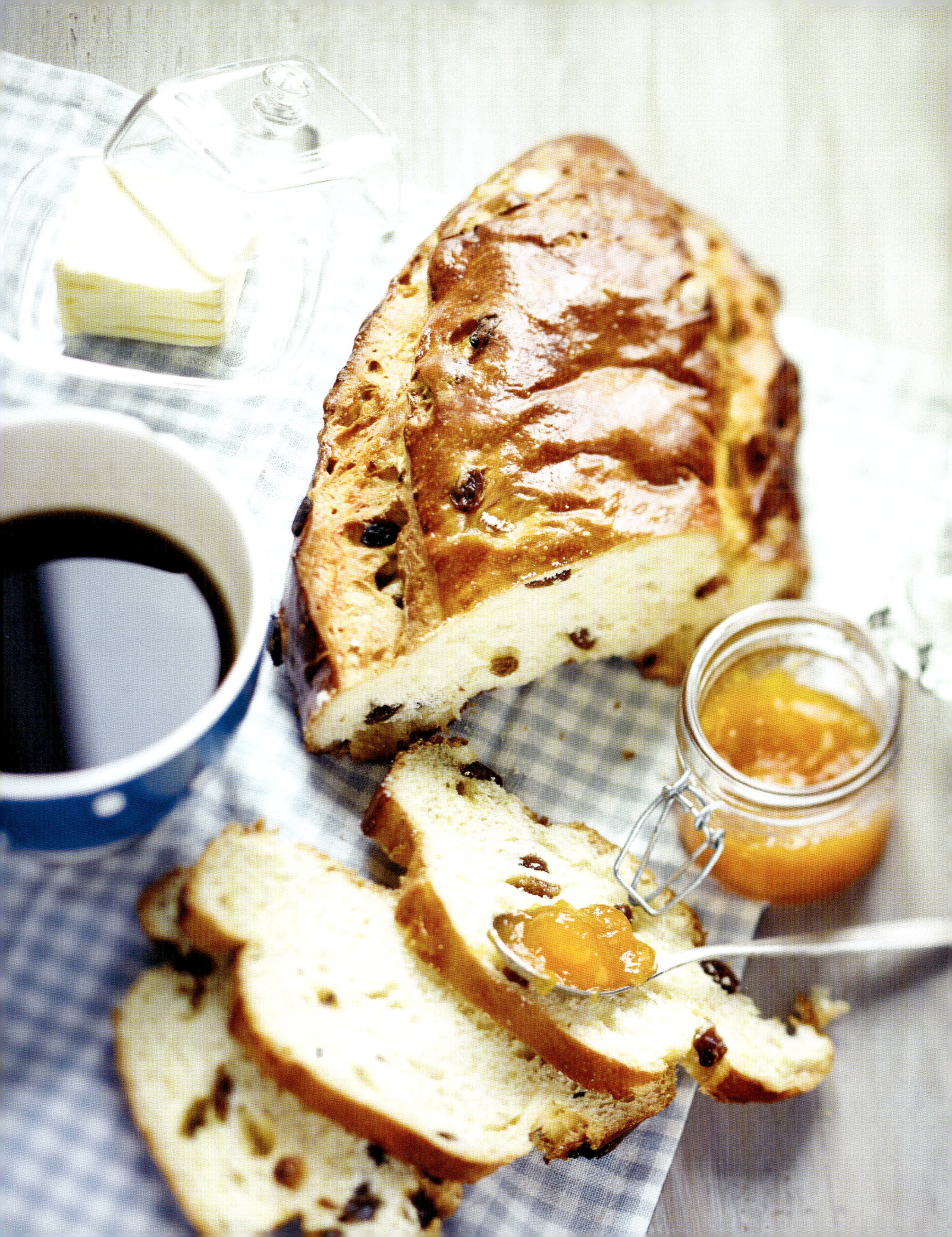

GÂTEAU BATTU PICARD

J'adore cette spécialité à la fois pâtissière et boulangère picarde qui est exactement
à mi-chemin entre une bonne brioche mousseline et un biscuit de Savoie. De la brioche,
il possède l'onctuosité, le beurre qui vous reste sur les doigts après dégustation. Du biscuit,
il a gardé un goût légèrement sucré et une texture mousseuse et légère. En fait, il n'est pas
à mi-chemin, il est les deux à la fois. Et même le meilleur des deux à tout dire !

Pour 6 personnes
Préparation : 30 min
Repos : 2 h
Cuisson : 30 min

€
✳

- 150 g de farine tamisée
- 7 œufs à température ambiante
- 80 g de beurre doux + un peu pour le moule
- 40 g de beurre ½ sel
- 60 g de sucre en poudre
- 25 g de levure fraîche
- 3 cl de lait tiède

🍷 Champagne
ou crémant de Bourgogne

1 Délayez la levure fraîche dans un peu de lait tiède
(mais surtout pas chaud, au risque de tuer les levures
et d'empêcher la pâte de lever). Beurrez le moule à gâteau
battu (ou moule à brioche) au beurre doux. Clarifiez les œufs.
Ne conservez qu'un blanc d'œuf et réservez les 7 jaunes à part.

2 Faites fondre les beurres ensemble au four à micro-ondes
deux ou trois fois pendant 20 secondes.

3 Dans un bol, faites blanchir au fouet les jaunes d'œufs
et le sucre puis ajoutez le beurre fondu, la levure délayée
dans le lait et enfin la farine. Battez à l'aide d'un fouet pendant
au moins 10 minutes. Puis incorporez délicatement le blanc d'œuf
monté en neige crémeuse, en enrobant à l'aide d'une spatule,
jusqu'à ce que la pâte soit bien lisse.

4 Remplissez le moule au tiers de sa hauteur, couvrez d'un
torchon humide et laissez lever au moins 2 heures, dans
un endroit sec et abrité. L'idéal est une pièce à 25 °C ou le four à
30 °C (th. 1).

5 Préchauffez le four à 180 °C (th. 6). Enfournez pendant
25 minutes. Le gâteau battu est cuit quand la lame d'un
couteau plongée dedans ressort sèche. Laissez refroidir
à température de la pièce avant de déguster.

NORMANDIE

ENTRÉES

Salade fécampoise de harengs
et pommes de terre, 36
Crevettes grises au cidre, 39
Salade cauchoise au jambon à l'os, 41

PLATS

Omelette du Mont-Saint-Michel, 42
Tripes à la mode de Caen, 45
Marmite dieppoise, 46
Tournedos comme à Rouen, 49
Paillasson d'andouille de Vire
aux deux pommes, 49
Veau au cidre, 50
Poulet normand à la crème, 52
Gigot de pré-salé rôti, 55
Saint-pierre à l'oseille, 56

DESSERTS

Teurgoule, 59
Tarte aux pommes flambée, 59
Beignets aux pommes, 60

LE PAYS DE L'OR VERT

Aidée par un climat tempéré en toutes circonstances et relativement humide (en tout cas assez pour la rendre verte), la Normandie est une région dont la richesse légendaire peuple de belles images les rêves des enfants des régions arides de ce monde : les vaches et les pommiers, l'herbe verte et les fermettes aux toits de chaume et colombages, la grande trilogie des grands fromages normands (camembert, livarot et pont-l'évêque). Mais la Normandie est bien plus composite que cela. Au nord-est se trouve le pays de Bray, patrie du neufchâtel, 4e AOC fromagère de la région. Derrière les falaises de la Côte d'Albâtre s'étend le pays de Caux, largement tourné vers la pêche : le hareng, la morue, rapportée à Fécamp par les terre-neuvas, et les petits maquereaux de Dieppe, nommés lisettes. Au sud, c'est le bocage, la Suisse normande et le pays d'Ouche avec leurs croupes verdoyantes et leurs spécialités : l'andouille de Vire et les tripes. Le Cotentin est réputé pour sa crème et son beurre et ses côtes pour leurs coquillages et crustacés que l'on pêche à pied dans la baie du Mont-Saint-Michel lors des grandes marées. Sans oublier le pays de Coutances, terre de maraîchage et d'élevage.

En résumé, dans le panier normand on trouve d'abord les produits laitiers issus du bon lait des vaches normandes : le beurre doux et la crème épaisse en tête. Il suffit d'ailleurs qu'un de ces produits emblématiques figure dans une préparation pour qu'elle soit directement rebaptisée « à la normande ».

Abondance et variété, telles sont les caractéristiques d'une cuisine saine et riche, tempérée comme le climat. Une cuisine qui donne de belles joues aux enfants et le sourire aux parents !

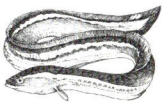

SALADE FÉCAMPOISE DE HARENGS ET POMMES DE TERRE

Le port de pêche de Fécamp doit surtout son renom à la morue et au hareng. Choisissez des harengs dits « bouffis », de couleur dorée, peu salés et fumés.

Pour 4 personnes
Préparation : 25 min
Cuisson : 25 min

€

✳

- 4 filets de harengs fumés
- 4 pommes de terre à chair ferme
- 1 oignon
- 3 échalotes
- persil plat
- 2 œufs
- 5 cuill. à soupe d'huile de maïs
- 2 cuill. à soupe de vinaigre de cidre
- sel et poivre du moulin

🍷 Riesling d'Alsace ou côtes-du-jura

1 Faites cuire les pommes de terre à l'eau bouillante salée pendant 25 minutes environ.

2 Faites cuire les œufs pendant 10 minutes pour qu'ils soient durs. Rafraîchissez-les et écalez-les. Pelez et émincez finement l'oignon et les échalotes.

3 Préparez une vinaigrette avec l'huile, le vinaigre, du sel, du poivre et du persil plat.

4 Égouttez les pommes de terre, laissez-les tiédir et pelez-les. Coupez-les en rondelles dans un saladier. Ajoutez les œufs durs coupés en rondelles, les harengs en bouchées, l'oignon et les échalotes. Arrosez de vinaigrette, mélangez délicatement et servez aussitôt.

Variantes et conseils

Servi chaud dans des petites soupières individuelles, ce potage est une entrée originale. Vous pouvez ajouter de la ciboulette fraîche au dernier moment ; son parfum est irrésistible.

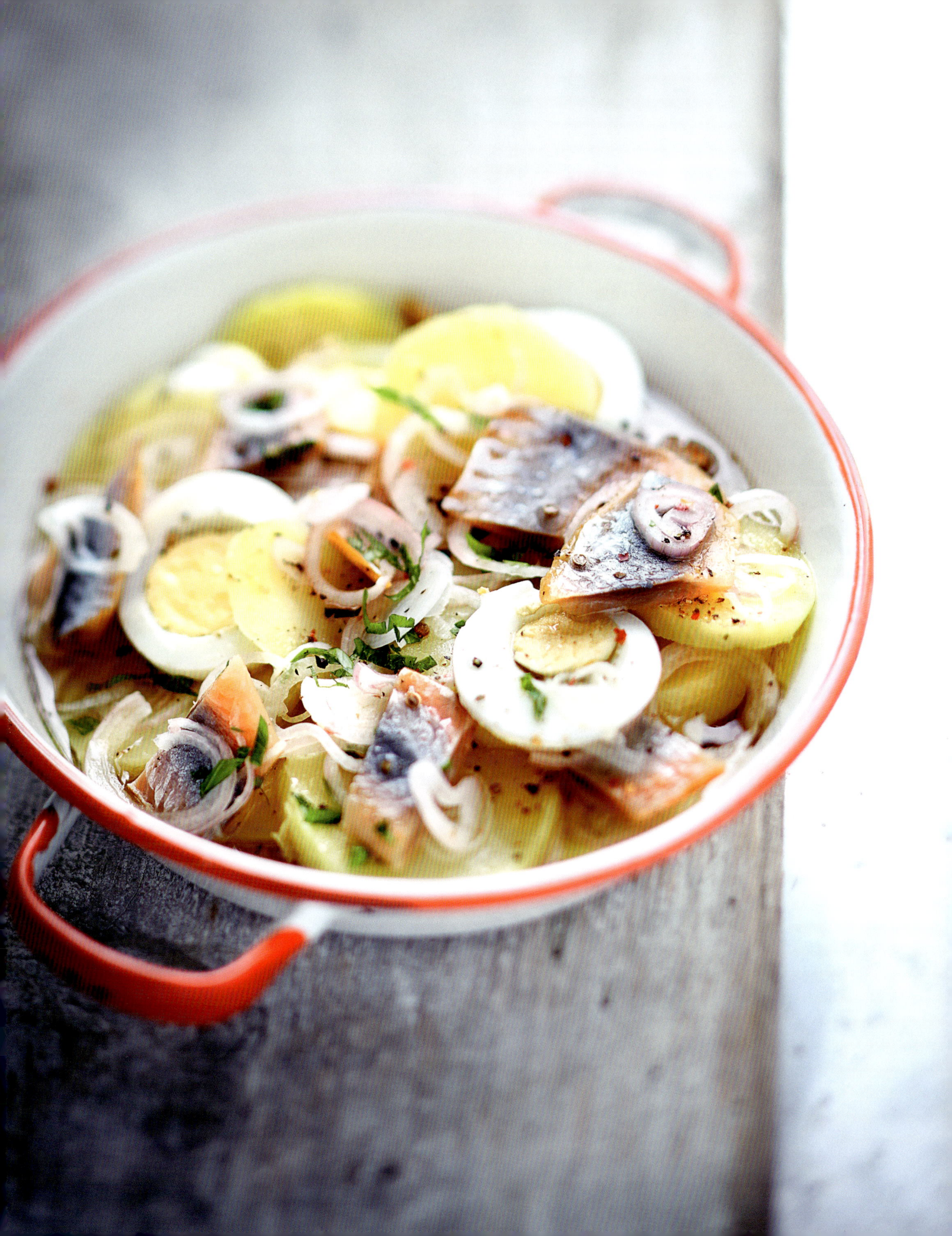

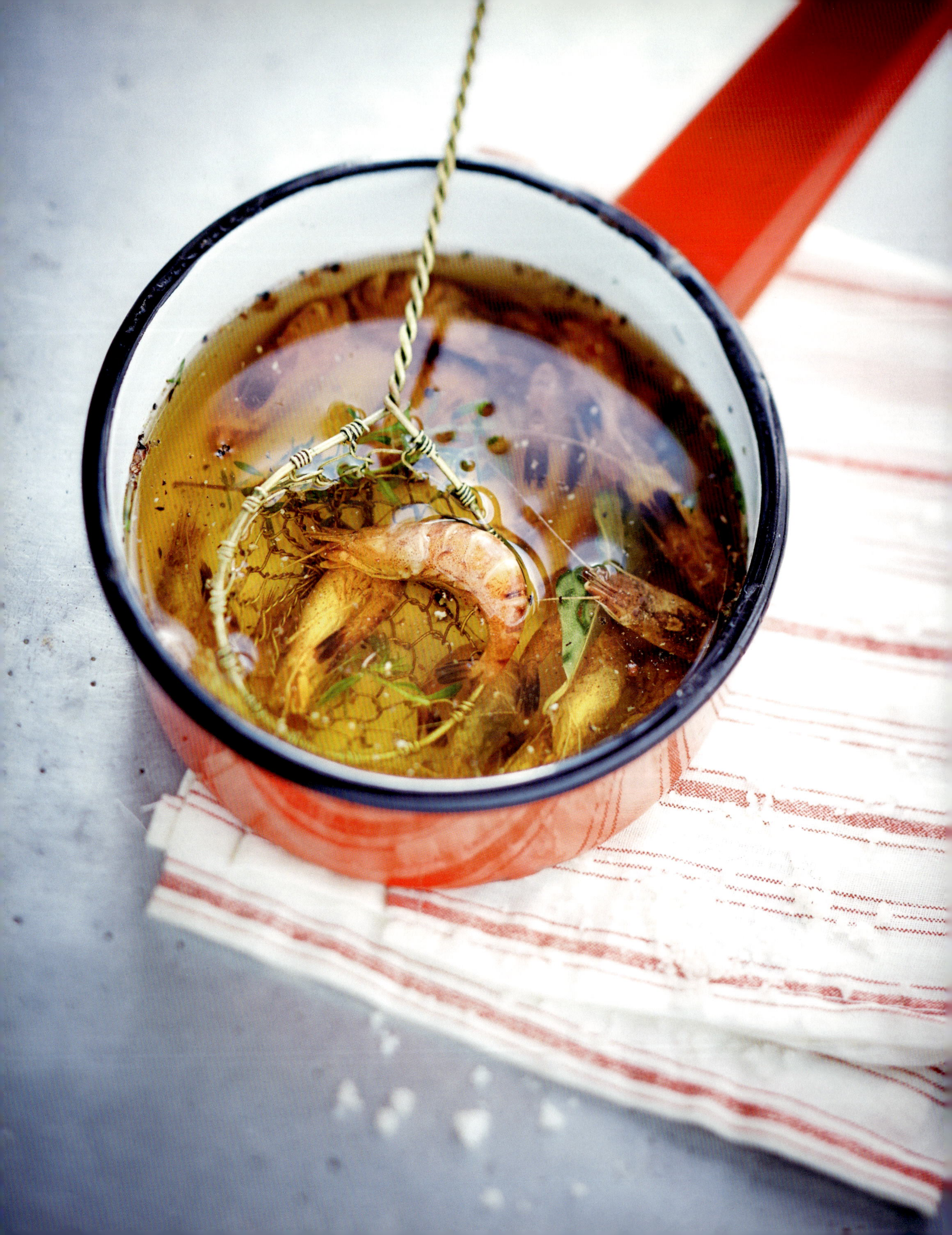

CREVETTES GRISES AU CIDRE

Les petites crevettes grises que l'on achète sur le port ou au marché, de Dieppe à Granville en passant par Trouville, sont délicieuses préparées le plus simplement du monde.

Pour 4 personnes
Préparation : 5 min
Cuisson : 5 min

€ €

✳

- 500 g de crevettes grises crues
- 1 feuille de laurier
- 1 brin de thym
- 50 cl de cidre brut
- gros sel de mer
- poivre noir du moulin

Y Cidre brut normand

1 Dans une grande sauteuse, versez le cidre, ajoutez 50 cl d'eau, une poignée de gros sel, 1 cuillerée à soupe rase de poivre, le thym et le laurier. Portez à ébullition. Jetez les crevettes dans le bouillon.

2 Laissez cuire à découvert sur feu vif 4 minutes environ, en terminant à pleine ébullition.

3 Égouttez les crevettes et servez-les de préférence chaudes, avec du pain de campagne ou de seigle et du beurre frais.

Variantes et conseils

Les crevettes au naturel conservent tous leurs atouts. C'est une bonne ressource gastronomique dans un régime hypocalorique, à condition de ne pas consommer les têtes, très riches en cholestérol.

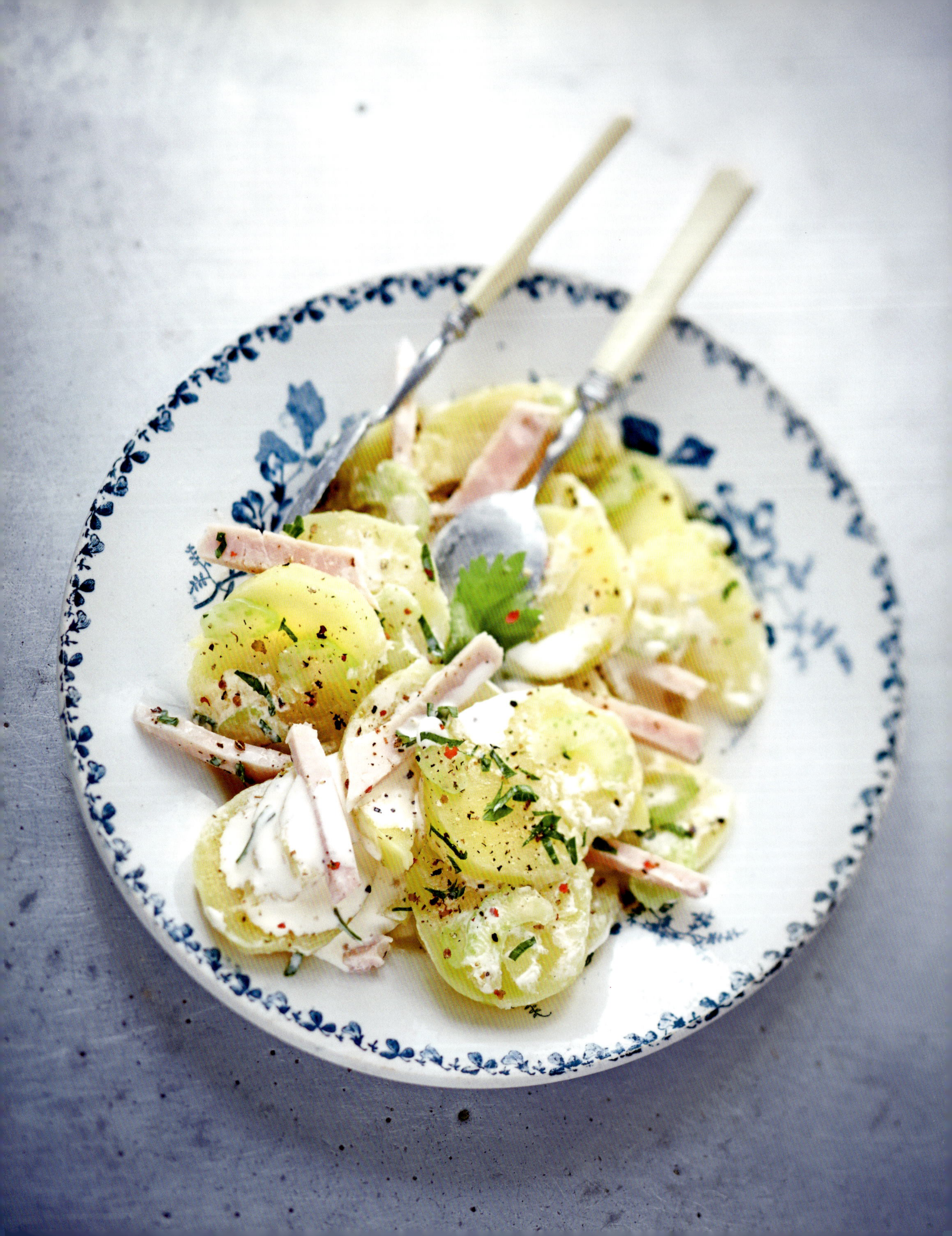

SALADE CAUCHOISE AU JAMBON À L'OS

Originaire du pays de Caux, cette salade de pommes de terre au céleri et au jambon est assaisonnée à la normande, avec une vinaigrette à la crème fraîche.

Pour 4 personnes
Préparation : 20 min
Cuisson : 25 min

€

✳

- 300 g de jambon cuit à l'os
- 500 g de pommes de terre nouvelles
- 4 branches de céleri
- 2 cuill. à soupe de persil plat ciselé
- 20 cl de crème fleurette
- 2 cuill. à soupe de vinaigre de cidre
- sel et poivre du moulin

1 Lavez les pommes de terre et faites-les cuire à l'eau dans leur peau pendant 25 minutes environ. Puis égouttez-les et laissez-les tiédir avant de les peler.

2 Effilez et tronçonnez les branches de céleri. Taillez le jambon en petites languettes.

3 Versez la crème dans un saladier, ajoutez le vinaigre et fouettez vivement, salez et poivrez. Ajoutez les pommes de terre coupées en rondelles, puis le jambon, le persil et le céleri. Mélangez délicatement et servez aussitôt à température ambiante.

🍷 Bourgueil ou saumur-champigny

OMELETTE DU MONT-SAINT-MICHEL

C'est au Mont-Saint-Michel qu'est née cette omelette, dont le « secret » a été attribué à diverses raisons : une poêle à long manche et surtout des ingrédients normands de haute qualité.

Pour 4 personnes
Préparation : 5 min
Cuisson : 8 min

€

✳

- 8 œufs
- 75 g de beurre
- 3 cuill. à soupe de crème fraîche
- sel et poivre du moulin

1 Cassez les œufs en séparant les blancs des jaunes. Battez-les séparément en omelette dans deux jattes. Salez et poivrez.

2 Dans une grande poêle, faites chauffer 50 g de beurre. Quand il est bien chaud, ajoutez les blancs et les jaunes, puis remuez aussitôt à la fourchette en formant des huit, sans racler le fond de la poêle.

3 Lorsque les œufs commencent à prendre, ajoutez la crème et laissez cuire 2 minutes sur feu plus doux, en remuant la poêle d'avant en arrière.

4 Faites glisser l'omelette sur un plat de service chaud. Ajoutez dessus le reste de beurre en parcelles, laissez-le fondre, puis repliez l'omelette en deux.

Variantes et conseils

Il n'est pas indispensable d'ajouter de la crème fraîche, mais le point le plus important est de cuisiner sur feu bien vif en faisant glisser la poêle d'avant en arrière sur le feu ou la plaque de cuisson.

🍷 Savennière ou anjou blanc sec

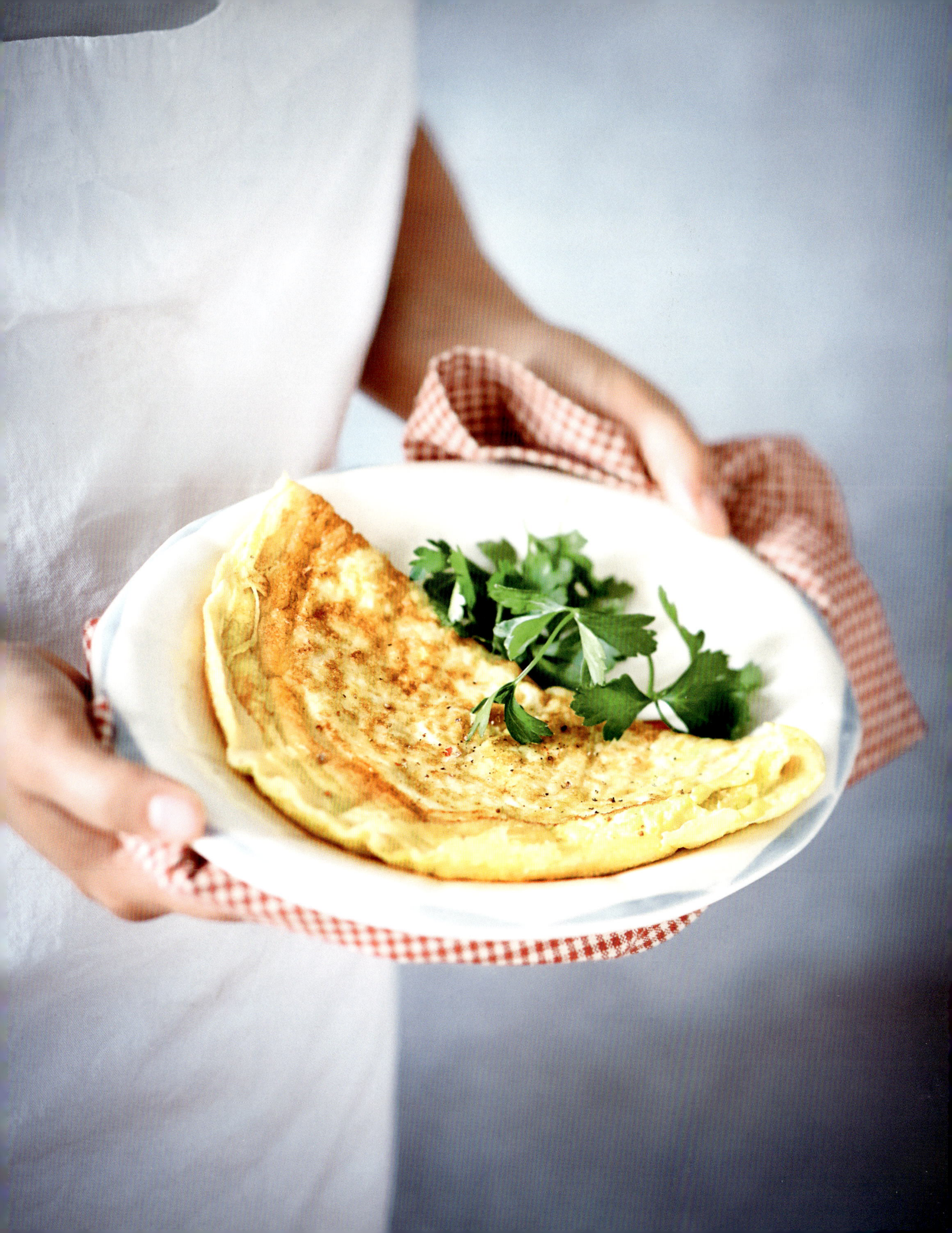

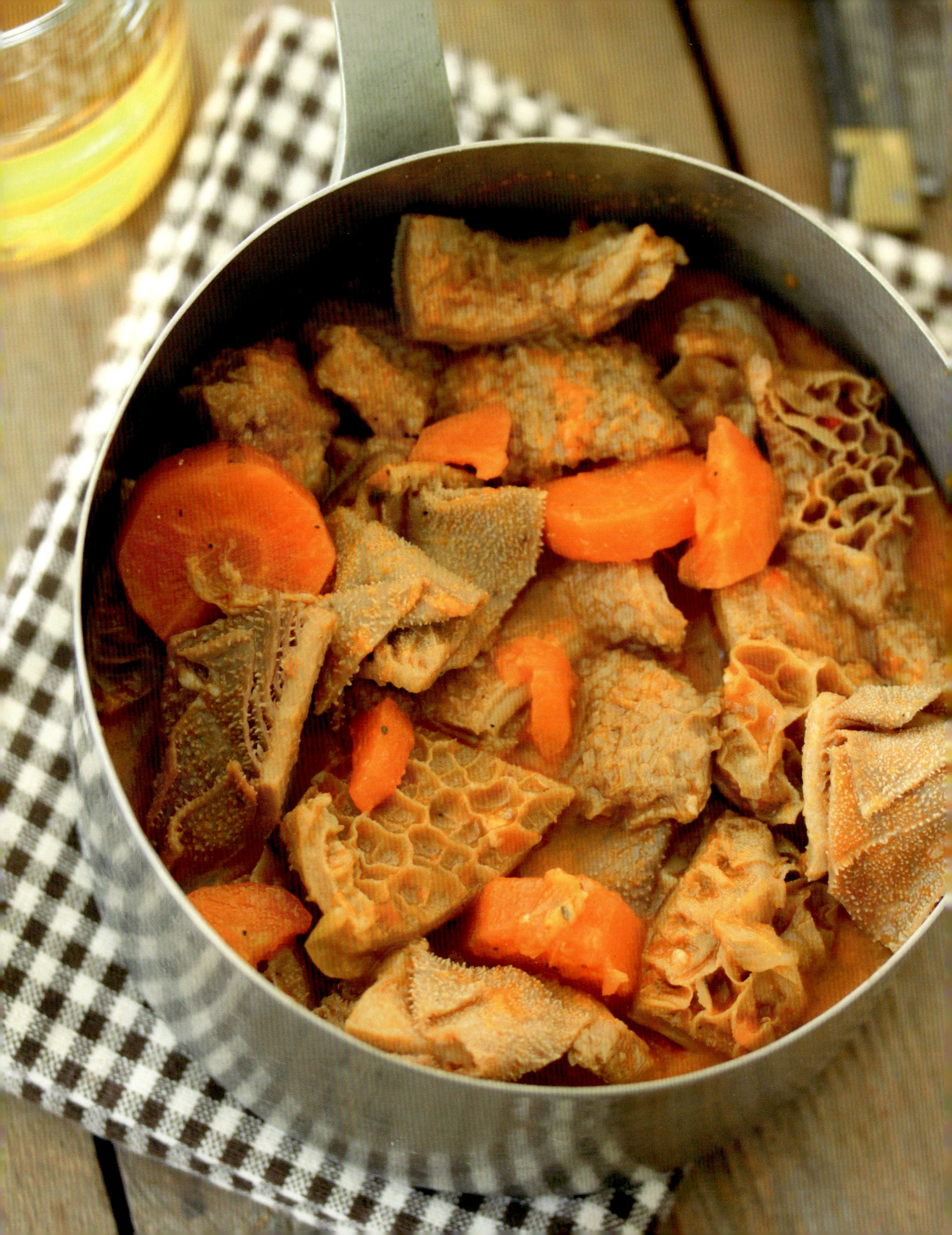

TRIPES À LA MODE DE CAEN

La recette des fameuses tripes qui ont fait le renom de Caen semble avoir été imaginée par un moine employé aux cuisines de l'abbaye aux Hommes, au XVIe siècle.

Pour 8 personnes
Préparation : 20 min
Cuisson : 12 h
€
✳

- 2 kg de mélange de tripes de bœuf (panse, bonnet, feuillets et caillette)
- 2 pieds de bœuf
- 4 oignons
- 5 carottes
- 1 beau bouquet garni (thym et laurier)
- 1 bouteille de cidre brut
- 3 clous de girofle
- gros sel et poivre blanc du moulin

🍷 Cidre brut du pays d'Auge ou saumur-champigny

1 Utilisez des tripes nettoyées très soigneusement. Coupez tous les morceaux en carrés à peu près égaux de 5 cm de côté environ, rincez-les précautionneusement. Disposez-les dans la cocotte (ou tripière) avec les pieds fendus en deux. Ajoutez les oignons émincés finement et les carottes coupées en rondelles ainsi que les clous de girofle et le bouquet garni. Versez le cidre dessus. Salez et poivrez généreusement.

2 Faites bouillir les tripes pendant 2 heures à gros bouillons. Écumez, ajustez la hauteur d'eau souhaitée (à hauteur) et fermez la cocotte le plus hermétiquement possible (vous pouvez même la luter). Laissez cuire au four à 140 °C pendant 10 heures. Il est souvent plus pratique de faire cuire ces tripes la nuit.

3 À la fin de la cuisson, débarrassez les petits os des pieds de bœuf et filtrez le jus. Réservez les tripes et redonnez un coup de feu au bouillon afin d'obtenir une bonne liaison. On peut rajouter 100 g de beurre pour monter la sauce. Goûtez et rectifiez l'assaisonnement. Les tripes se conservent bien au réfrigérateur dans la gelée issue des pieds de bœuf, une fois prise au froid.

4 Pour faire réchauffer les tripes ainsi préparées, utilisez une cocotte. Faites-les réchauffer doucement et servez-les accompagnées de pommes de terre vapeur, dans une assiette creuse bien chaude.

Variantes et conseils

Les tripes doivent être dégustées très chaudes. Servez-les de préférence dans de petites soupières individuelles, avec des pommes de terre à part à la place du pain.

MARMITE DIEPPOISE

La recette de cette célèbre soupe du littoral normand, garnie de moules et liée à la crème fraîche, serait l'œuvre, dit-on, d'un gastronome dieppois.

Pour 8 personnes
Préparation : 25 min
Cuisson : 1 h 30

€ €

✳

- 4 soles levées en filets
- 1 kg de filets de turbot
- 400 g de lotte coupés en 8 tronçons
- 2 l de moules
- 4 poireaux
- 3 branches de céleri
- 4 oignons
- 1 bouquet garni
- 4 cuill. à soupe de persil plat
- 100 g de beurre
- 50 cl de crème fraîche
- 2 l de vin blanc sec
- sel et poivre du moulin

Muscadet ou petits chablis

1 Préparez un fumet. Faites mijoter ensemble les oignons émincés, les parures des soles (têtes et arêtes), le vin blanc, le bouquet garni, du sel et du poivre pendant 1 heure. Puis passez-le et réservez-le.

2 Émincez les poireaux et le céleri, et faites-les fondre dans 80 g de beurre pendant 5 minutes. Ajoutez les moules bien nettoyées et 1 verre d'eau. Couvrez et faites ouvrir les moules sur feu vif.

3 Ouvrez ou décoquillez les moules et passez le jus de cuisson. Mélangez-le avec le fumet. Faites cuire dans ce liquide, séparément, les filets de turbot (10 minutes), les filets de sole (6 minutes) et la lotte (8 minutes).

4 Mettez les poissons dans une grande soupière avec le beurre restant en parcelles et les moules.

5 Passez le jus de cuisson et faites-le réduire de moitié, ajoutez la crème et versez le tout dans la soupière, parsemez de persil et servez aussitôt.

Variantes et conseils

Vous pouvez réduire la proportion de crème fraîche d'un bon tiers et, à l'inverse, augmenter la quantité de feuilles de céleri de la garniture finale.

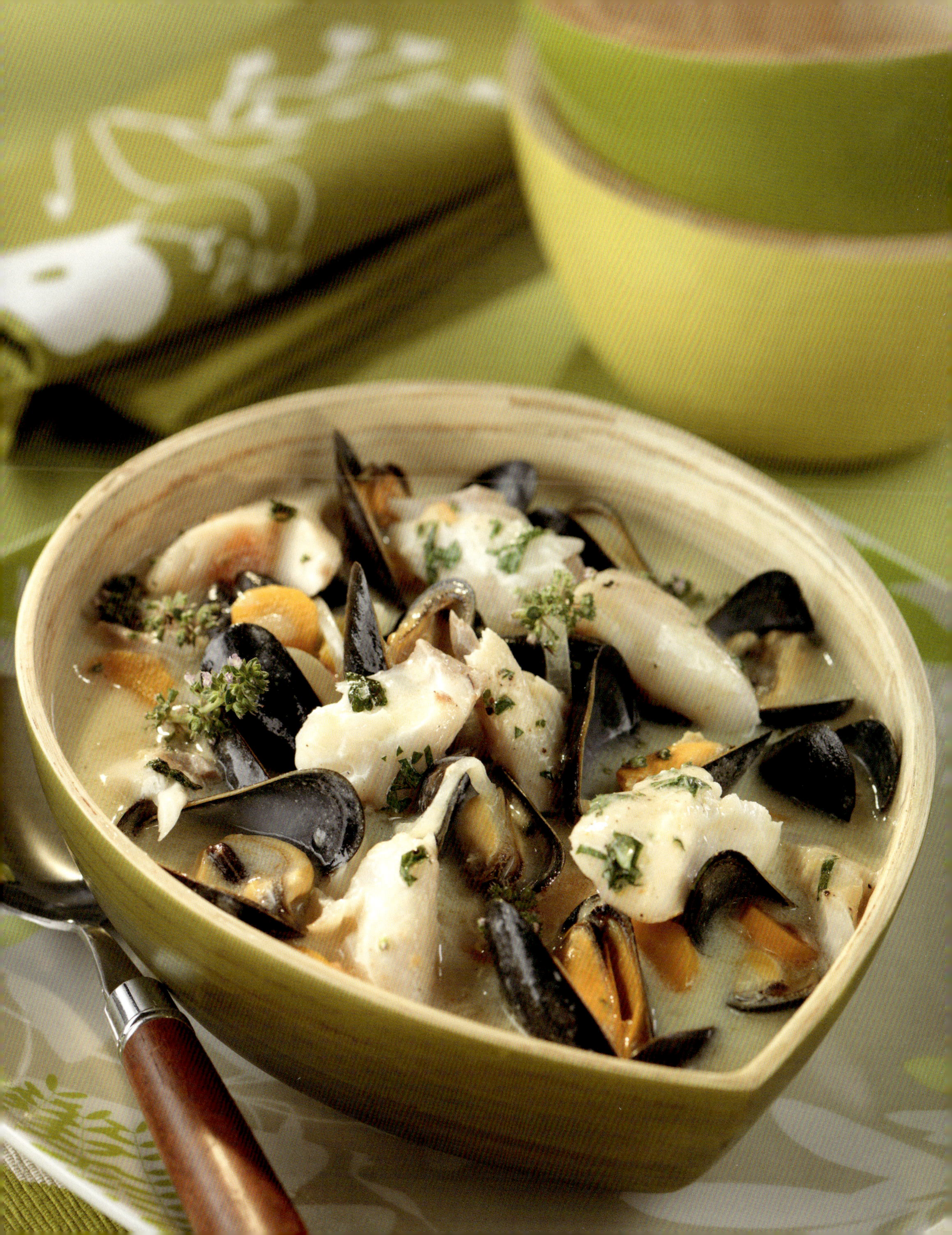

☞ TOURNEDOS COMME À ROUEN

Pour 4 personnes
Préparation : 10 min
Cuisson : 10 min

€ ✳

- 4 tranches de filet de bœuf
- 2 grosses pommes reinettes
- 4 cuill. à soupe de crème fraîche
- 60 g de beurre
- calvados, sel et poivre du moulin

1 Pelez les pommes, évidez-les et prélevez 2 tranches épaisses au milieu comme pour faire des beignets. Faites-les cuire doucement dans une poêle avec la moitié du beurre.

2 Poivrez les tranches de viande et saisissez-les vivement des deux côtés dans une autre poêle, avec le reste de beurre. Déglacez le jus de cette poêle avec un trait de calvados, puis ajoutez la crème fraîche et laissez réduire. Salez et poivrez.

3 Posez un tournedos sur chaque assiette, 1 tranche de pomme dessus, salez et poivrez, nappez de sauce avant de servir.

PAILLASSON D'ANDOUILLE DE VIRE AUX DEUX POMMES

1 Découpez l'andouille en tranches assez fines et faites colorer doucement dans une poêle, avec le saindoux. Laissez-les refroidir 10 minutes. Pendant ce temps, lavez, épluchez et râpez les pommes de terre et la pomme, sans les essuyer. Lavez et ciselez le persil et mélangez-le aux pommes râpées. Salez et poivrez. Tartinez le dessus des tranches d'andouille avec la moutarde forte.

2 Dans une grande poêle, faites fondre 20 g de beurre dans l'huile sur feu moyen. Étalez la moitié des pommes râpées dans la poêle chaude. Disposez dessus les tranches d'andouille en rosace serrée, en laissant 5 cm de bord tout autour. Laissez dorer 3 minutes puis couvrez avec le restant des pommes râpées. Appuyez à l'aide d'une spatule, en insistant sur les bords de façon à souder un peu le paillasson. Quand le dessous est bien doré, faites glisser le tout sur une assiette plate. Mettez le beurre restant dans la poêle et retournez le paillasson à la manière des omelettes espagnoles. Appuyez encore sur le paillasson et sur les bords. Laissez dorer le dessous et servez très chaud.

Pour 4 personnes
Préparation : 15 min
Cuisson : 15 min

€ € ✳

- 300 g d'andouille de Vire
- 1 kg de pommes de terre (bintje)
- 1 pomme
- ½ botte de persil plat
- moutarde blanche
- 30 g de beurre normand clarifié
- 1 cuill. à soupe d'huile de tournesol
- 1 noix de saindoux
- sel et poivre du moulin

VEAU AU CIDRE

Le veau de la vallée de la Seine a toujours bénéficié d'une bonne réputation. Jadis, on « finissait » son élevage avec des œufs : il avait alors, disait-on, le « palais royal ».

Pour 4 personnes
Préparation : 5 min
Cuisson : 1 h 30

€

✳

- 1 kg d'épaule et de tendrons de veau sans os
- 1 gros oignon
- 1 bouquet garni de persil, riche en queues
- 1 jaune d'œuf
- 25 g de beurre
- 20 cl de crème fraîche
- 70 cl de cidre brut
- 2 cuill. à soupe d'huile d'arachide
- sel et poivre du moulin

🍷 Cidre brut normand

1 Dans une cocotte, faites chauffer le beurre et l'huile et mettez-y à dorer la viande coupée en morceaux en les retournant.

2 Retirez-les et faites revenir à la place l'oignon pelé et finement émincé. Versez le cidre et mélangez, puis remettez la viande dans la cocotte. Salez et poivrez, ajoutez le bouquet garni et couvrez. Laissez mijoter à couvert 1 h 30.

3 Égouttez les morceaux de viande dans un plat creux. Faites réduire le jus de cuisson, puis liez-le hors du feu avec la crème préalablement mélangée au jaune d'œuf. Salez et poivrez. Versez cette sauce sur la viande et servez aussitôt.

Variantes et conseils

Dans cette recette, le goût de la pomme est bien perceptible à la cuisson et se marie parfaitement avec le veau. La liaison de crème au jaune d'œuf n'est pas indispensable.

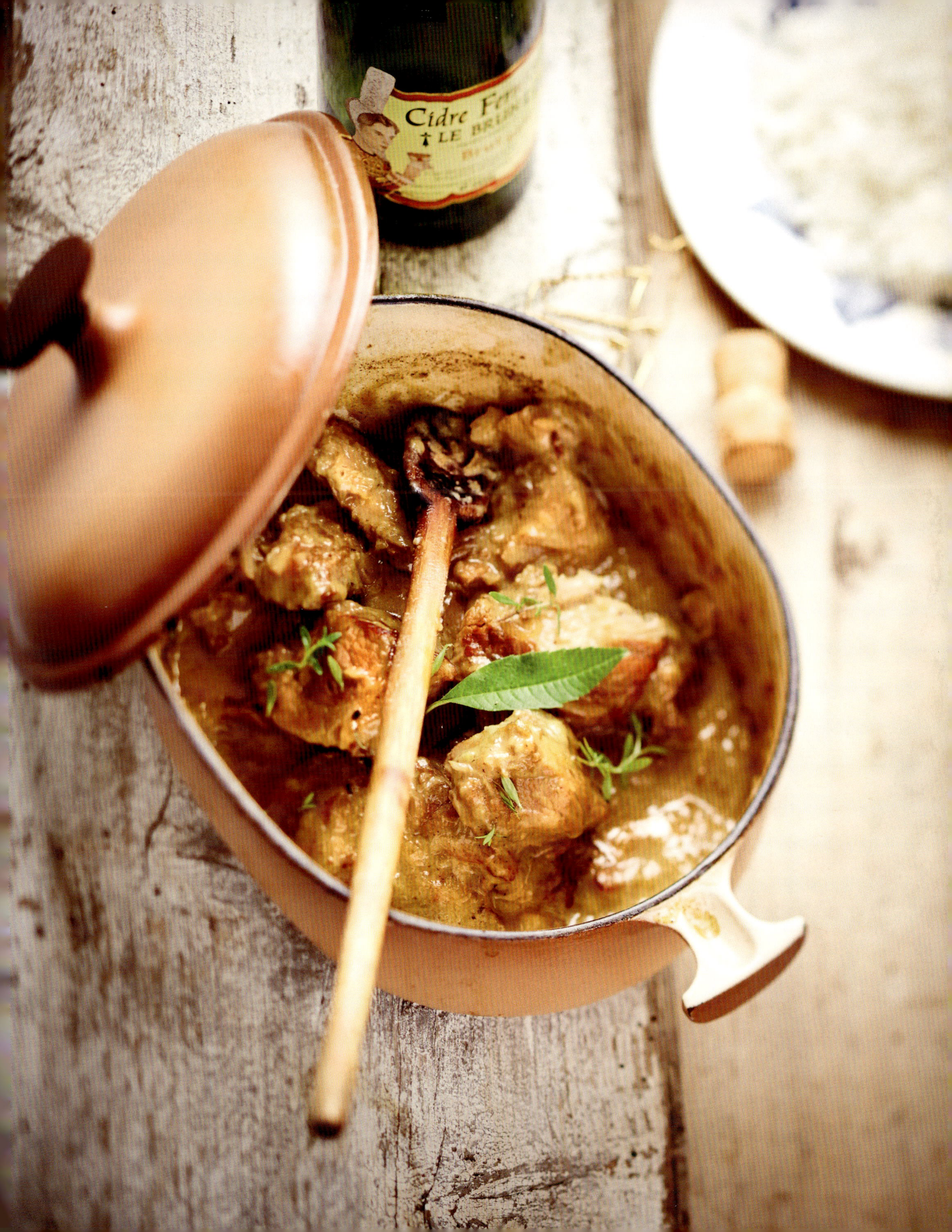
Cidre
LE

POULET NORMAND À LA CRÈME

À la différence de ceux de Bresse ou du Mans, les poulets et poulardes de Normandie ne sont pas célèbres pour leur race mais pour la variété de leurs recettes.

Pour 4 personnes
Préparation : 30 min
Cuisson : 40 min

€

✳ ✳

- 1 poulet de 1,3 kg, coupé en morceaux
- 200 g de champignons de couche
- 4 oignons
- 1 bouquet garni
- 1 jaune d'œuf
- 30 cl de lait
- 12 cl de crème fraîche
- 120 g de beurre
- 80 g de gruyère de Savoie ou d'emmental
- 30 g de farine
- 30 cl de bouillon de volaille
- sel et poivre du moulin

🍷 Bourgogne blanc ou vouvray sec

1 Faites dorer les morceaux de poulet dans une cocotte avec 50 g de beurre, versez le bouillon, ajoutez le bouquet garni et laissez mijoter 25 minutes.

2 Préparez une béchamel. Faites cuire 30 g de beurre et la farine 2 minutes, retirez du feu, ajoutez le lait, fouettez et laissez cuire doucement 15 minutes. Salez et poivrez.

3 Faites revenir les oignons émincés dans 20 g de beurre, ajoutez les champignons émincés et laissez cuire en remuant pendant 10 minutes.

4 Versez le mélange oignons-champignons au fond d'un plat à gratin beurré. Rangez par-dessus les morceaux de poulet égouttés.

5 Mélangez la béchamel avec la crème, le jaune d'œuf et le fromage râpé. Versez le tout sur le poulet et faites gratiner dans le four à 240 °C (th. 8) pendant 5 minutes.

Variantes et conseils

Pour réaliser une béchamel plus légère, utilisez de la Maïzena® à la place de la farine, du beurre allégé et diminuez la proportion de fromage et de crème fraîche.

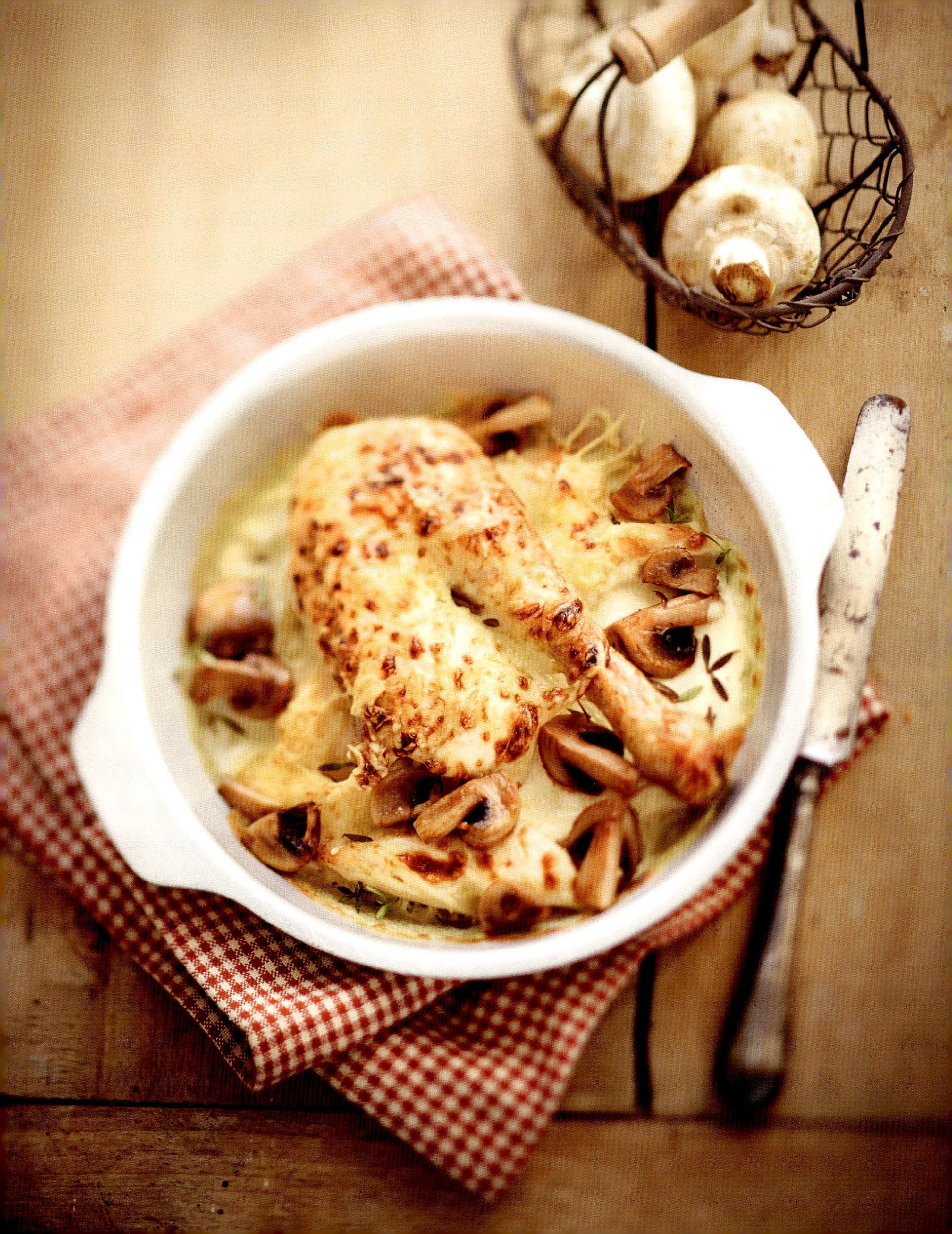

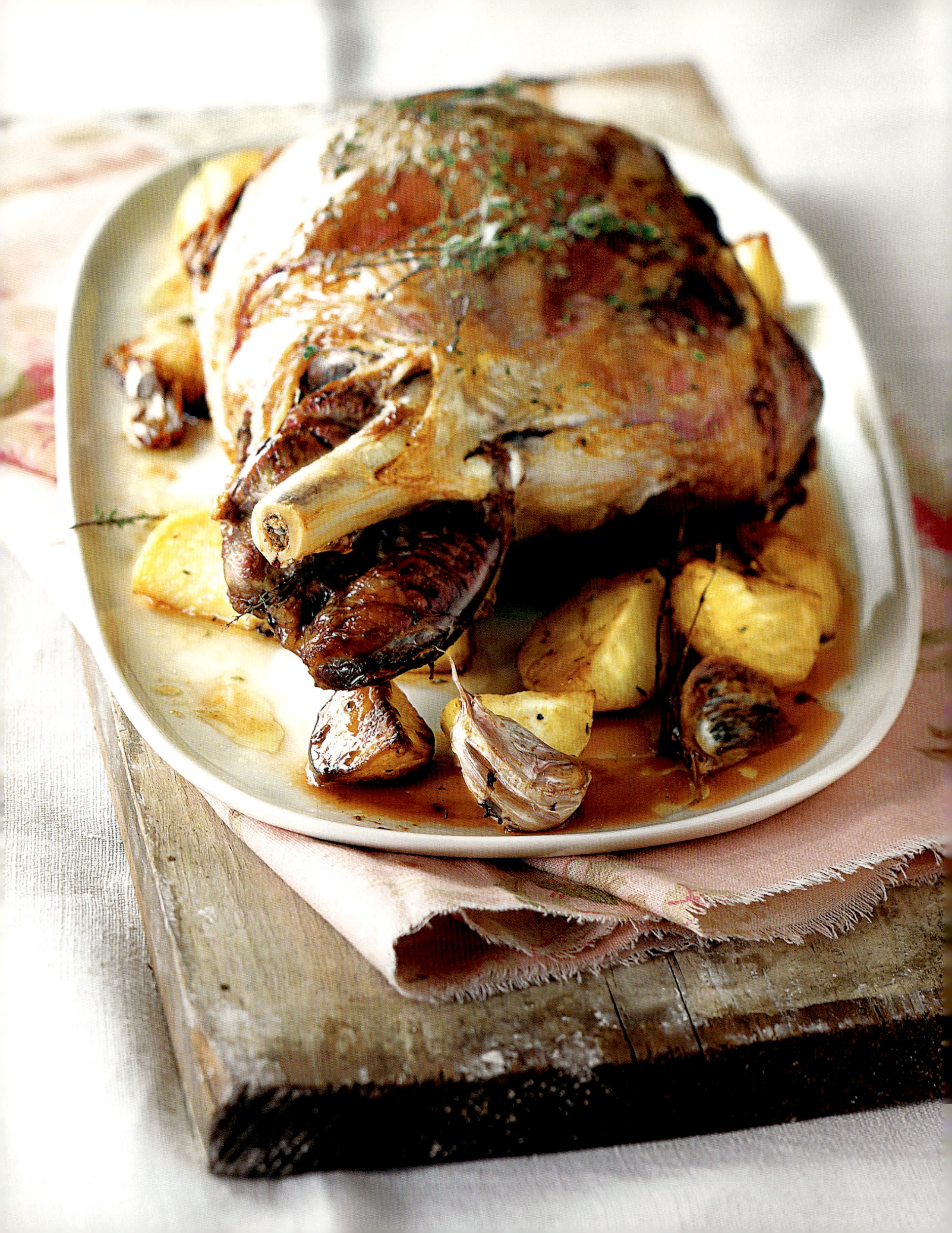

GIGOT DE PRÉ-SALÉ RÔTI

Les pâturages marins de l'Avranchin, aux abords du Mont-Saint-Michel, fournissent une alimentation de choix aux agneaux à la chair rose vif, douce et brillante.

Pour 6-8 personnes
Préparation : 5 min
Cuisson : 1 h

€€

✳

- 1 gigot de pré-salé de 2 kg environ
- 40 g de beurre
- poivre noir du moulin
- sel de mer fin

🍷 Bordeau rouge, pauillac ou saint-julien

1 Préchauffez le four à 280 °C (th. 9-10). Ciselez la graisse qui enveloppe le gigot et enduisez ce dernier de beurre ramolli. Posez-le dans un grand plat à four muni d'une grille, enfournez à mi-hauteur et faites rôtir 10 minutes.

2 Baissez la chaleur du four à 220 °C (th. 7-8). Salez, poivrez le gigot et poursuivez la cuisson en comptant 12 minutes par livre et en retournant la viande deux ou trois fois. Puis éteignez le four et laissez reposer 8 minutes.

3 Découpez le gigot en tranches régulières pas trop fines. Dégraissez le jus de cuisson et versez-le dans une saucière en ajoutant celui qui aura coulé pendant le découpage.

Variantes et conseils

Comme garniture, les Normands privilégient la purée de pommes de terre à la crème, que vous pouvez remplacer par des haricots verts aux flageolets.

SAINT-PIERRE À L'OSEILLE

Pour 4 personnes
Préparation : 40 min
Cuisson : 1 h

€ € €
✳ ✳

- 4 filets de saint-pierre de 200 à 250 g chacun, prélevés sur 2 poissons (garder les têtes, les arêtes et les parures)
- 500 g d'oseille fraîche
- 200 g de feuilles d'épinards fraîches
- 1 échalote émincée finement
- 25 cl de crème fraîche entière (fermière de préférence)
- 2 cl d'huile neutre
- 1 bouquet garni (thym, laurier, persil et 1 branche de céleri)
- 1 carotte
- 1 oignon jaune
- 35 cl de cidre
- 40 cl d'eau
- beurre
- sel et poivre noir du moulin

1 Épluchez et émincez la carotte et l'oignon. Lavez les épinards et l'oseille. Équeutez-les et émincez-les en petites lanières.

2 Préparez un court-bouillon : faites suer dans une grande casserole la carotte et l'oignon 3 minutes avec l'huile. Ajoutez les têtes, les arêtes et les parures. Mouillez ensuite avec le cidre et l'eau, et ajoutez le bouquet garni. Portez à ébullition, puis baissez le feu et laissez frémir 30 minutes. Filtrez le court-bouillon et remettez-le dans la casserole rincée.

3 Pelez et ciselez l'échalote. Dans une autre casserole, faites revenir l'échalote avec un peu de beurre. Ajoutez les lanières d'oseille et d'épinards et faites suer 5 minutes sur feu doux. Ajoutez la crème fraîche dans la tombée d'oseille et d'épinards. Laissez bouillir à petits frémissements 7 ou 8 minutes. Salez et poivrez.

4 Faites pocher 5 minutes les filets de saint-pierre dans le court-bouillon frémissant. Coupez le feu et gardez les filets au chaud dans le court-bouillon le temps de mixer la purée d'oseille.

5 Égouttez les filets et servez-les dans des assiettes chaudes, nappés de purée d'oseille.

🍷 Cidre brut normand ou vin de Loire demi-sec

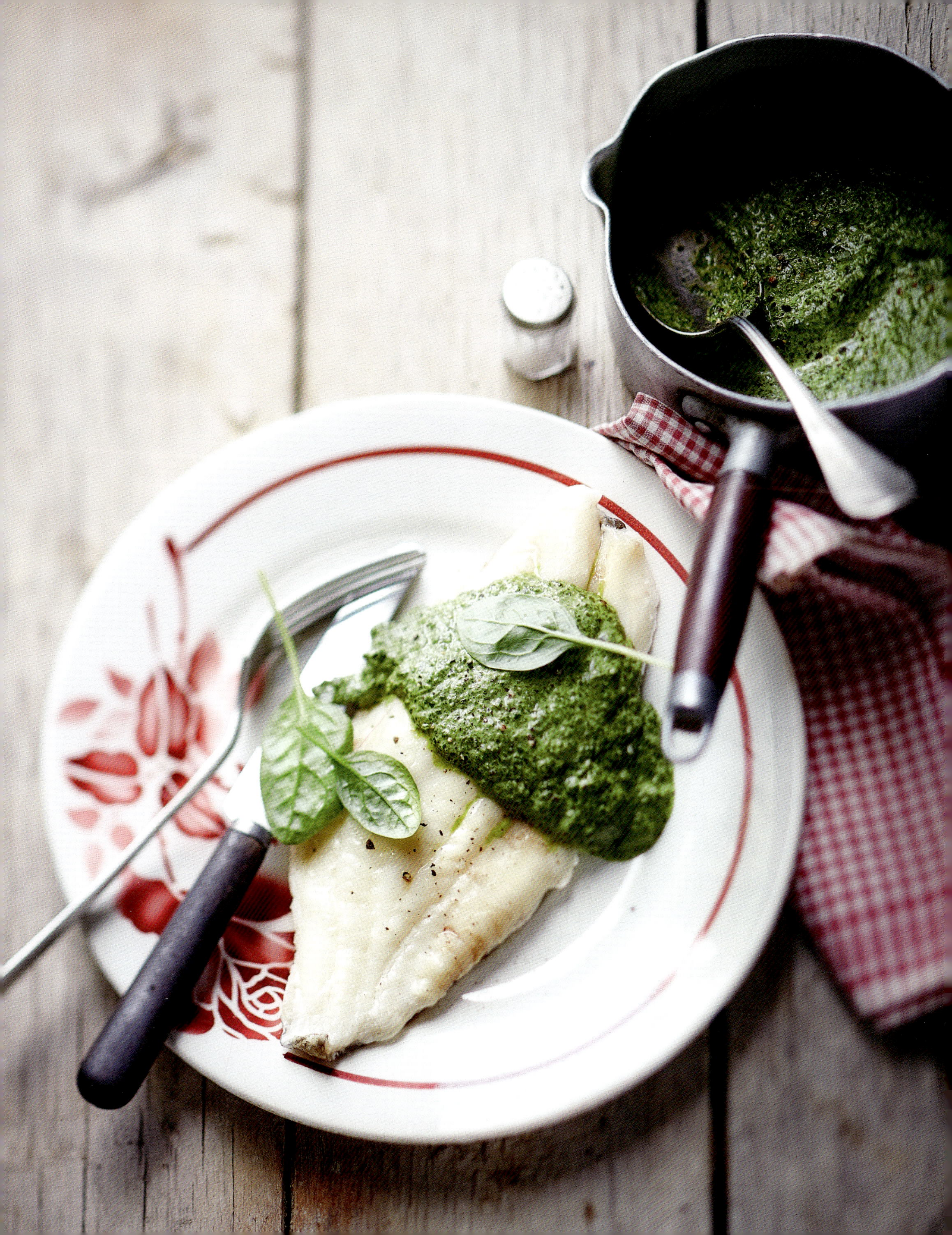

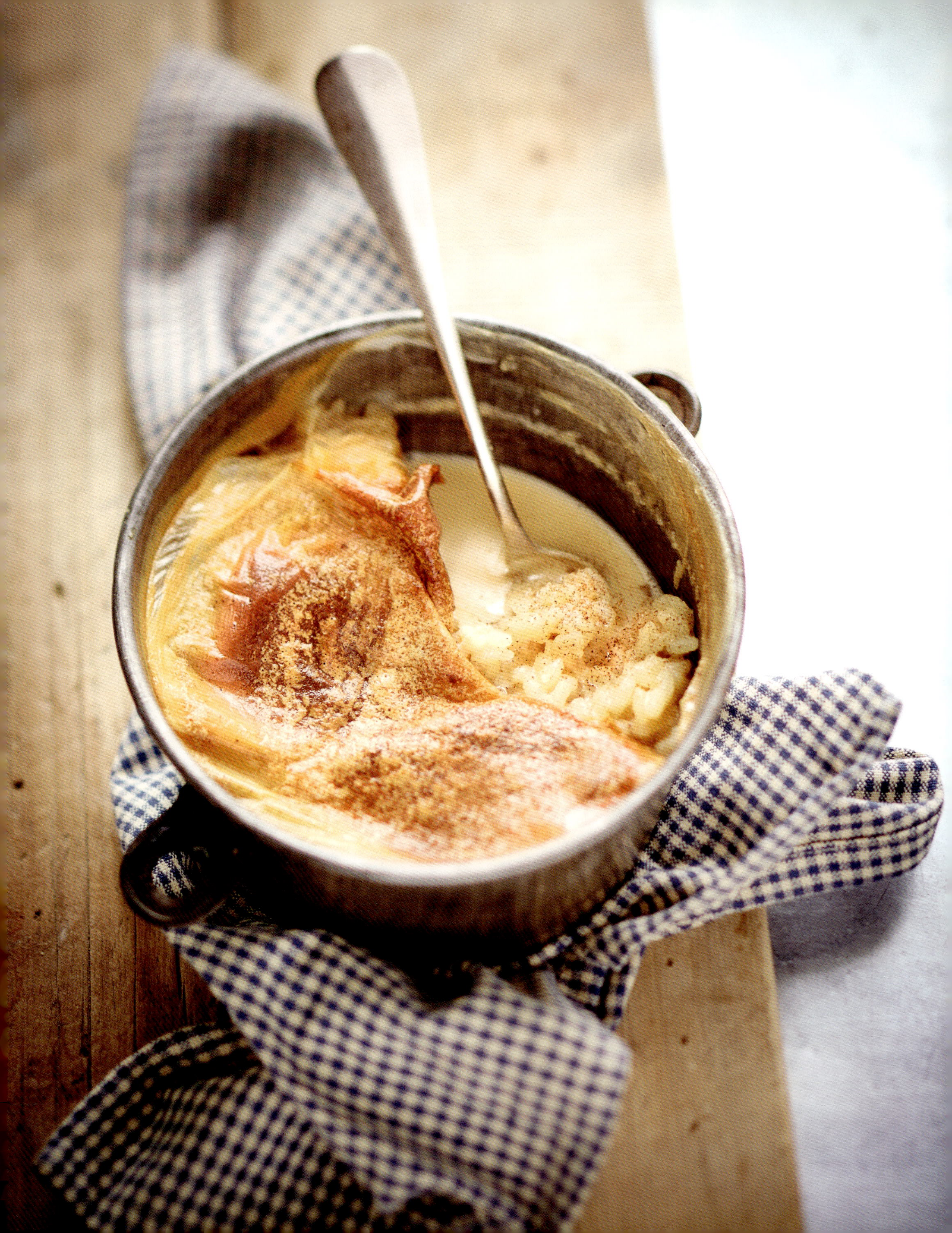

TEURGOULE

Pour 6 personnes
Préparation : 10 min
Cuisson : 2 h 10

€ ✳

- 1,5 l de lait cru entier
- 150 g de riz à grains ronds
- 1 cuill. à café de cannelle en poudre
- 125 g de sucre en poudre
- sel

🍷 Cidre doux

1 Faites bouillir le lait et laissez-le refroidir. Versez le riz dans un plat en terre assez profond de 2,5 l, ajoutez le sucre, la cannelle et une pincée de sel. Mélangez, puis versez doucement par-dessus le lait refroidi (avec la peau).

2 Remuez avec une cuillère en bois et placez le plat dans le four à 150 °C (th. 5) sur la tôle. Faites cuire 2 heures en surveillant. En fin de cuisson, le riz doit être recouvert d'une croûte brune que l'on se partage entre gourmands. Servez dans le plat de cuisson.

TARTE AUX POMMES FLAMBÉE

1 Préparez une pâte brisée. Mélangez la farine, 10 g de beurre, une pincée de sel, 1 cuillerée à soupe de sucre et quelques cuillerées à soupe d'eau froide. Roulez la pâte en boule, abaissez-la, puis garnissez-en une tourtière de 26 cm de diamètre. Piquez le fond et tapissez-le de haricots secs. Faites cuire à blanc à 220 °C (th. 7-8) pendant 20 minutes.

2 Pelez les pommes, évidez-les, coupez-les en huit et faites-les dorer 5 minutes dans le reste de beurre. Ajoutez 125 g de sucre, quelques pincées de cannelle, 10 cl d'eau et le calvados. Laissez étuver doucement 10 minutes.

3 Versez les pommes sur le fond de tarte, poudrez de sucre et, au moment de servir, arrosez d'un petit verre de calvados chauffé. Flambez et attendez que les flammes soient éteintes avant de servir.

🍷 Calvados ou gaillac doux

Pour 6 personnes
Préparation : 30 min
Cuisson : 35 min

€ ✳ ✳

- 1 kg de pommes reinettes
- 160 g de beurre
- 200 g de farine
- 150 g de sucre roux
- cannelle
- 2 cuill. à soupe + 1 petit verre de calvados pour flamber
- sel

BEIGNETS AUX POMMES

Où que l'on se trouve en Normandie, les beignets constituent l'une des manières les plus gourmandes de déguster des pommes lorsque l'on est las de les croquer…

Pour 4 personnes
Préparation : 20 min
Repos : 1 h
Cuisson : 15 min

€

✳✳

- 4 grosses pommes
- 2 œufs
- 25 cl de lait
- 250 g de farine
- 100 g de sucre semoule
- cannelle
- huile de friture
- 2 cuill. à soupe d'huile de maïs
- sel

Cidre doux
ou côteaux-du-layon

1 Versez la farine dans une terrine avec quelques pincées de sel. Faites une fontaine, ajoutez 1 œuf et délayez. Lorsqu'il est bien amalgamé, mettez le second œuf et délayez encore. Incorporez ensuite l'huile de maïs et le lait. Mélangez et laissez reposer au moins 1 heure.

2 Pelez les pommes, évidez-les et coupez-les en rondelles épaisses.

3 Dans une assiette creuse, versez le sucre, ajoutez un peu de cannelle et mélangez.

4 Roulez les rondelles de pomme dans le sucre à la cannelle, trempez-les dans la pâte, puis plongez-les dans un bain de friture très chaud. Égouttez-les sur du papier absorbant et servez aussitôt.

Variantes et conseils

Après que la pâte a reposé 1 heure et avant d'en enrober les pommes, vous pouvez lui incorporer 2 ou 3 blancs d'oeufs battus en neige très ferme.

BRETAGNE, VENDÉE
&
POITOU-CHARENTES

ENTRÉES

Filets de sardines crues, 65
Palourdes ou praires farcies, 65
Soupe de Roscoff, 67
Mojettes fraîches à la crème, 67
Préfou vendéen, 68

PLATS

Morue à la brestoise, 68
Saint-jacques à la bretonne, 69
Boudins blancs aux artichauts, 71
Mouclade, 71
Embeurrée de chou, 73
Barbue de Cancale, 73
Cotriade, 74
Galettes de blé noir, 77

DESSERTS

Sablés bretons, 77
Kouign-amann, 79
Broyé du Poitou, 80

LE GRAND OUEST,
BALCON SUR L'OCÉAN

La France possède son Far West, son ouest lointain et sauvage, proue du navire européen qui fend l'océan au bout de la Bretagne, dans le Finistère. Le navire, c'est l'ensemble de ce Grand Ouest de la façade atlantique, composé de la Bretagne, de la Vendée, du Poitou et des Charentes.

La Bretagne, ce sont deux terres qui s'opposent : l'Armor et l'Argoat. L'Argoat, c'est la Bretagne intérieure, des prairies, des montagnes et des forêts. Jadis décrit comme une contrée pauvre et austère, l'Argoat est devenu l'une des régions agricoles les plus florissantes de France. On peut aisément juger de la santé de l'économie agroalimentaire bretonne en prenant la route entre Rennes et Brest. Cette route est jalonnée par les entreprises du secteur qui y poussent comme des champignons. L'Armor, c'est le littoral, pays de vrais marins et de pêcheurs, avec ses ressources maritimes : pêche côtière ou hauturière, élevage d'huîtres et de moules et même culture des algues. On y trouve aussi la ceinture dorée des primeurs, pays du chou-fleur, de l'artichaut, de l'oignon et de l'échalote de tradition. En quittant le sud de la Bretagne par le pays du sel, on arrive en Vendée. On délaisse les rochers pour les grandes plages de sable fin. La Vendée nous régale de ses soles sablaises, canards de Challans, moules, gâches, brioches, préfous et mojettes qui annoncent déjà les Poitou-Charentes. C'est ici le véritable pays du beurre, mais aussi des fromages de chèvre, des cagouilles, du cognac, de l'angélique, du tourteau et des huîtres ! Mon Dieu que cet Ouest-là est gourmet et comme il a su mettre en cuisine toutes les richesses offertes par l'océan et la terre.

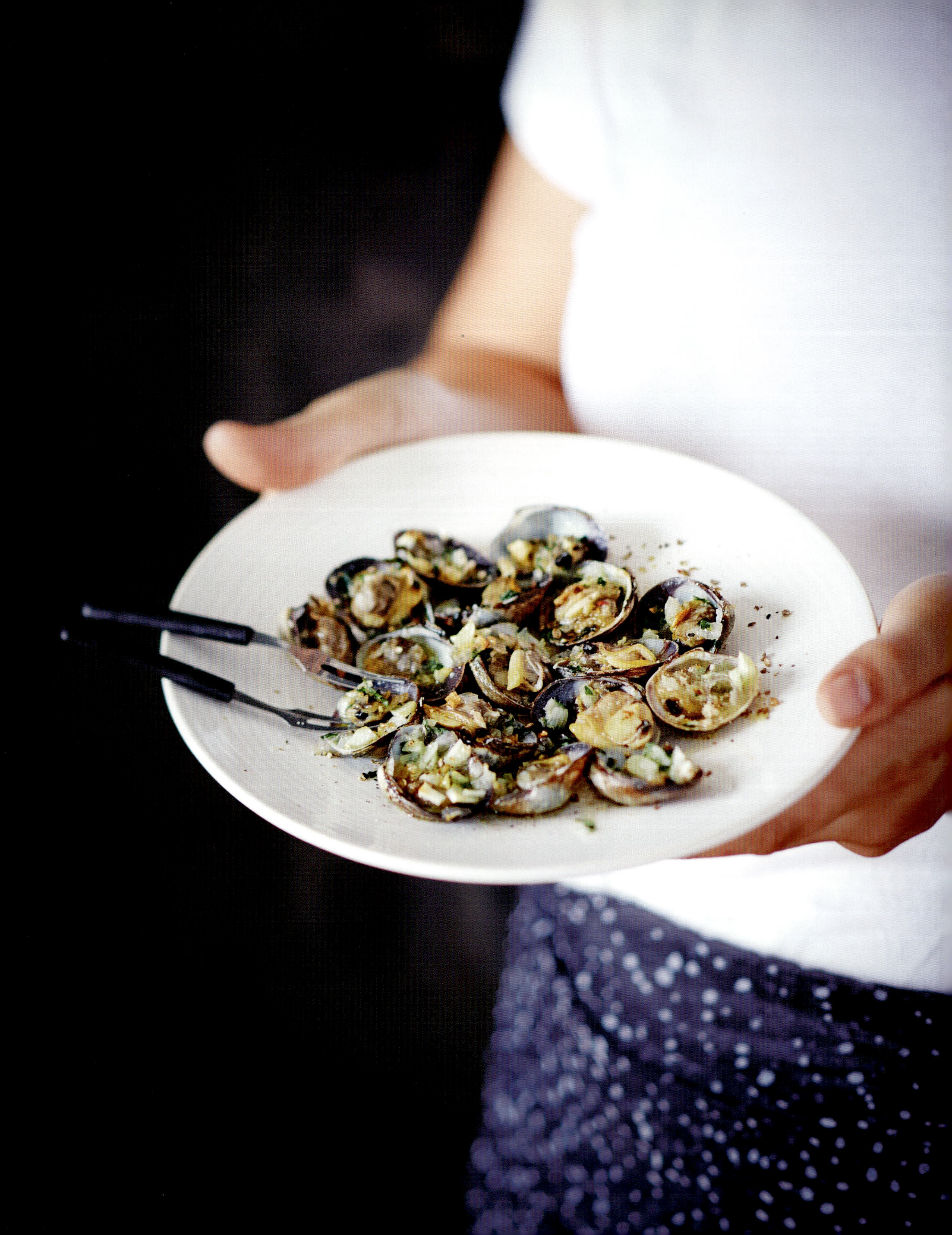

FILETS DE SARDINES CRUES

Pour 4 personnes
À faire le matin pour le soir
Préparation : 40 min
Repos : 8-10 h

€ € ✳ ✳

● 16 sardines crues de première fraîcheur, de taille moyenne
● beurre demi-sel
● pain de campagne
● 1 cuill. à soupe de gros sel de mer

1 Coupez les têtes des sardines, puis videz les poissons, lavez-les et essuyez-les un par un. Rangez-les tête-bêche dans un plat creux en terre. Poudrez-les de gros sel et laissez-les reposer 8 à 10 heures dans un endroit frais.

2 Essuyez chaque sardine avec du papier de cuisine (la macération dans le sel décolle la peau qui part facilement). Avec un couteau pointu, séparez les filets pour retirer l'arête centrale.

3 Rangez les filets de sardines crues dans un plat creux froid et servez-les avec des tranches de pain de campagne légèrement grillées et du beurre demi-sel.

🍷 Gros-plant ou muscadet

PALOURDES OU PRAIRES FARCIES

1 Pelez et hachez finement l'ail et l'échalote. Ciselez finement les feuilles de persil.

2 Mélangez le beurre ramolli avec l'ail, l'échalote et le persil, salez et poivrez. Mettez ce beurre composé dans le réfrigérateur.

3 Lavez les palourdes en les brossant sous le robinet d'eau froide. Mettez-les mouillées dans une grande marmite et faites-les ouvrir sur feu vif.

4 Égouttez-les, retirez une valve de chaque coquille et rangez les palourdes dans deux plats allant au four. Garnissez chaque coquille d'un peu de beurre composé et poudrez légèrement de chapelure. Passez les plats sous le gril 3 à 4 minutes et servez dès que le beurre commence à grésiller.

Pour 4 personnes
Préparation : 20 min
Cuisson : 3-4 min

€ ✳

● 2 douzaines de palourdes ou de praires
● 4 gousses d'ail
● 1 échalote
● 1 bouquet de persil plat
● 200 g de beurre demi-sel
● chapelure
● sel et poivre du moulin

🍷 Cidre brut breton ou mâcon blanc

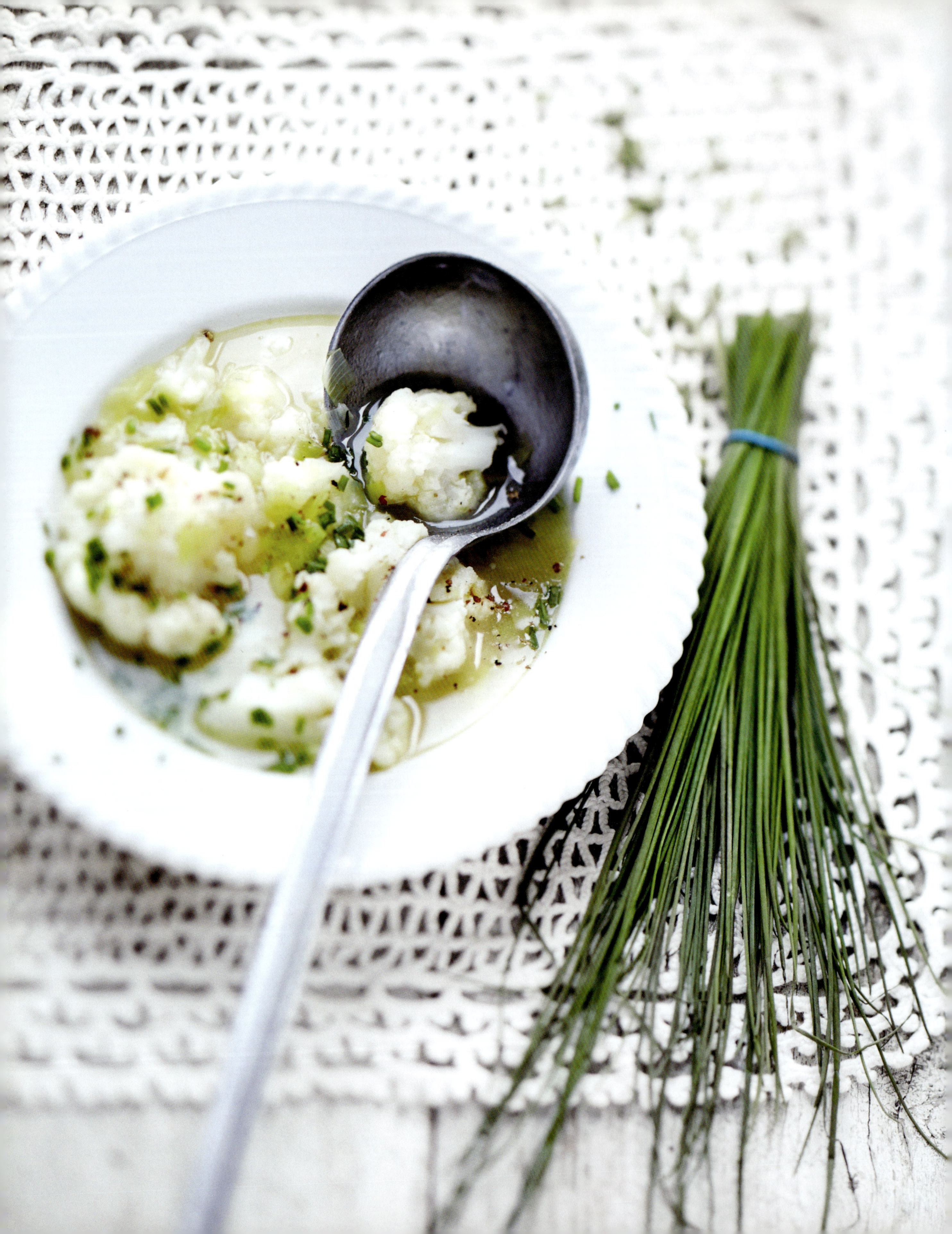

SOUPE DE ROSCOFF

Pour 6 personnes
Préparation : 20 min
Cuisson : 30 min

€ ✳

- 1 tête de chou-fleur de 800 g
- 1 blanc de poireau
- 2 pommes de terre
- 1 oignon
- 1 bouquet de ciboulette
- 1 bouquet garni
- 15 cl de crème fraîche
- 25 g de beurre
- 1,4 l de bouillon de volaille
- sel et poivre du moulin

1 Défaites-le chou-fleur en bouquets et mettez-les à bouillir dans 1 litre d'eau pendant 10 minutes. Égouttez-les.

2 Dans une grande casserole, faites fondre le beurre, ajoutez l'oignon et le poireau finement émincés, le bouquet garni et mélangez.

3 Versez le bouillon de volaille, puis ajoutez les bouquets de chou-fleur et les pommes de terre pelées et coupées en dés. Salez et poivrez. Faites bouillir, puis laissez mijoter 15 minutes.

4 Ajoutez la crème fraîche, rectifiez l'assaisonnement, puis incorporez la ciboulette ciselée. Servez dans une soupière chaude ou dans des assiettes creuses.

🍷 Muscadet ou riesling

MOJETTES FRAÎCHES À LA CRÈME

1 Épluchez les carottes, les oignons et l'ail. Piquez chaque oignon d'un clou de girofle. Émincez les carottes et les gousses d'ail. Faites chauffer l'huile et 20 g de beurre dans une cocotte. Versez-y les haricots rincés et faites revenir sur feu très doux pendant 10 minutes sans coloration, en remuant.

2 Ajoutez les carottes, l'ail, le bouquet garni, les oignons piqués et de l'eau à hauteur puis laissez cuire entre 2 h 30 et 3 heures à tout petits frémissement, à couvert. Ne salez qu'après 2 heures de cuisson pour ne pas durcir la peau des mojettes. Surveillez que l'eau soit toujours à niveau en ajoutant de l'eau bouillante si nécessaire.

3 Dès que les mojettes sont cuites, égouttez-les, mais réservez du bouillon. Maniez ensemble à l'aide d'un fouet le beurre restant (à température de la pièce) et la crème. Incorporez aux mojettes. Poivrez. Ajoutez quelques cuillerées de bouillon pour que la crème au beurre ne soit pas trop épaisse. Goûtez, rectifiez en sel et servez aussitôt.

Pour 6-8 personnes
Préparation : 20 min
Cuisson : 3 h

€ ✳

- 1,5 kg de mojettes fraîches (haricots blancs)
- 70 g de beurre
- 20 cl de crème fraîche épaisse
- 5 cl d'huile de tournesol
- 2 oignons jaunes
- 2 clous de girofle
- 2 carottes
- 2 gousses d'ail
- 1 bouquet garni (thym, céleri, persil)
- sel fin et poivre blanc du moulin

PRÉFOU VENDÉEN

1 Pelez les gousses d'ail, rincez-les et passez-les au presse-ail. Dans le mixeur, mélangez le beurre en pommade, l'ail pressé, quelques tours de moulin à poivre et la muscade râpée. Fendez et entrouvrez les pains à panini en deux (ce sont des petites baguettes souples et peu cuites car appelées à être grillées) et tartinez-les généreusement avec le beurre à l'ail.

2 Enroulez les pains dans du film alimentaire et placez-les 2 heures au réfrigérateur pour que le beurre à l'ail durcisse. Préchauffez votre four à 210 °C (th. 7). Retirez le film de vos pains aillés et prédécoupez-les en tranches. Reconstituez-les sur une plaque à four et enfournez 10 minutes. Le préfou se déguste chaud à la sortie du four, en apéritif généralement.

Pour 6 personnes
Préparation : 10 min
Repos : 2 h
Cuisson : 10 min

€ ✳

- 3 pains à panini précuits
- ½ tête d'ail moyenne
- 250 g de beurre demi-sel
- poivre noir du moulin
- 2 pincées de noix de muscade

MORUE À LA BRESTOISE

Pour 6 personnes
Préparation : 15 min
Trempage : 12 h
Cuisson : 30 min

€ ✳

- 800 g de filets de morue
- 800 g de pommes de terre
- 2 blancs de poireau
- 3 oignons
- persil plat ciselé
- 25 cl de crème fraîche
- 40 g de beurre
- 25 g de farine
- sel et poivre du moulin

1 Faites dessaler les filets de morue à l'eau froide pendant la nuit. Le lendemain, faites-les pocher 10 minutes dans une casserole d'eau, égouttez-les et effeuillez-les.

2 Faites cuire les pommes de terre dans leur peau 25 minutes. Pelez et hachez finement les oignons et les blancs de poireau. Faites fondre les oignons dans le beurre chaud sans laisser colorer, ajoutez les poireaux, salez, poivrez et faites cuire 5 minutes. Puis poudrez de farine et mouillez avec 2 cuillerées à soupe d'eau de cuisson de la morue. Ajoutez la crème et mélangez intimement.

3 Ajoutez les morceaux de morue bien égouttés dans la sauce à la crème. Pelez et coupez les pommes de terre en rondelles, et mettez-les dans un plat creux. Versez dessus le mélange de morue en sauce. Poudrez de persil haché et servez.

SAINT-JACQUES À LA BRETONNE

Pour 4-6 personnes
Préparation : 25 min
Cuisson : 1 h 15

€ € €

✳

- 12 belles coquilles Saint-Jacques
- 100 g de beurre ½ sel
- 30 cl de vin blanc
- le jus de ½ citron
- 1 oignon de Roscoff
- 1 belle botte de persil plat
- 75 g de mie de pain rassis taillée en petits dés

1 Ouvrez les coquilles Saint-Jacques à l'aide d'un couteau pointu. Avec une cuillère à soupe, levez les noix et les coraux. Retirez la petite partie dure de la noix, surnommée « le nerf » et réservez les barbes. Rincez les noix et les coraux, ainsi que les coquilles creuses.

2 Épluchez l'oignon et émincez-le. Dans une casserole, faites-le suer sur feu doux dans 20 g de beurre. Ajoutez-y les barbes. Laissez suer 2 minutes puis mouillez avec le vin blanc et le jus de citron. Laissez mijoter 1 heure à couvert. Puis, filtrez le bouillon et remettez-le dans la casserole. Rincez, séchez et ciselez le persil. Escalopez les noix en deux disques égaux. Plongez-les 5 minutes dans le bouillon frémissant. Égouttez.

3 Dressez dans 4 coquilles creuses en commençant par un peu de mie de pain et 1 cuillerée à soupe de bouillon de cuisson. Posez les noix escalopées dessus. Parsemez de persil et recouvrez avec le reste des dés de mie de pain et du beurre en copeau. Salez et poivrez. Placez sous le gril du four très chaud quelques minutes. Retirez lorsque le pain est doré.
Servez aussitôt.

FRANCE · PURE TRADITION · FAIT-MAISON · Bretagne

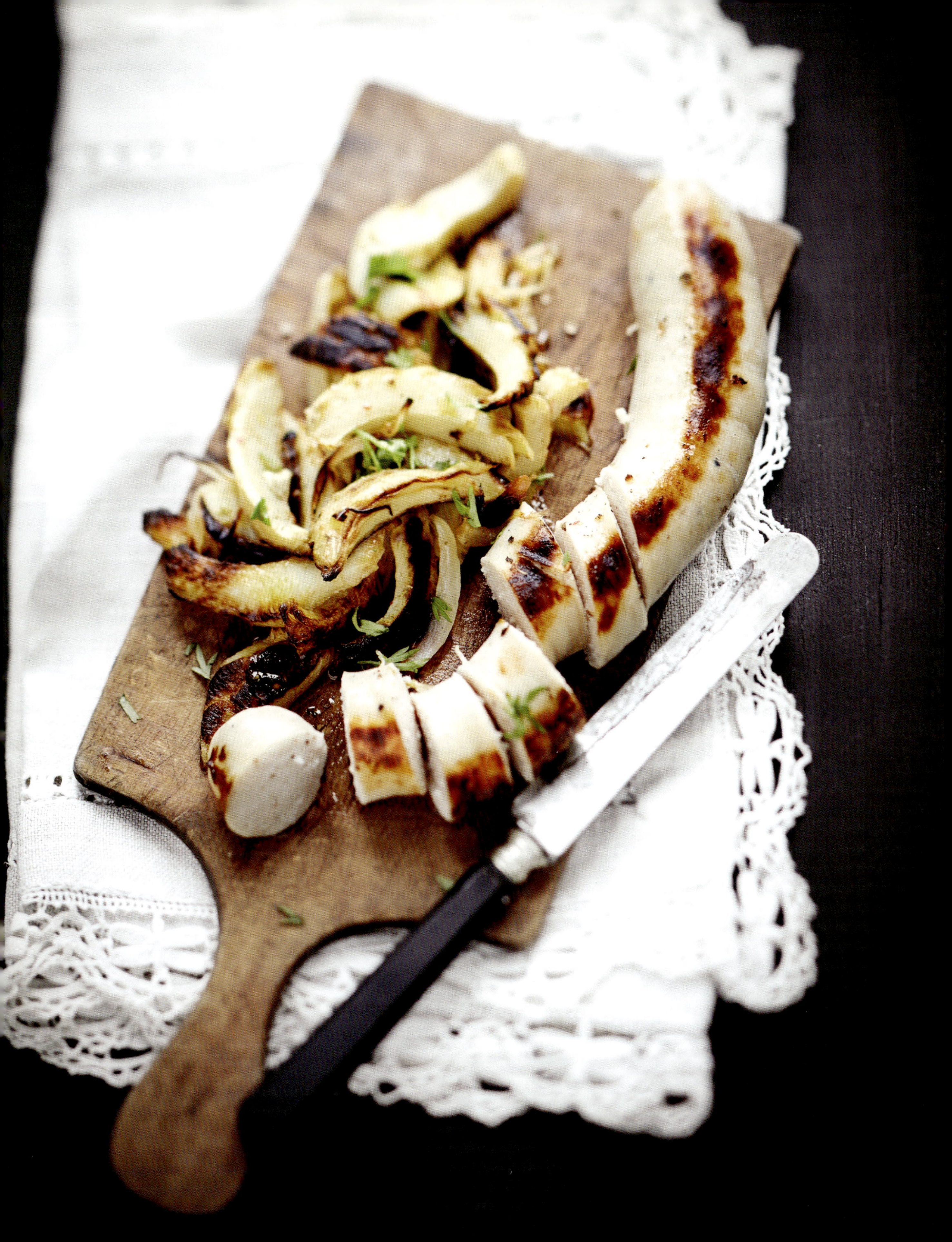

BOUDINS BLANCS AUX ARTICHAUTS

Pour 4 personnes
Préparation : 10 min
Cuisson : 25 min

€ ✳

- 4 boudins blancs
- 8 fonds d'artichaut cuits
- 2 gros oignons
- quelques pluches de cerfeuil
- 50 g de beurre
- 1 cuill. à soupe d'huile
- sel et poivre du moulin

1 Pelez et émincez finement les oignons. Faites-les fondre doucement au beurre dans une casserole. Quand ils sont translucides, ajoutez les fonds d'artichaut coupés en quartiers et faites chauffer doucement. Salez et poivrez.

2 Pendant ce temps, faites cuire les boudins emballés séparément dans 4 carrés de papier d'aluminium huilé, pendant une vingtaine de minutes, dans le four à 160 °C (th. 5-6).

3 Répartissez les artichauts aux oignons sur des assiettes et posez dessus les boudins déballés tout chauds. Garnissez de pluches de cerfeuil avant de servir.

🍷 Rosé d'Anjou ou saumure blanc

MOUCLADE

1 Nettoyez et grattez à l'aide d'un couteau les moules puis rincez-les bien. Retirez le byssus (filament qui sert à les attacher à leur support). Pelez et émincez les oignons et les échalotes.

2 Versez les moules dans une grande casserole sur feu vif et ajoutez le vin blanc et le bouquet garni. Laissez-les s'ouvrir en remuant un peu la casserole.

3 Retirez les moules, filtrez le jus et réservez-le. Ne gardez qu'une coquille et disposez les moules dans les coquilles restantes au fond d'un ou deux plats à four.

4 Dans une casserole, faites étuver au beurre les oignons et les échalotes émincés. Versez le liquide de cuisson des moules dessus. Laissez réduire de moitié sur feu doux. À la fin de la cuisson, ajoutez le safran, puis salez et poivrez. Réservez au chaud.

5 Battez ensemble les jaunes d'œufs avec la crème et le cognac. Hors du feu, ajoutez ce mélange au jus réduit. Nappez les moules avec la sauce et passez à four chaud à 200 °C (th. 6-7) pendant 5 minutes.

Pour 6 personnes
Préparation : 30 min
Cuisson : 35 min

€ ✳ ✳

- 3 l de moules de bouchot
- 2 oignons jaunes
- 2 échalotes
- 50 g de beurre
- 15 cl de crème fraîche épaisse
- 3 jaunes d'œufs
- 1 bouquet garni (thym, céleri, persil)
- 5 cl de cognac
- 25 cl de vin blanc sec (muscadet ou entre-deux-mers)
- 1 pointe de couteau de safran en poudre
- sel fin et poivre blanc du moulin

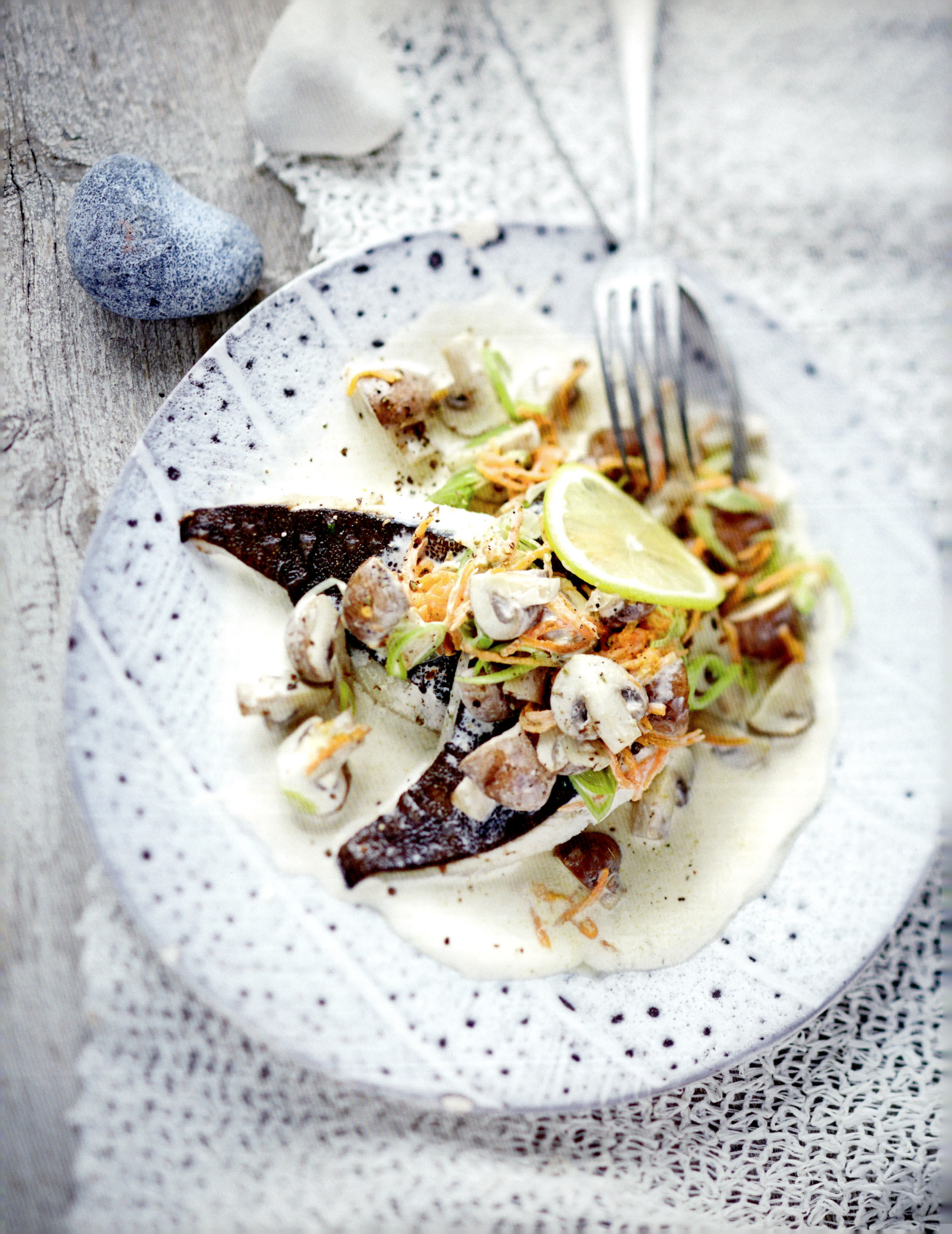

EMBEURRÉE DE CHOU

Pour 6-8 personnes
Préparation : 10 min
Cuisson : 1 h

€ ✳

• 1 gros chou cabus blanc
ou pointu vert (ou choux de
Bruxelles)
• 100 g de beurre Charentes-
Poitou par kilo de chou
• sel fin et poivre noir du moulin

🍷 Anjou rouge ou chinon

1 Ôtez les feuilles sèches et abîmées en périphérie et
le trognon du chou. Lavez-le bien à l'eau froide. Faites
blanchir le chou dans 3 à 4 litres d'eau bouillante salée à 20 g par
litre. Laissez-le cuire à petits bouillons de 45 minutes à 1 heure.

2 Égouttez-le quand il est très cuit et écrasez-le à l'aide
d'un presse-purée ou d'une fourchette. Il doit avoir
la consistance d'une purée grossière. Remettez dans la casserole,
salez et poivrez. Incorporez le beurre par petits morceaux en
écrasant bien à l'aide d'une fourchette et en malaxant. Servez cette
garniture très chaude.

BARBUE DE CANCALE

1 Épluchez, lavez et hachez le poireau, l'oignon et la carotte.
Nettoyez et émincez les champignons, citronnez-les.

2 Dans une casserole, faites revenir le hachis de légumes
avec 25 g de beurre pendant 8 minutes. Puis ajoutez
le bouquet garni, le vin blanc, 1 verre d'eau, du sel et du poivre.
Laissez mijoter 15 minutes. Passez le hachis à la passoire fine et
versez-le dans une cocotte. Ajoutez les filets de barbue et faites-
les pocher doucement pendant 10 minutes. Puis égouttez-les et
tenez-les au chaud dans un plat creux sous du papier d'aluminium.

3 À leur place, faites cuire 10 minutes à découvert les
champignons. Égouttez-les et ajoutez-les au poisson.

4 Faites réduire la cuisson sur feu vif. Liez-la hors du feu
avec la crème fraîche mélangée au jaune d'œuf, puis
faites chauffer très doucement en incorporant le reste de beurre
en parcelles. Goûtez et rectifiez l'assaisonnement, ajoutez un trait
de jus de citron et versez sur les filets de barbue.

🍷 Muscadet sur lie ou chablis

Pour 4 personnes
Préparation : 20 min
Cuisson : 50 min

€ € ✳ ✳

• 1,2 kg de filets de barbue
dépouillés
• 250 g de champignons
de couche
• 1 poireau
• 1 carotte
• 1 oignon
• 1 citron
• 1 bouquet garni
• 1 jaune d'œuf
• 25 cl de crème fraîche
• 60 g de beurre demi-sel
• 30 cl de vin blanc sec
• sel et poivre du moulin

COTRIADE

Préparée avec divers poissons, cette bouillabaisse bretonne, emblème des soupes de poissons de la côte, connaît nombre de déclinaisons. Jadis, on la préparait au saindoux.

Pour 6 personnes
Préparation : 30 min
Cuisson : 1 h

€€

✳

- 400 g de congre
- 500 g de daurade
- 300 g de merlu
- 6 sardines fraîches
- 3 grondins
- 6 pommes de terre
- 2 poireaux
- 2 branches de céleri
- 3 oignons
- 3 échalotes
- 1 petit bouquet de cerfeuil
- 1 bouquet garni
- 50 g de beurre
- 2 cuill. à soupe de vinaigre
- 10 cl d'huile d'arachide
- sel et poivre du moulin

Bordeaux blanc
ou sancerre

1 Nettoyez les poissons. Mettez les têtes, les arêtes et le morceau de congre dans une marmite. Ajoutez les oignons pelés et hachés, le céleri paré et haché, et le bouquet garni. Versez 3,5 l d'eau, salez et poivrez. Couvrez et portez à ébullition. Puis laissez mijoter 20 minutes.

2 Pelez les pommes de terre et coupez-les en grosses rondelles.

3 Dans une marmite, faites revenir les poireaux lavés et émincés au beurre, ajoutez les pommes de terre et mélangez pendant 2 minutes.

4 Passez le bouillon du congre, versez-le dans la marmite, ajoutez le congre et faites cuire 10 minutes. Mettez ensuite la daurade et le merlu en morceaux. Laissez cuire encore 10 minutes, ajoutez les sardines et les grondins, puis poursuivez la cuisson encore 10 minutes.

5 Préparez une vinaigrette avec l'huile, le vinaigre, du sel, du poivre et enrichissez-la d'échalotes hachées et de cerfeuil ciselé.

6 Égouttez les pommes de terre et les poissons et servez-les avec la vinaigrette. Proposez le bouillon à part en soupières individuelles.

Variantes et conseils

Pour plus de finesse, on évite en général d'utiliser des poissons trop gras : sardines et maquereaux ne doivent pas dépasser le quart du poids total.

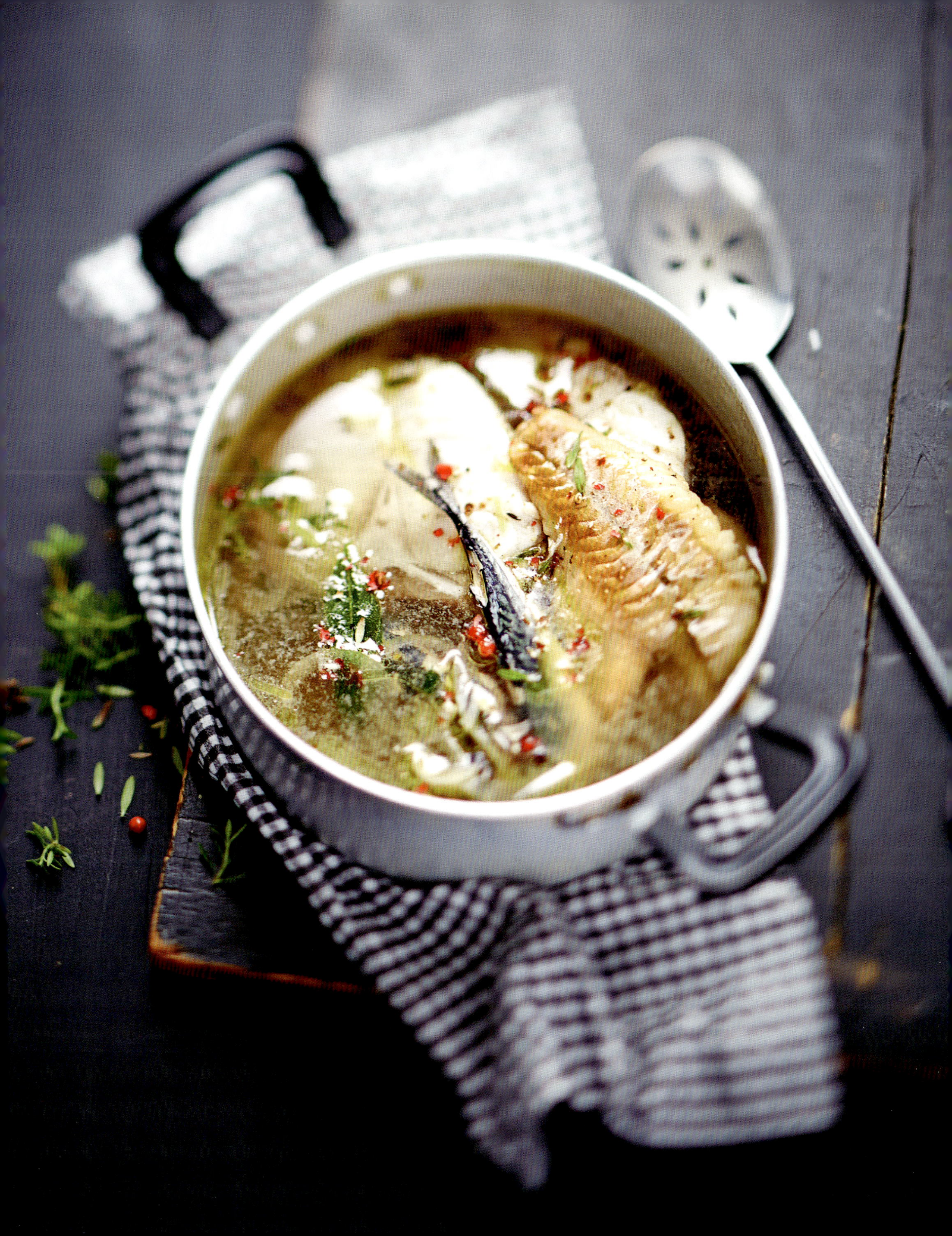

GALETTES DE BLÉ NOIR

Pour 4 personnes
Préparation : 20 min
Repos : 2 h
Cuisson : 3 min par galette

€ ✳ ✳

- 3 œufs
- 50 cl de lait
- 20 cl de crème fraîche
- 350 g de farine de sarrasin
- beurre
- beurre demi-sel
- ½ cuill. à café de sel

🍷 Cidre brut de Cornouailles

1 Versez la farine dans une terrine et faites une fontaine. Cassez 2 œufs et séparez les blancs des jaunes (gardez les blancs pour une autre utilisation.)

2 Versez le lait et la crème dans la terrine et mélangez avec la farine en tournant avec une cuillère en bois. Incorporez ensuite 1 œuf entier et les 2 jaunes. Ajoutez le sel. Mélangez intimement et laissez reposer 2 heures à température ambiante.

3 Faites alors chauffer une grande poêle à crêpes, plate, sans rebord. Ajoutez une noix de beurre et versez une petite louche de pâte. Laissez cuire la galette en la retournant à mi-cuisson. Servez-les chaudes, au fur et à mesure, avec du beurre demi-sel.

SABLÉS BRETONS

1 Cassez l'œuf dans une terrine et battez-le. Ajoutez un quart de cuillerée à café de sel, le sucre et travaillez le mélange jusqu'à ce qu'il soit mousseux et jaune pâle.

2 Tamisez la farine et ajoutez-la d'un seul coup. Commencez à travailler à la spatule. Puis prenez la pâte par poignées et écrasez-la entre vos doigts pour l'effriter en petits grains. Mettez-la sur le plan de travail et incorporez le beurre en pétrissant avec les mains. La pâte ne doit pas coller aux doigts mais former une boule compacte.

3 Abaissez la pâte au rouleau et découpez dedans des ronds de 8 cm de diamètre environ. Déposez-les sur la tôle du four tapissée de papier sulfurisé et faites cuire pendant 15 minutes à 180 °C (th. 6). Décollez-les dès qu'ils sont cuits et laissez-les refroidir sur une grille.

🍷 Thé ou chocolat chaud

Pour 30-40 pièces
Préparation : 25 min
Cuisson : 15 min

€ ✳

- 1 œuf
- 125 g de beurre
- 250 g de farine
- 125 g de sucre
- sel

FRANCE · PURE TRADITION · Bretagne · FAIT-MAISON

KOUIGN-AMANN

La traduction littérale de ces deux mots bretons signifie « pain au beurre ». C'est en effet une grosse galette de pâte dans laquelle on incorpore force beurre demi-sel.

Pour 6 personnes
Préparation : 35 min
Repos : 1 h
Cuisson : 30 min

€

✳ ✳

- 430 g de beurre demi-sel
- 500 g de farine + un peu pour le plan de travail
- 15 g de levure de boulanger
- 350 g de sucre
- sel

Bretagne · FRANCE · PURE TRADITION · FAIT-MAISON

🍷 Cidre doux ou jurançon

1 Dans une grande terrine, versez la farine tamisée avec une pincée de sel. Faites une fontaine et versez-y la levure délayée dans 10 cl d'eau tiède. Pétrissez le tout 5 minutes, puis ramassez la pâte en boule et laissez-la reposer 30 minutes.

2 Aplatissez la boule sur le plan de travail fariné. Posez 400 g de beurre un peu ramolli au milieu, étalez-le en une seule couche épaisse et ajoutez 200 g de sucre par-dessus. Ramenez les bords de la pâte sur cette double couche.

3 Appuyez avec les paumes pour obtenir un rectangle, repliez-le en trois, couvrez d'un torchon et laissez reposer 15 minutes.

4 Aplatissez à nouveau la pâte avec les mains et repliez-la encore en trois. Laissez reposer à nouveau 15 minutes et recommencez l'opération une dernière fois.

5 Beurrez une tourtière (ou des tourtières individuelles) et poudrez-la légèrement de farine. Posez la pâte dans la tourtière et étalez-la à la main pour qu'elle la remplisse. Versez le reste de sucre en pluie dessus et faites cuire dans le four à 210 °C (th. 7) pendant 30 minutes.

Variantes et conseils

Délicieux tiède, ce gâteau se conserve très bien 24 heures, ce qui permet, quand il est un peu rassis, de découper dedans des tranches plus fines.

BROYÉ DU POITOU

Le broyé du Poitou est une sorte de référence pour tous ceux, dont je suis, qui adulent la pâte sablée. Cette galette croquante possède l'avantage d'être confectionnée avec le beurre doux poitevin, qui à mon goût est le meilleur qui soit. Ce gâteau sec me rappellera toute ma vie ma nourrice native des Deux-Sèvres, qui avait l'habitude de nous le servir en accompagnement de compotes d'abricots peu sucrées. Le sucre et le beurre du broyé venaient apporter contrepoint et équilibre à ce dessert simple et succulent. Mais avec d'autres fruits cela fonctionne très bien aussi.

Pour 6-8 personnes
Préparation : 20 min
Cuisson : 20 min

€

*

- 250 g de beurre du Poitou ou des Charentes
- 250 g de sucre en poudre
- 450 g de farine
- 2 œufs
- 2 g de fleur de sel
- 1 pincée de sel fin

FRANCE · PURE TRADITION · FAIT-MAISON
Poitou-Charentes

Thé ou chocolat chaud

1 Mélangez le sucre et la farine dans un saladier ou un cul-de-poule. Ajoutez progressivement le beurre ramolli (10 secondes au four à micro-ondes) avec le bout des doigts. La pâte se travaille comme une pâte sablée. Clarifiez 2 œuf (séparez le blanc et le jaune). Versez le jaune dans un bol et ajoutez 1 cuillerée à café d'eau et le sel fin. Mélangez bien et réservez.

2 Ajoutez l'œuf restant et la fleur de sel à la pâte. Travaillez-la pour la rendre homogène en la fraisant (aplatissez la pâte à la main).

3 Préchauffez le four à 180 °C (th. 6). Posez une feuille de papier sulfurisé sur la plaque de cuisson, étalez la pâte sur 1 cm d'épaisseur environ et découpez-la à l'aide d'un emporte-pièce de 24 cm de diamètre (sinon, foncez un moule à tarte avec la pâte). À l'aide d'une fourchette, tracez des lignes en surface en croisant les traits en losange. Dorez généreusement à l'aide d'un pinceau avec le jaune d'œuf mélangé à l'eau.

4 Enfournez, et laissez cuire de 20 à 25 minutes en surveillant bien l'avancement de la cuisson. Sortez le broyé lorsque la pâte est bien dorée et brunie aux arêtes. Laissez refroidir avant de servir en accompagnement de compotes de fruits (abricots, pêches, poires…) par exemple.

VAL DE LOIRE, CENTRE
&
BERRY

ENTRÉES

Salade aux champignons, 84
Beurre blanc nantais, 84
Rillettes du Mans, 87
Pâté berrichon de Pâques, 87

PLATS

Soupe tourangelle, 88
Cul de veau à l'angevine, 91
Blanquette de sandre, 91
Grenadins de veau à la crème, 92
Poulet en barbouille, 92
Géline à la lochoise, 95
Champignons farcis, 95
Brochet au beurre blanc, 96

DESSERTS

Pithiviers, 99
Bottereaux, 99
Tarte Tatin, 100
Pêches angevines, 100

LA DOUCEUR DE VIVRE AU FIL DE L'EAU

Au fil de la Loire, Berry, Orléanais, Touraine et Anjou constituent une unité où la fertilité des vallées et la clémence du climat ne sont pas une légende. La douceur ligérienne chantée par les poètes se retrouve dans le style de vie et la gastronomie de ces régions ou l'on se laisse vivre aimablement. Mais cette région bordant tour à tour la Loire, le Cher et l'Indre, qui apparaît à nombre d'entre nous comme celle des seigneurs de la Renaissance et de leurs somptueux châteaux, ne se présente pas à moi comme la terre des rois mais plutôt comme celle des chèvres. Enfin des fromages de chèvre. À commencer par le berrichon crottin de Chavignol, petit fromage du Cher que j'aime ferme et bleuté, claquant sur la langue, accompagné d'un verre de sancerre ou son voisin de l'Indre plus souple, clair et élancé avec sa pâte crémeuse, le pouligny-saint-pierre. En remontant vers la vallée du Cher, c'est le fief du valençay, pyramide tronquée et cendrée à la pâte plus serrée, et un peu plus haut bordant le Cher, le selles-sur-cher et son disque épais et dense, superbement équilibré. Mais mon chouchou c'est le sainte-maure de Touraine, celui-là même que mon père allait chercher au marché chaque fois que je lui rendais visite dans sa maison à côté de Vouvray. Pour accompagner ce cylindre cendré qui gardait jalousement sa crème odorante, il nous servait un verre de vouvray de la propriété, un vin jamais trop sec qui se mariait si bien avec les notes salines de ce merveilleux fromage. Avec le sainte-maure et le vouvray, j'entrevoyais le paradis… Pardon, je me suis un peu oublié, et il y a bien d'autres spécialités que vous allez découvrir dans les pages qui suivent.

SALADE AUX CHAMPIGNONS ☛

Pour 4 personnes
Préparation : 20 min

€ € ✳

- 4 grands fonds d'artichaut
- 450 g de petits champignons de couche bien fermes
- 1 citron
- 50 g de cerneaux de noix
- 2 branches de céleri
- 2 échalotes
- 3 cuill. à soupe de fines herbes mélangées, ciselées
- 3 cuill. à soupe d'huile de tournesol
- 1 grosse cuill. à soupe d'huile de noix
- 1 cuill. à soupe de vinaigre de vin blanc
- sel et poivre du moulin

1 Rincez et égouttez les fonds d'artichaut. Coupez la base du pied terreux des champignons et émincez-les dans un saladier en les citronnant au fur et à mesure. Effilez les branches de céleri et taillez-les en petits tronçons. Pelez et émincez finement les échalotes. Concassez les noix.

2 Préparez une vinaigrette avec les huiles et le vinaigre, les fines herbes, du sel et du poivre.

3 Ajoutez aux champignons le céleri et les échalotes. Arrosez de vinaigrette, mélangez délicatement, ajoutez les fonds d'artichaut émincés et les noix.

FRANCE · PURE TRADITION · FAIT-MAISON
Val de Loire

🍷 Saumur-champigny ou saint-nicolas-de-bourgueil

BEURRE BLANC NANTAIS

1 Épluchez et ciselez finement les échalotes. Versez les échalotes ciselées, le vinaigre et le vin blanc dans une casserole à fond épais. Portez le tout à petite ébullition, puis faites réduire lentement. Dès qu'il ne reste plus qu'un tiers du volume, retirez la casserole du feu et baissez le feu. Filtrez le liquide restant dans une passoire fine en pressant les échalotes afin de récupérer tout le jus. Reversez le liquide dans la sauteuse et ajoutez la moitié des échalotes pressées. Salez modérément.

2 Remettez la sauteuse sur le feu très doux et incorporez progressivement le beurre bien froid découpé en petits dés, tout en tournant vite avec un fouet, sans incorporer d'air. Lorsque tout le beurre est incorporé, goûtez et assaisonnez le beurre blanc en le poivrant.

Pour 6-8 personnes
Préparation : 10 min
Cuisson : 15 min

- 4 échalotes de tradition (roses ou grises)
- 17 cl vin blanc
- 7 cl de vinaigre de vin blanc (ou d'alcool)
- 250 g de beurre doux très froid
- sel fin et poivre blanc du moulin

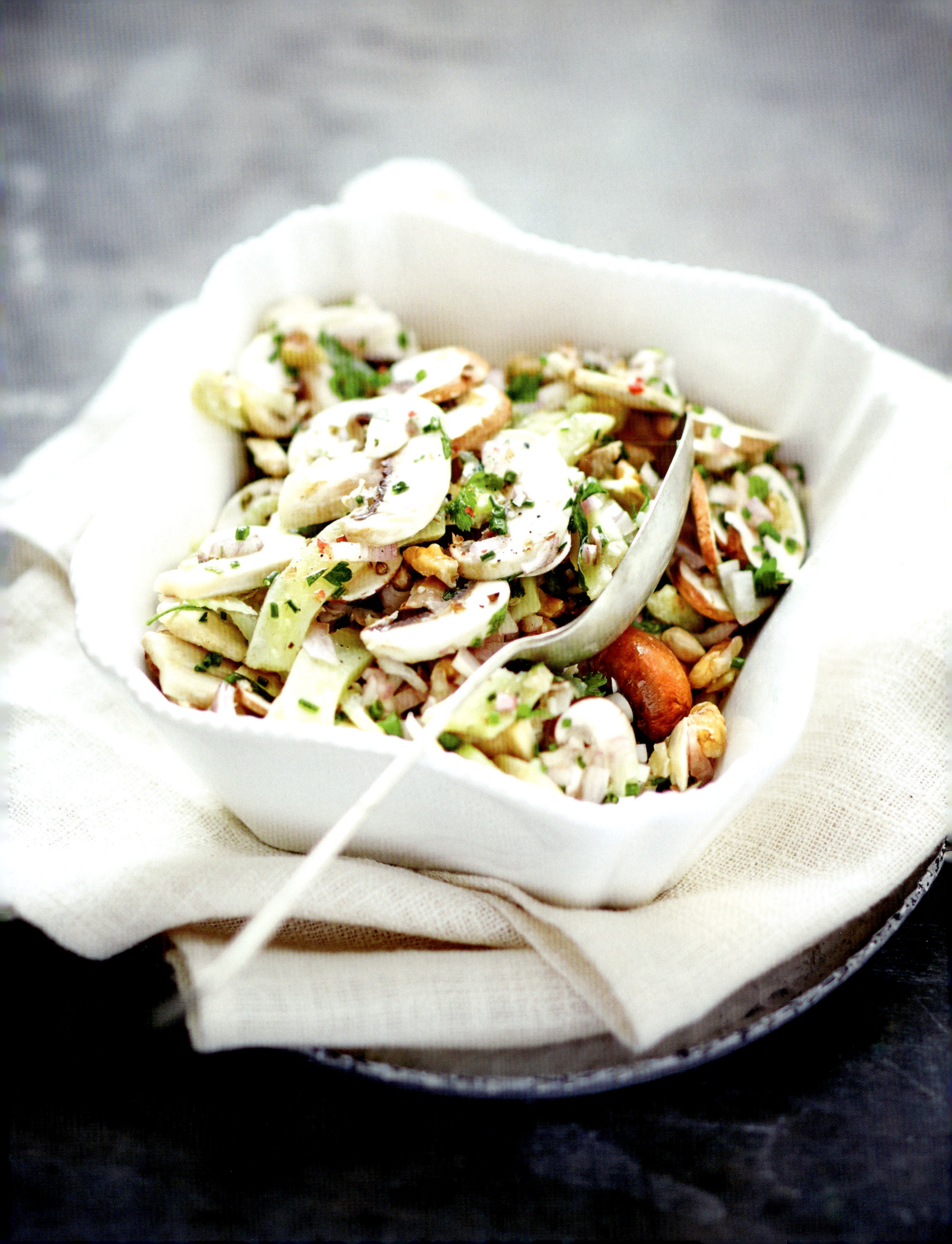

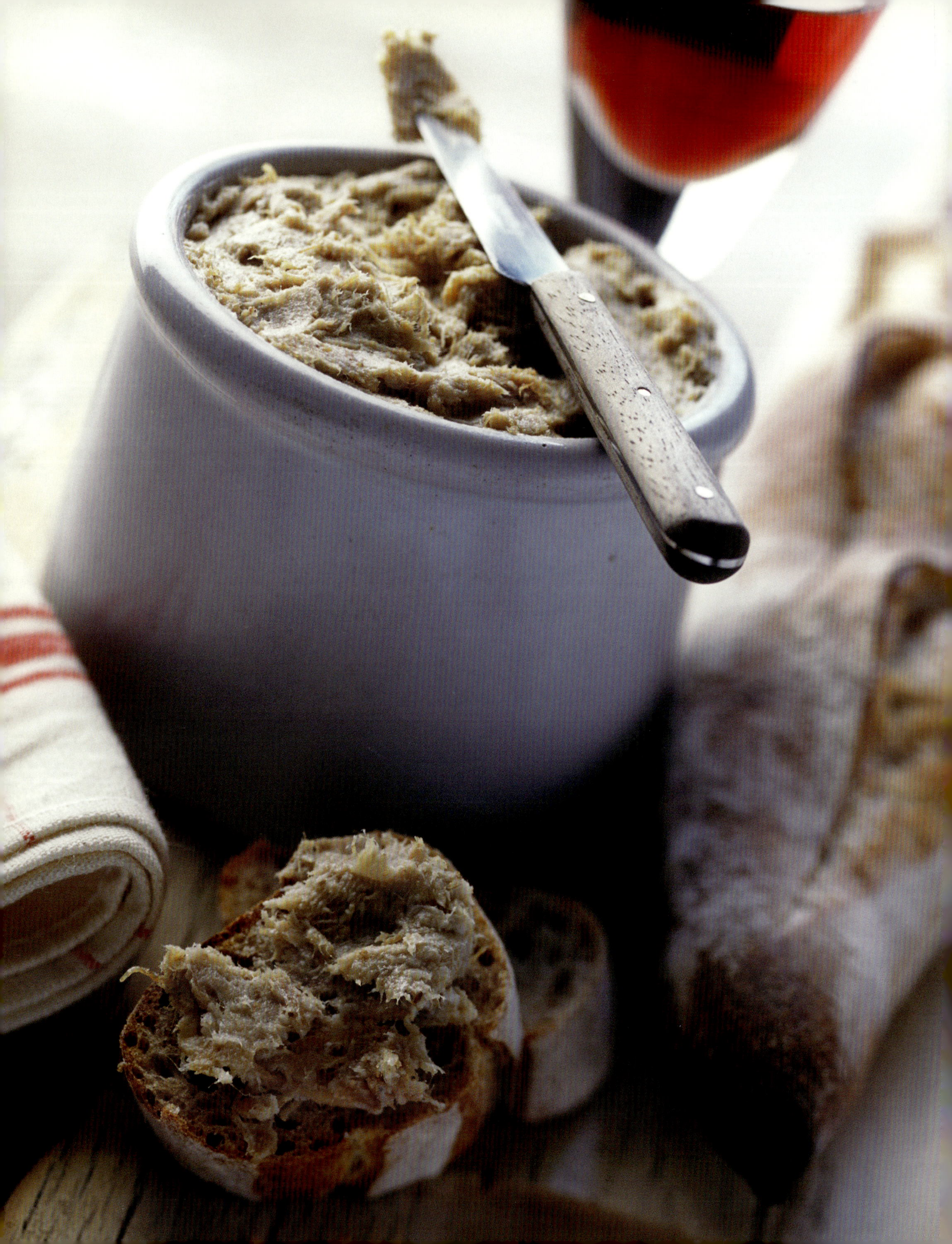

RILLETTES DU MANS

Pour 1 kg
Préparation : 30 min
Cuisson : 4 h environ
Repos : 2 h

€ ✳

- 1,5 kg de morceaux de porc gras et maigres avec et sans os
- 2 clous de girofle
- 3 brins de thym séché
- 2 feuilles de laurier
- 10 grains de poivre noir
- sel

1 Séparez le gras du maigre dans les morceaux de porc et désossez-les. Concassez les os, taillez le maigre en lanières. Hachez le gras et mettez-le dans une grande cocotte, ajoutez les os, puis les lanières de maigre. Ajoutez les clous de girofle, les grains de poivre, le thym et le laurier réunis dans un nouet de mousseline et 1 cuillerée à soupe de sel. Couvrez et faites cuire doucement 3 h 30.

2 Retirez tous les os et poursuivez la cuisson 30 minutes en remuant. Retirez le nouet et répartissez les rillettes dans des pots en grès ou en verre. Laissez refroidir complètement, couvrez de papier sulfurisé et conservez les pots dans le réfrigérateur.

PÂTÉ BERRICHON DE PÂQUES

1 Faites cuire 4 œufs durs. Les écaler une fois refroidis dans l'eau froide. Hachez une échalote. Lavez et ciselez le persil. Dans un saladier, mélangez bien les 2 viandes, un œuf battu en omelette, le persil, l'échalote, la chapelure, le cognac et la noix de muscade râpée. Salez, poivrez.

2 Déroulez un des deux rouleaux de pâte feuilletée. Déposez-le dans un moule à pâté en croûte (chemisé de papier sulfurisé). Étalez la moitié du hachis de viande sur l'abaisse de pâte du fond. Formez des creux à intervalles réguliers. Déposez dans ces creux de farce les 4 œufs durs en les enfonçant légèrement. Recouvrez avec le hachis de viande restant. Clarifiez le dernier œuf. Badigeonnez le bord de la pâte avec le jaune additionné d'une cuillerée à café d'eau. Refermez avec le second rouleau de pâte feuilletée en soudant les bords. Badigeonnez le dessus de pâte au pinceau avec le même mélange de jaune et d'eau.

3 Avec la pointe d'un couteau, faites 3 cheminées (avec des petits cartons roulés) dans la pâte feuilletée pour laisser échapper la vapeur pendant la cuisson. Faites cuire 20 minutes à 180 °C (th. 6) plus 30 minutes à 150 °C (th. 5). Si le pâté brunit trop vite, recouvrez-le avec une feuille de papier sulfurisé. Dégustez une fois refroidi à température de la pièce, ou même mieux, légèrement tiède (40 °C environ).

Pour 8 personnes
Préparation : 30 minutes
Cuisson : 50 minutes

- 2 rouleaux de pâte feuilletée pur beurre
- 6 œufs
- 300 g de viande de porc haché (gorge, échine)
- 200 g de viande de veau haché (tendron, flanchet)
- 1 échalote
- 50 g de chapelure blonde
- 2 cl de cognac
- ½ cuill. à café de noix de muscade
- ½ bouquet de persil plat
- sel et poivre noir du moulin

FRANCE • PURE TRADITION
Berry
FAIT-MAISON

SOUPE TOURANGELLE

Les meilleures soupes se préparent avec un assortiment de légumes, de ceux que l'on trouve en Val de Loire. Avec une salade et un fromage de chèvre pour suivre, le repas est prêt !

Pour 6 personnes
Préparation : 30 min
Cuisson : 1 h 15

€

✳

- 400 g de poitrine de porc demi-sel
- 1 kg de petits pois frais en cosses
- 500 g de chou vert frisé
- 6 blancs de poireau
- 6 navets
- 1 botte de petits oignons blancs
- 30 g de beurre
- 1,5 l de bouillon de volaille
- sel et poivre du moulin

1 Faites blanchir la poitrine de porc 5 minutes à l'eau bouillante. Puis égouttez-la et taillez la chair en petits dés, en retirant les os et le cartilage. Faites également blanchir le chou émincé à l'eau bouillante séparément pendant 3 minutes.

2 Dans une marmite, faites fondre doucement les oignons pelés et fendus en deux avec le beurre.

3 Ajoutez les navets et les poireaux émincés, et laissez cuire 10 minutes en remuant.

4 Ajoutez le chou et la poitrine de porc, mélangez, versez le bouillon de volaille, poivrez et laissez mijoter 45 minutes.

5 Ajoutez les petits pois écossés et poursuivez la cuisson 15 minutes, en remuant de temps en temps. Rectifiez l'assaisonnement (sel et poivre) et servez chaud en soupière.

FRANCE · PURE TRADITION
Val de Loire
FAIT-MAISON

Variantes et conseils

Vous pouvez supprimer le morceau de poitrine et, quelques minutes avant de servir la soupe, la lier avec un peu de crème fleurette fouettée avec du cerfeuil.

🍷 Touraine-amboise rosé ou chinon rosé

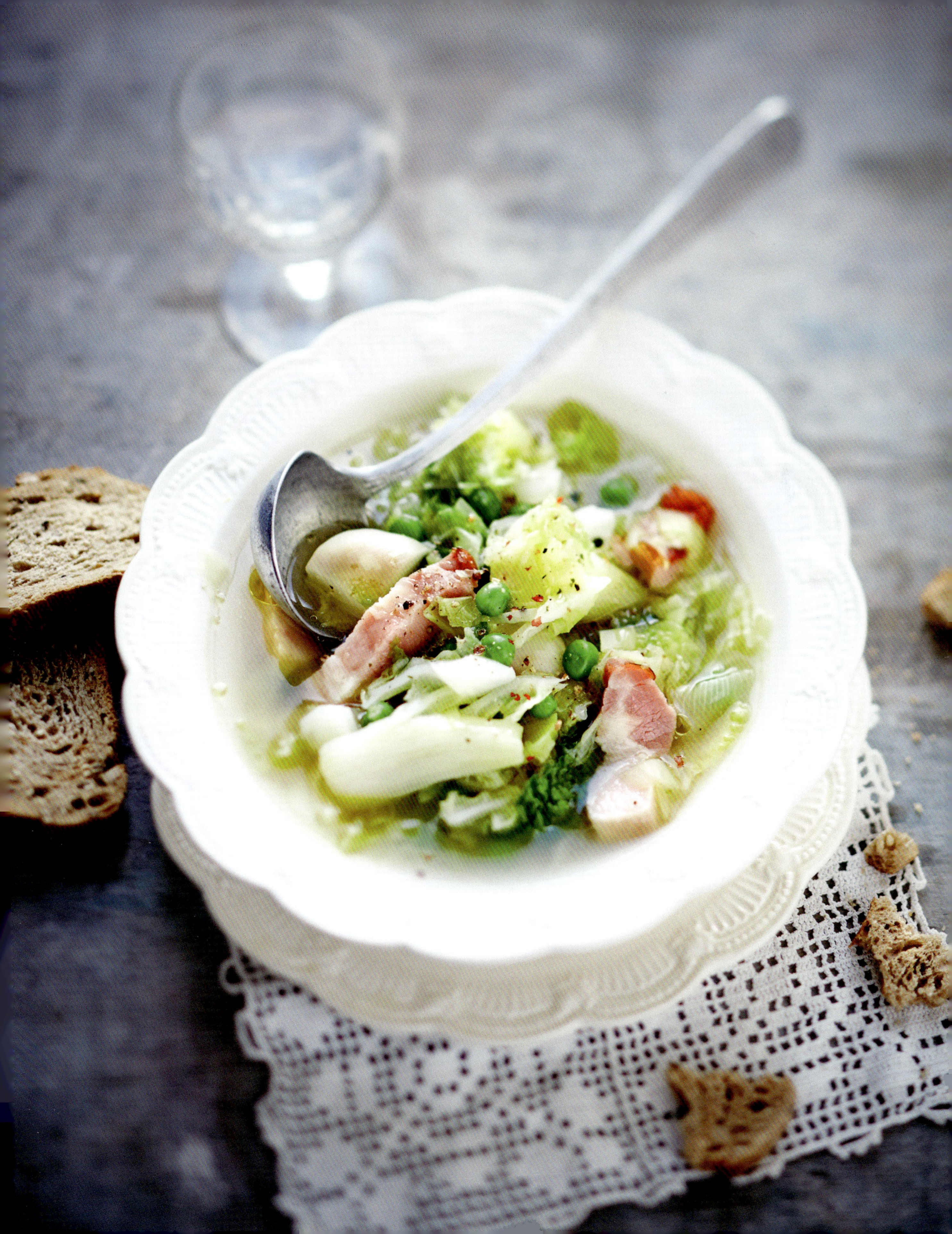

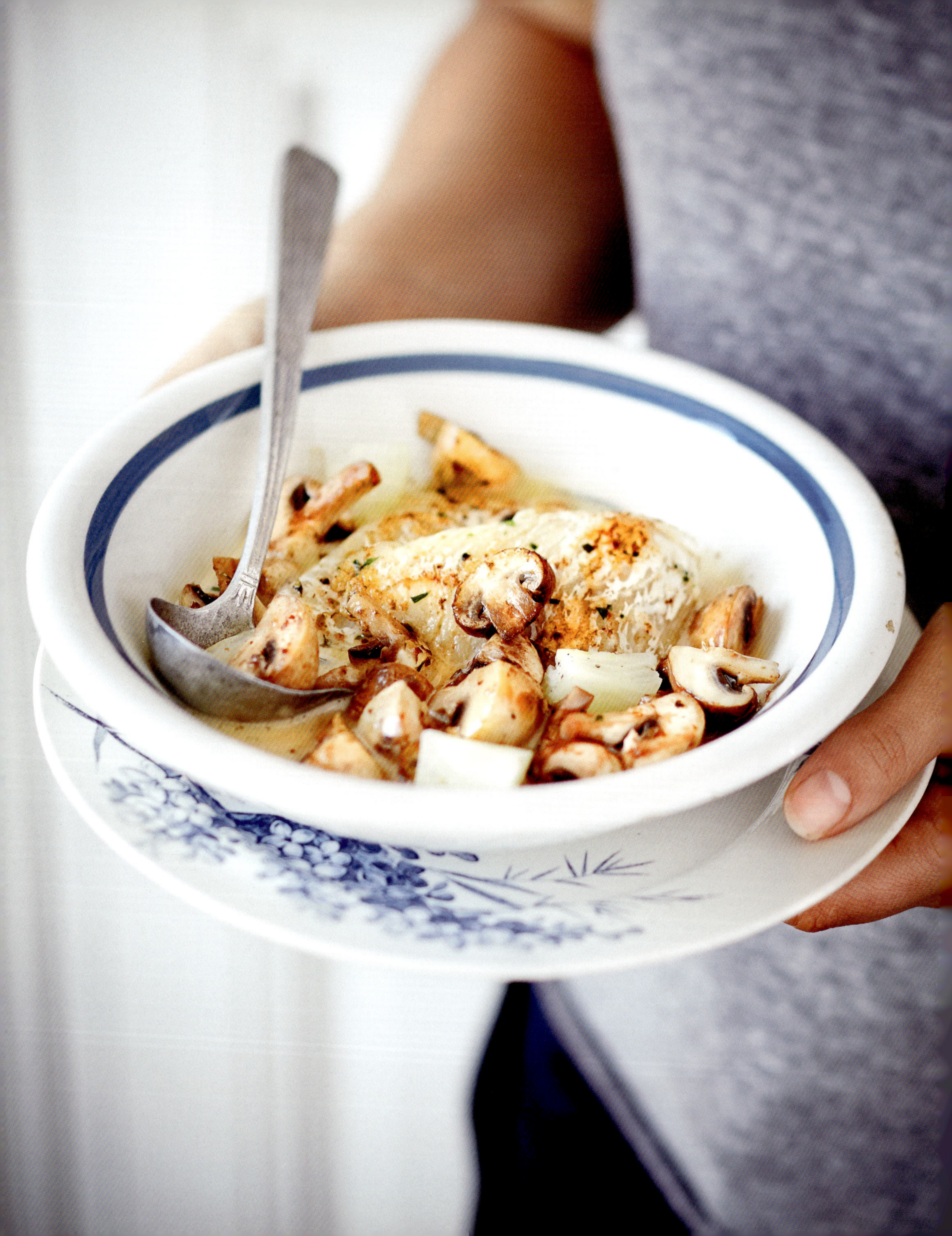

CUL DE VEAU À L'ANGEVINE

Pour 6 personnes
Préparation : 30 min
Cuisson : 2 h

€ ✳

- 1,2 kg de quasi de veau
- 1 couenne de porc fraîche
- 600 g de carottes
- 24 petits oignons grelots
- 1 bouquet garni
- 15 cl de crème fraîche
- 50 cl de fond de veau
- 1 cuill. à soupe d'eau-de-vie
- 50 cl de vin blanc sec
- sel et poivre du moulin

1 Étalez la couenne dans une cocotte, côté gras contre le fond. Ajoutez les carottes émincées, posez le quasi de veau dessus et entourez-le de petits oignons. Faites cuire dans le four à découvert à 220 °C (th. 7-8) pendant 20 minutes en retournant le quasi une fois.

2 Versez le vin blanc et le fond de veau, ajoutez l'eau-de-vie et le bouquet garni, salez et poivrez. Couvrez et faites mijoter dans le four à 180 °C (th. 6) pendant 1 h 30.

3 Égouttez la viande, retirez le bouquet garni et la couenne. Liez la cuisson avec la crème en remuant avec les légumes pendant 10 minutes. Servez la viande en tranches épaisses avec le fond de cuisson, la crème et les petits oignons.

🍷 Anjou blanc ou savennières

BLANQUETTE DE SANDRE

1 Faites étuver les champignons dans 15 g de beurre pendant 10 minutes, salez et poivrez. Filtrez le jus et réservez les champignons.

2 Mettez 40 g de beurre dans une sauteuse, ajoutez les filets de sandre en morceaux et les oignons, versez le vin blanc, le fumet et le jus des champignons. Laissez cuire doucement pendant 12 minutes environ.

3 Égouttez les morceaux de poisson et les oignons. Faites réduire le jus de moitié, ajoutez la crème et les champignons. Laissez mijoter 5 minutes, puis incorporez le reste de beurre en fouettant. Salez et poivrez, versez cette sauce onctueuse sur les morceaux de poisson avant de servir.

🍷 Saumur blanc ou bourgueil

Pour 4 personnes
Préparation : 30 min
Cuisson : 25 min

€ € ✳

- 800 g de filets de sandre
- 250 g de champignons de couche
- 100 g de petits oignons blancs
- 20 cl de crème fraîche
- 100 g de beurre
- 10 cl de fumet de poisson
- 10 cl de vin blanc
- sel et poivre du moulin

GRENADINS DE VEAU À LA CRÈME

Pour 4 personnes
Préparation : 5 min
Cuisson : 25 min

€ ✳

- 4 grenadins de veau
- 25 g de beurre
- 1 branche d'estragon frais
- 15 cl de crème fraîche
- 20 cl de vin blanc
- 1 filet d'huile de maïs
- sel et poivre du moulin

1 Saisissez les grenadins des deux côtés dans une poêle avec le beurre et l'huile. Baissez le feu, puis faites cuire à couvert pendant 15 minutes.

2 Égouttez les grenadins dans un plat creux et gardez-les au chaud. Videz la graisse de cuisson de la poêle, remettez-la sur le feu sans la nettoyer et déglacez avec le vin blanc sur feu vif. Ajoutez la branche d'estragon et faites réduire à découvert sur feu vif pendant 5 minutes. Retirez l'estragon, puis ajoutez la crème fraîche. Mélangez en remuant pendant 5 minutes pour bien lier, salez et poivrez. Versez cette sauce sur les grenadins.

POULET EN BARBOUILLE

1 Coupez le poulet en 4 ou 6 morceaux. Réservez le foie. Mélangez le sang au vinaigre de vin et réservez. Préchauffez le four à 180 °C (th. 6). Faites revenir les lardons avec le beurre dans une cocotte. Ajoutez les carottes pelées émincées ainsi que le sucre. Puis ajoutez les morceaux de poulet et colorez sur feu vif. Ajoutez la farine en pluie et tournez pour faire bien blondir. Salez et poivrez. Ajoutez l'oignon piqué du clou de girofle et le bouquet garni, puis mouillez avec le vin blanc et le bouillon. Couvrez et laissez mijoter pendant 1 heure au four.

2 Retirez les morceaux de poulet, l'oignon et le bouquet garni. Réservez le poulet sur une assiette. Ajoutez au mélange de sang et de vinaigre 10 cl de sauce chaude de la cocotte en fouettant. Puis reversez dans la cocotte cette préparation en mélangeant bien. Remettez les morceaux de poulet dans la cocotte. Couvrez et faites cuire sur feu très doux. Mixez le foie avec la crème et le jaune d'œuf. Versez ce mélange dans la cocotte en remuant bien. Couvrez à nouveau puis laissez sur feu doux 5 minutes et servez aussitôt.

Pour 4-6 personnes
Préparation : 30 min
Cuisson : 1 h 30

€ € ✳ ✳

- 1 poulet de 1,4 kg environ et son sang
- 100 g de beurre
- 100 g de lardons ½ sel
- 3 belles carottes pelées
- 1 oignon, 1 clou de girofle, 1 bouquet garni
- 5 g de sucre en poudre
- 30 g de farine
- 20 cl de bouillon de volaille
- 20 cl de vin blanc sec, 8 cl de vinaigre de vin
- 20 cl de crème fraîche épaisse
- 1 jaune d'œuf
- sel fin et poivre noir du moulin

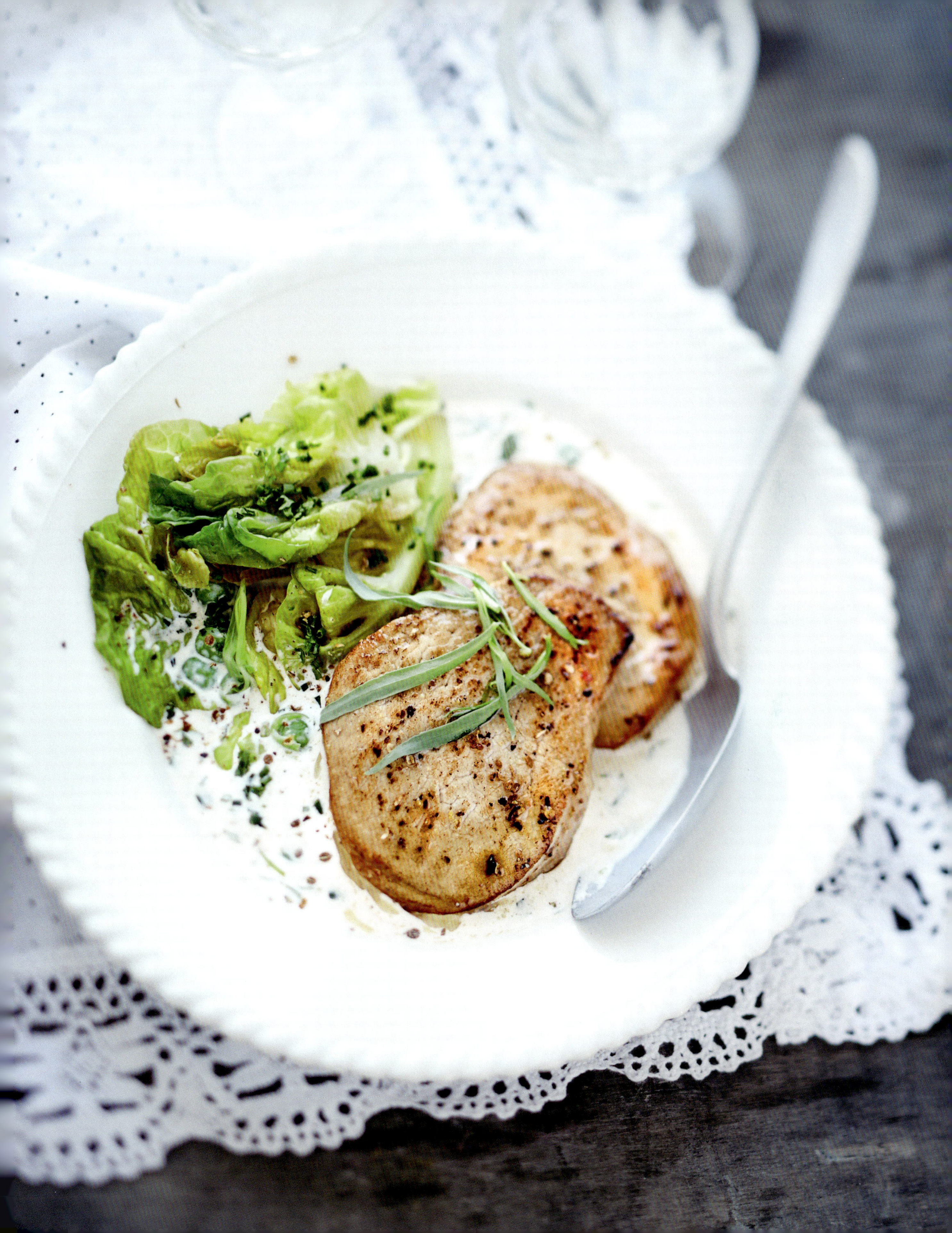

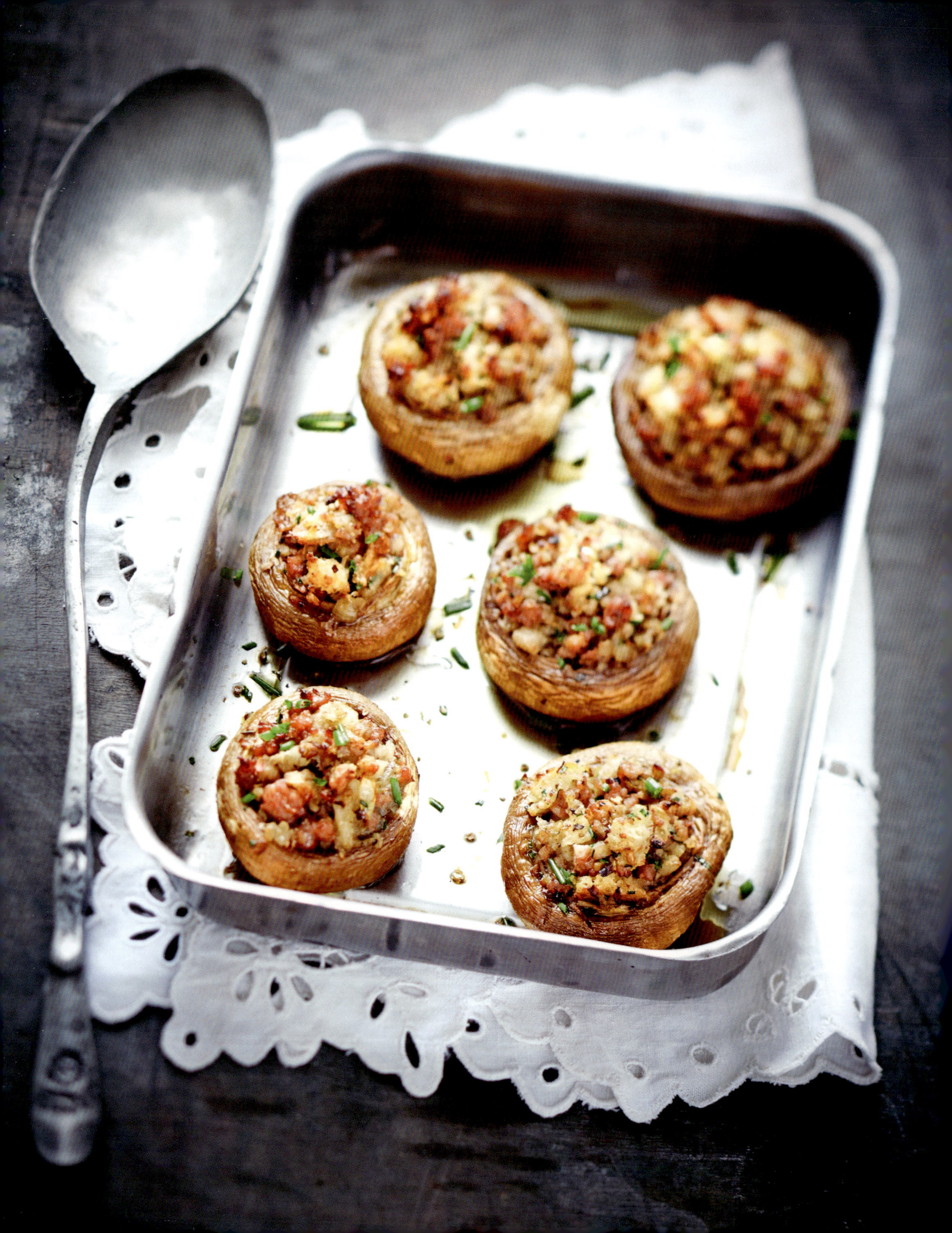

GÉLINE À LA LOCHOISE

Pour 8 personnes
Préparation : 30 min
Cuisson : 1 h 20

€ € ✳

● 1 géline (poule noire
de Touraine) de 1,4 kg
● 250 g de champignons
de couche frais
● 75 g de beurre doux
● 1 bel oignon
● 15 cl de vin blanc sec
de cépage chenin (vouvray,
montlouis, saumur…)
● 50 cl de crème fraîche épaisse
● sel fin et poivre blanc du moulin

🍷 Vouvray sec

1 Rincez les champignons et séchez-les. Coupez-les en deux ou en quatre selon leur grosseur dans le sens de la hauteur. Pelez et émincez l'oignon. Préchauffez le four à 150 °C (th. 5).

2 Découpez la volaille en morceaux (pilon, hauts de cuisses et filets en deux) et faites-les dorer au beurre sur feu moyen dans une cocotte. Ajoutez les champignons coupés et l'oignon émincé. Salez et poivrez, couvrez et enfournez la cocotte 1 heure.

3 Dans une casserole sur feu vif, faites réduire le vin blanc de moitié. Réservez. Sortez la cocotte du four et versez le vin blanc réduit dans la sauce. Mélangez délicatement et sortez les morceaux de géline, les champignons et les oignons avec une écumoire. Réservez dans un plat dans le four éteint.

4 Passez la sauce et reversez-la dans la cocotte. Ajoutez la crème. Goûtez et rectifiez l'assaisonnement. Mettez les morceaux de volaille et la garniture dans cette sauce. Chauffez la cocotte et servez la géline nappée de sa sauce crémeuse.

CHAMPIGNONS FARCIS

1 Séparez les chapeaux des champignons des pieds et hachez ces derniers. Faites tremper le pain dans le lait. Hachez finement le veau.

2 Faites revenir les oignons et l'échalote hachés dans 1 cuillerée à soupe d'huile, ajoutez les viandes et les champignons hachés. Mélangez, salez, poivrez et faites cuire en remuant pendant 20 minutes.

3 Hors du feu, incorporez le pain bien essoré et la ciboulette ciselée. Remplissez les chapeaux de cette farce et rangez-les dans un plat à gratin huilé.

4 Faites cuire dans le four à 200 °C (th. 6-7) pendant 20 minutes. Servez à la sortie du four.

🍷 Touraine-azay-le-rideau

Pour 4 personnes
Préparation : 45 min
Cuisson : 45 min

€ ✳ ✳

● 200 g de chair à saucisse
● 1 escalope de veau de 100 g
● 16 gros champignons
de couche fermes
● 2 oignons
● 1 échalote
● 1 bouquet de ciboulette
● 10 cl de lait
● 1 grande tranche de pain de mie
● 2 cuill. à soupe d'huile de tournesol
● sel et poivre du moulin

BROCHET AU BEURRE BLANC

Le beurre blanc est revendiqué avec la même assurance par les Nantais et par les Angevins. C'est de toute façon la meilleure sauce pour les poissons de rivière au court-bouillon.

Pour 6 personnes
Préparation : 30 min
Cuisson : 45 min

€ €

✳ ✳

- 1 brochet de 1,5 kg
- 2 carottes
- 1 branche de céleri
- 2 oignons
- 1 bouquet garni
- 8 échalotes grises
- 250 g de beurre
- 60 cl de vin blanc sec
- 10 cl de vinaigre de vin blanc
- 1 cuill. à soupe de gros sel
- 1 cuill. à café de poivre concassé
- sel et poivre blanc

Savennières ou chablis

1 Préparez un court-bouillon. Faites bouillir pendant 20 minutes les carottes, les oignons et le céleri émincés, le bouquet garni, le gros sel et le poivre concassé, 50 cl de vin blanc et 50 cl d'eau.

2 Mettez le poisson vidé et lavé dans une poissonnière, versez le court-bouillon froid dessus et portez à la limite de l'ébullition. Laissez frémir 20 minutes.

3 Faites cuire les échalotes émincées dans le vinaigre et 10 cl de vin blanc pendant 15 minutes, puis filtrez en pressant bien.

4 Remettez le liquide sur le feu et incorporez le beurre froid en parcelles, en fouettant jusqu'à l'obtention d'une consistance crémeuse. Salez et poivrez.

5 Égouttez le brochet, posez-le dans un plat chaud et retirez la peau. Servez le beurre blanc à part en saucière tiède.

FRANCE · PURE TRADITION · Val de Loire · FAIT-MAISON

Variantes et conseils

Certains cuisiniers montent le beurre blanc non pas sur feu doux et continu, mais sur feu vif en fouettant rapidement ; il doit alors être très froid.

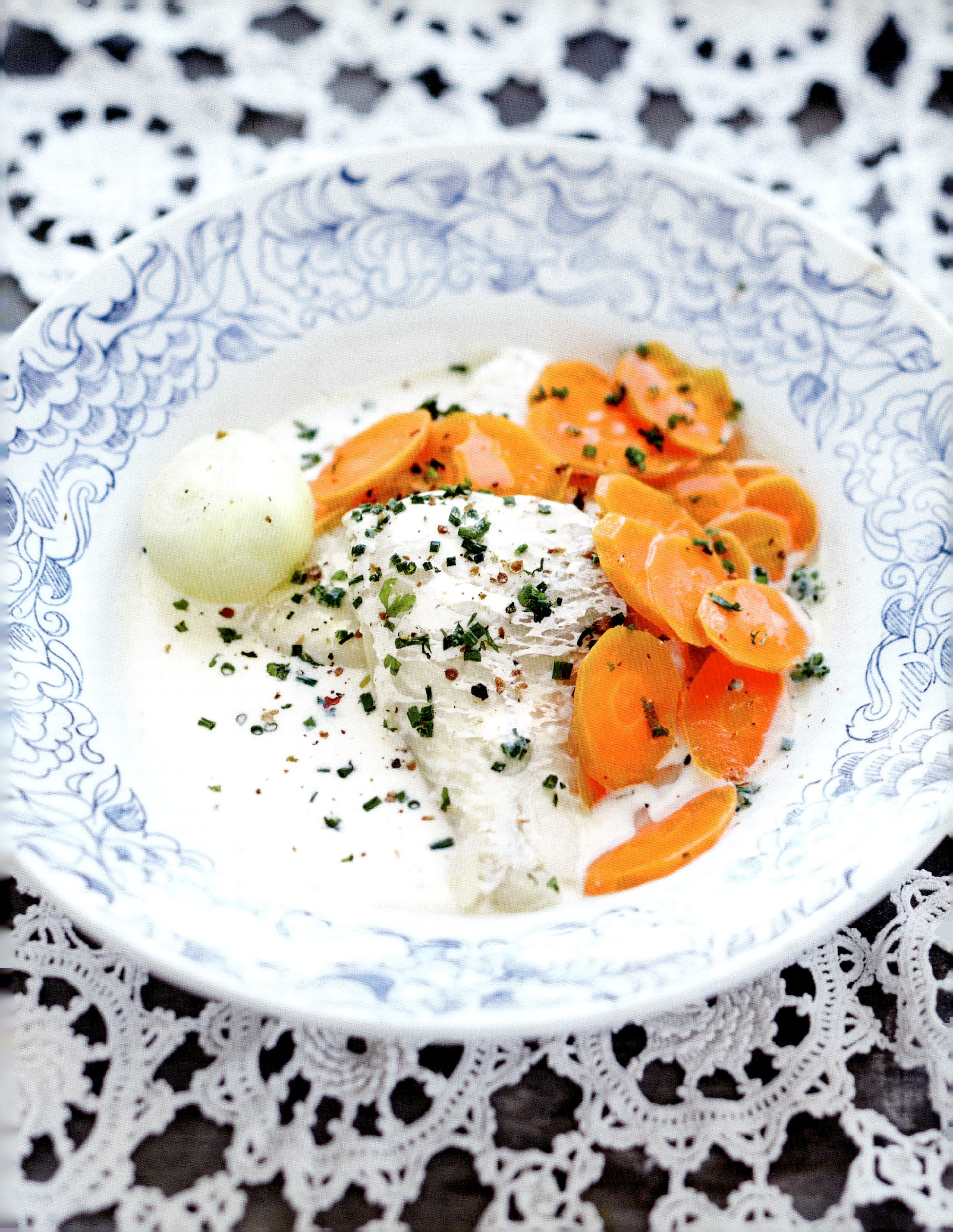

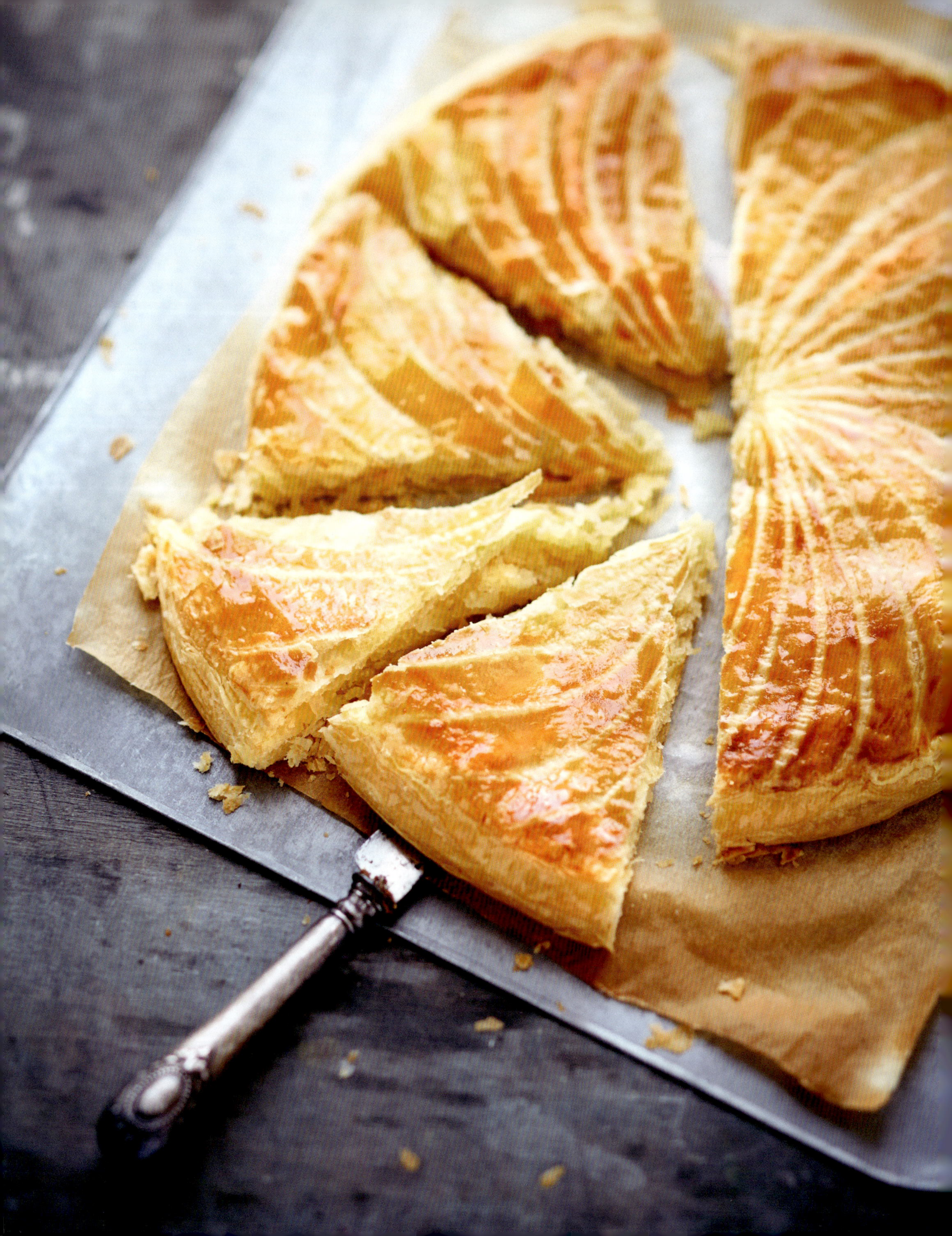

PITHIVIERS

Pour 8 personnes
Préparation : 30 min
Cuisson : 30 min

€ € ✳ ✳

- 4 œufs
- 200 g de beurre
- 800 g de pâte feuilletée
- 250 g de poudre d'amande
- 250 g de sucre en poudre
- 2 sachets de sucre vanillé
- 2 cuill. à soupe de rhum

Coteaux-de-l'aubance
ou quarts-de-chaume

1 Mélangez intimement les blancs des œufs et la poudre d'amande. Incorporez le sucre en poudre et le sucre vanillé, puis le beurre en pommade et enfin le rhum.

2 Partagez la pâte feuilletée en deux moitiés. Abaissez une moitié en formant un disque de 4 mm d'épaisseur et posez-le sur la tôle du four légèrement humectée d'eau.

3 Étalez la crème aux amandes sur la pâte sans aller jusqu'au bord et badigeonnez le tour avec du jaune d'œuf.

4 Posez la seconde abaisse étalée en disque sur la première et soudez les bords. Rayez le dessus à la pointe du couteau et badigeonnez le tout au jaune d'œuf. Faites cuire à 240 °C (th. 8) pendant 10 minutes, puis à 220 °C (th. 7-8) pendant 20 minutes. Laissez refroidir avant de servir.

BOTTEREAUX

1 Mélangez la farine tamisée avec le sucre semoule et une pincée de sel. Faites une fontaine, incorporez les œufs battus avec le rhum, puis la levure délayée dans le lait tiède. Mélangez intimement.

2 Abaissez la pâte, ajoutez dessus le beurre en parcelles, repliez la pâte en deux et travaillez-la pour incorporer le beurre.

3 Ramassez la pâte en boule et laissez-la lever pendant 3 heures dans un endroit tiède.

4 Abaissez finement la pâte et découpez dedans des losanges ou des carrés. Faites-les frire à l'huile très chaude, jusqu'à ce qu'ils soient dorés et servez-les poudrés de sucre glace.

Mousseux d'Anjou ou de Saumur

Pour 8 personnes
Préparation : 25 min
Repos : 3 h
Cuisson : 20 min

€ ✳ ✳

- 2 œufs
- 10 cl de lait tiède
- 125 g de beurre
- 400 g de farine
- 20 g de levure de boulanger
- 50 g de sucre semoule
- sucre glace
- 2 cuill. à soupe de rhum
- huile de friture
- sel

TARTE TATIN

Pour 6 personnes
Préparation : 15 min
Cuisson : 45 min

€ ✳

● 1,5 kg de pommes (reinette clochard ou reine des reinettes)

● 100 g de beurre ramolli

● 120 g de sucre en poudre

● 225 g de pâte brisée (au beurre)

FRANCE · PURE TRADITION · FAIT-MAISON
Centre

🍷 Bonnezeaux
ou crémant de Loire

1 Graissez un moule à manqué de 24 cm de diamètre avec 70 g de beurre et saupoudrez-le avec 80 g de sucre. Pelez les pommes, coupez-les en deux et ôtez le cœur. Rangez les pommes dans le moule. Saupoudrez-les avec le sucre restant et recouvrez du beurre restant en copeaux.

2 Posez le moule sur feu doux, laissez cuire 20 minutes jusqu'à ce qu'un caramel ambré apparaisse. À mi-cuisson, préchauffez le four à 200 °C (th. 6-7). Au bout des 20 minutes enfournez, laissez cuire pendant 5 minutes et sortez le moule.

3 Étalez la pâte sur une épaisseur de 3 mm environ. Posez-la sur le moule et foncez en la laissant dépasser de 1 cm, débord de pâte que l'on enfoncera entre les pommes et le moule. Enfournez.

4 Laissez cuire 20 minutes, jusqu'à ce que la pâte ait pris une belle couleur dorée. Laissez reposer quelques minutes et démoulez sur un plat de service.

5 Servez la tarte à l'envers, les pommes caramélisées dessus.

PÊCHES ANGEVINES

1 Ébouillantez les pêches pendant 15 secondes, puis rafraîchissez-les et pelez-les.

2 Dans une grande casserole, faites chauffer le vin avec le miel et ajoutez les pêches. Faites-les pocher 15 minutes.

3 Égouttez-les, coupez-les en deux, retirez le noyau et répartissez les oreillons dans des coupes.

4 Faites réduire le liquide de cuisson de moitié. Mettez les jaunes d'œufs dans une casserole au bain-marie. Versez 12 cl de sirop en fouettant, puis ajoutez encore 30 cl de sirop et continuez à fouetter jusqu'à obtenir une consistance mousseuse. Réservez au réfrigérateur. Nappez les pêches de cette crème au moment de servir.

Pour 4 personnes
Préparation : 20 min
Cuisson : 25 min

€ ✳ ✳

● 8 pêches blanches

● 4 jaunes d'œufs

● 6 cuill. à soupe de miel

● 1,5 l de saumur brut

🍷 Saumur brut
ou vouvray moelleux

BORDELAIS, PÉRIGORD
&
QUERCY

ENTRÉES

Tourin blanchi, 104
Huîtres comme à Arcachon, 104
Feuilletés de rocamadour au miel et aux noix, 107
Omelette à la truffe, 107
Salade aux gésiers de canard confits, 108
Cèpes à la bordelaise, 108

PLATS

Entrecôte grillée périgourdine, 111
Poulet au verjus, 111
Magrets de canard au miel et au vinaigre, 113
Fricassée de foies de volaille, 113
Truites aux cèpes, 115
Pommes de terre sarladaises, 117
Sauce bordelaise, 117
Pot-au-feu de foie gras, 118
Confit de canard, 120
Côtelettes de marcassin aux poires, 122

DESSERTS

Merveilles, 125
Duchesse de Sarlat, 126
Gâteau aux noix du Quercy, 128

PORTES OUVERTES
SUR LE SUD-OUEST

Évoquez devant vos amis un séjour dans le Périgord, une maison dans le Quercy, et vous verrez aussitôt leurs yeux s'allumer et les bouches saliver. On n'y peut rien, le Périgord et le Quercy, c'est la porte du Sud-Ouest, le pays béni de l'oie et de la truffe qui font frémir d'aise les hédonistes de tout poil.

Cette réputation glorieuse on la doit au talent des fermières et maîtresses de maison, dont les recettes reproduites de génération en génération souvent avec peu de choses, car les paysans de ces terres étaient pauvres, évoquent le bon vivre et les plaisirs vrais. D'origine rurale et modeste, cette cuisine utilise des produits de terroir riches en goût : ail, graisse d'oie ou de canard, noix et huile de noix, pissenlit, fromages de brebis du Causse, champignons sauvages comme les cèpes… Et quand en hiver le diamant noir, la truffe, venait ajouter son arôme entêtant et suave aux préparations rustiques, les plus simples apprêts prenaient des allures de garnitures royales. Ajoutons à ce paysage extrêmement nourrissant, des sites et des villages toujours cités au palmarès des plus beaux villages de France, une viticulture magnifique entre Bergerac et Cahors, et nous obtenons le portrait d'une France rêvée, ou l'on roule un peu les « r » et ou ne pas profiter des bienfaits de la vie est un péché mortel. Au fait, ce n'est pas un rêve, c'est bien vrai.

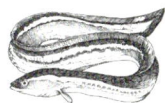

TOURIN BLANCHI

Pour 6 personnes
Préparation : 20 min
Cuisson : 45 min

€ ✳

- 3 gros œufs
- 4 gros oignons
- 3 gousses d'ail
- 30 g de graisse d'oie
- 20 g de farine
- 12 fines tranches de pain de campagne ou de seigle
- sel et poivre du moulin

Bergerac
ou pécharmant

1 Pelez et émincez finement les oignons. Pelez et écrasez les gousses d'ail.

2 Dans une poêle, faites fondre la graisse d'oie, ajoutez les oignons et faites-les fricasser en remuant sans laisser colorer. Ajoutez l'ail et mélangez. Réservez au chaud.

3 Dans une marmite, faites bouillir 1,5 l d'eau. Poudrez la fricassée d'oignons à l'ail avec la farine et laissez colorer 2 minutes. Prélevez un peu d'eau bouillante dans la marmite et délayez la fricassée. Puis versez le tout dans la marmite, salez et poivrez. Laissez cuire doucement pendant 40 minutes environ.

4 Une dizaine de minutes avant de servir, cassez les œufs et séparez les blancs des jaunes. Faites pocher les blancs dans un peu de bouillon. En fin de cuisson, baissez le feu au minimum et liez le reste de bouillon avec les jaunes. Réservez au chaud sans laisser bouillir. Rajoutez les filaments de blancs d'œufs.

5 Disposez les tranches de pain très fines dans des assiettes creuses bien chaudes et versez le tourin dessus.

HUÎTRES COMME À ARCACHON

1 Ouvrez les huîtres et tenez-les au frais en les retournant dans un plat. Ainsi elles perdront leur eau qui s'égouttera et elles ne seront que plus croquantes.

2 Faites griller les crépinettes au barbecue ou dans une poêle à sec. Alternez, lors de la dégustation, les huîtres bien froides (avec un tour de moulin de poivre blanc) et les crépinettes (ou saucisses) bien chaudes. En Charente-Maritime on mange des huîtres de Marennes-Oléron avec du grillon charentais, sorte de grosse rillette de porc rustique. C'est délicieux aussi !

Pour 6 personnes
Préparation : 15 min
Cuisson : 10 min

€ € € ✳

- 3 douzaines d'huîtres d'Arcachon (ou de Marennes-Oléron)
- 1 douzaine de crépinettes (ou des chipolatas)
- poivre blanc du moulin (facultatif)
- pain de seigle beurré

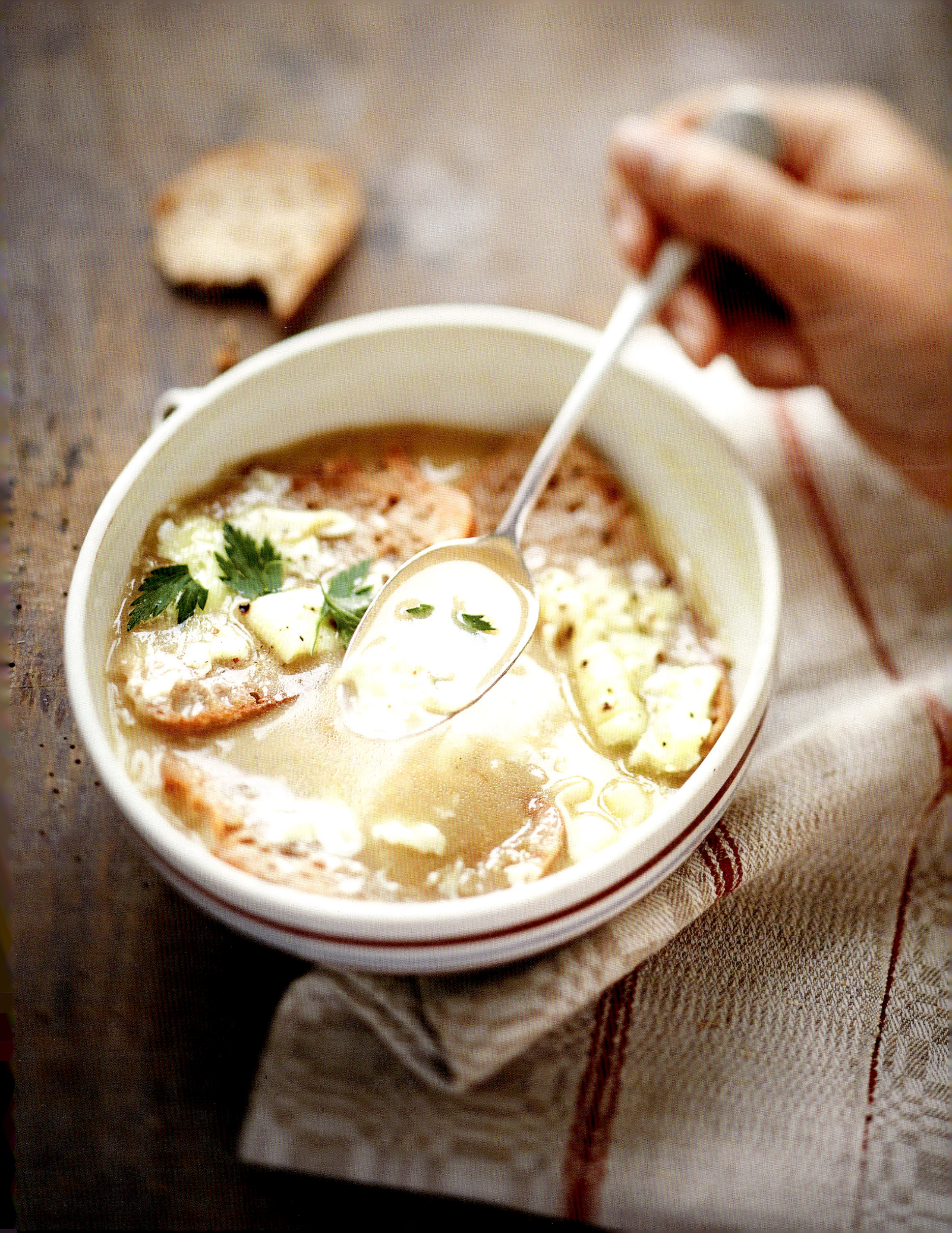

FEUILLETÉS DE ROCAMADOUR AU MIEL ET AUX NOIX

Pour 4 personnes
Préparation : 15 min
Cuisson : 15 min

€ ✳

● 1 rouleau de pâte feuilletée pur beurre
● 4 rocamadours (pas trop affinés)
● 4 cuill. à soupe de miel coulant
● 30 g de cerneaux de noix
● 1 jaune d'œuf
● 1 cuill. à café de lait entier
● sarriette

1 Déroulez la pâte et coupez-la en deux. Disposez les rocamadours sur une moitié de pâte avec un espacement de 3 cm entre chaque et en laissant un bord. Hachez grossièrement les cerneaux de noix. Lavez et hachez la sarriette. Ajoutez sur chaque rocamadour 1 cuillerée de miel, ¼ des cerneaux de noix et de la sarriette.

2 Préchauffez le four à 180 °C (th. 6). Humectez légèrement la pâte autour des fromages. Couvrez les rocamadours avec la moitié de pâte restante. Appuyez bien avec les doigts entre les rocamadours pour joindre les deux pâtes. Scellez en appuyant avec 1 emporte-pièce de 8 cm de diamètre et découpez avec 1 emporte-pièce de 9 cm de diamètre. Chiquetez éventuellement la pâte avec la pointe d'un couteau. Battez le jaune d'œuf dans un bol avec le lait. Dorez les petits feuilletés à l'aide d'un pinceau et enfournez pour 15 minutes environ. Servez les feuilletés accompagnés d'une salade de mâche avec une vinaigrette à l'huile de noix et au vinaigre balsamique.

OMELETTE À LA TRUFFE

1 Pelez et émincez la truffe. Cassez les œufs et séparez les blancs des jaunes. Mettez un blanc de côté.

2 Réunissez dans une terrine les 3 blancs restants, les jaunes et la truffe émincée. Battez légèrement, couvrez et laissez reposer à température ambiante pendant 1 heure. Au bout de ce temps, fouettez en neige le blanc restant. Incorporez-le aux œufs qui ont macéré avec la truffe, ainsi que la crème. Battez en omelette, salez et poivrez.

3 Dans une poêle, faites chauffer la graisse d'oie. Quand elle est sur le point de fumer, versez-y la préparation et faites cuire l'omelette sur feu assez vif en la gardant un peu baveuse. Servez l'omelette pliée sur un plat chaud et dégustez aussitôt.

Pour 2 personnes
À faire à l'avance
Préparation : 10 min
Repos : 1 h
Cuisson : 8 min

€ € ✳

● 1 truffe entière de 30 g environ
● 4 œufs extra-frais
● 1 cuill. à soupe de crème fraîche
● 1 cuill. à soupe de graisse d'oie
● sel et poivre du moulin

SALADE AUX GÉSIERS DE CANARD CONFITS

Pour 4 personnes
Préparation : 20 min
Cuisson : 20 min

€ ✳

- 4 fines tranches de lard de poitrine maigre
- 8 gésiers de canard confits
- 200 g de petites pommes de terre nouvelles
- 200 g de chicorée frisée
- 2 cuill. à soupe de vinaigre de vin blanc
- 3 cuill. à soupe d'huile de noix
- 2 cuill. à soupe d'huile de maïs
- sel et poivre du moulin

1 Lavez et essorez la salade, et détaillez-la en petites bouchées. Pelez les pommes de terre et faites-les cuire à l'eau ou à la vapeur 20 minutes environ. Égouttez-les et coupez-les en rondelles. Réservez. Faites chauffer les tranches de lard dans une poêle sur feu très doux sans ajouter de matière grasse. Réservez. Dégraissez les gésiers en faisant fondre la graisse qui les enrobe, épongez-les et faites-les chauffer dans une autre poêle. Égouttez-les et coupez-les en lamelles. Réservez.

2 Préparez une vinaigrette avec les huiles, la moitié du vinaigre, du sel et du poivre. Répartissez la salade dans les assiettes de service. Recouvrez-la en alternant les rondelles de pomme de terre et les lamelles de gésier. Déglacez la poêle des gésiers avec le reste de vinaigre et ajoutez le jus obtenu à la vinaigrette. Arrosez-en le contenu des assiettes, ajoutez le lard croustillant en garniture et donnez un tour de moulin à poivre. Servez aussitôt.

CÈPES À LA BORDELAISE

1 Nettoyez les champignons. Si besoin, rincez les cèpes rapidement sous un filet d'eau en les tenant comme un parapluie. S'ils sont propres, essuyez-les avec un linge humide. Coupez la base terreuse du pied, retirez les parties abîmées et épluchez un peu le pied si besoin.

2 Faites revenir 10 minutes à feu vif les têtes dans l'huile d'olive en les retournant plusieurs fois. Placez-les ensuite le dessus vers le fond et laissez cuire à découvert sur feu doux pendant 40 minutes. Hachez les queues des cèpes en petits dés pendant ce temps. Épluchez et émincez les échalotes et l'ail finement. Ciselez le persil plat. Dix minutes avant la fin de la cuisson, placez une deuxième poêle (plus petite) sur feu vif et faites revenir, dans un peu d'huile prise dans l'autre poêle, les dés de pied avec le hachis d'échalotes et ail. Salez et poivrez. Servez les chapeaux de cèpes égouttés recouverts du hachis rissolé et de persil frais parsemé.

Pour 4-6 personnes
Préparation : 25 min
Cuisson : 50 min

€ € ✳

- 1-1,5 kg de jeunes cèpes de Bordeaux
- 3 échalotes
- 1 gousse d'ail
- ½ botte de persil haché
- 15 cl d'huile d'olive
- sel fin et poivre noir du moulin

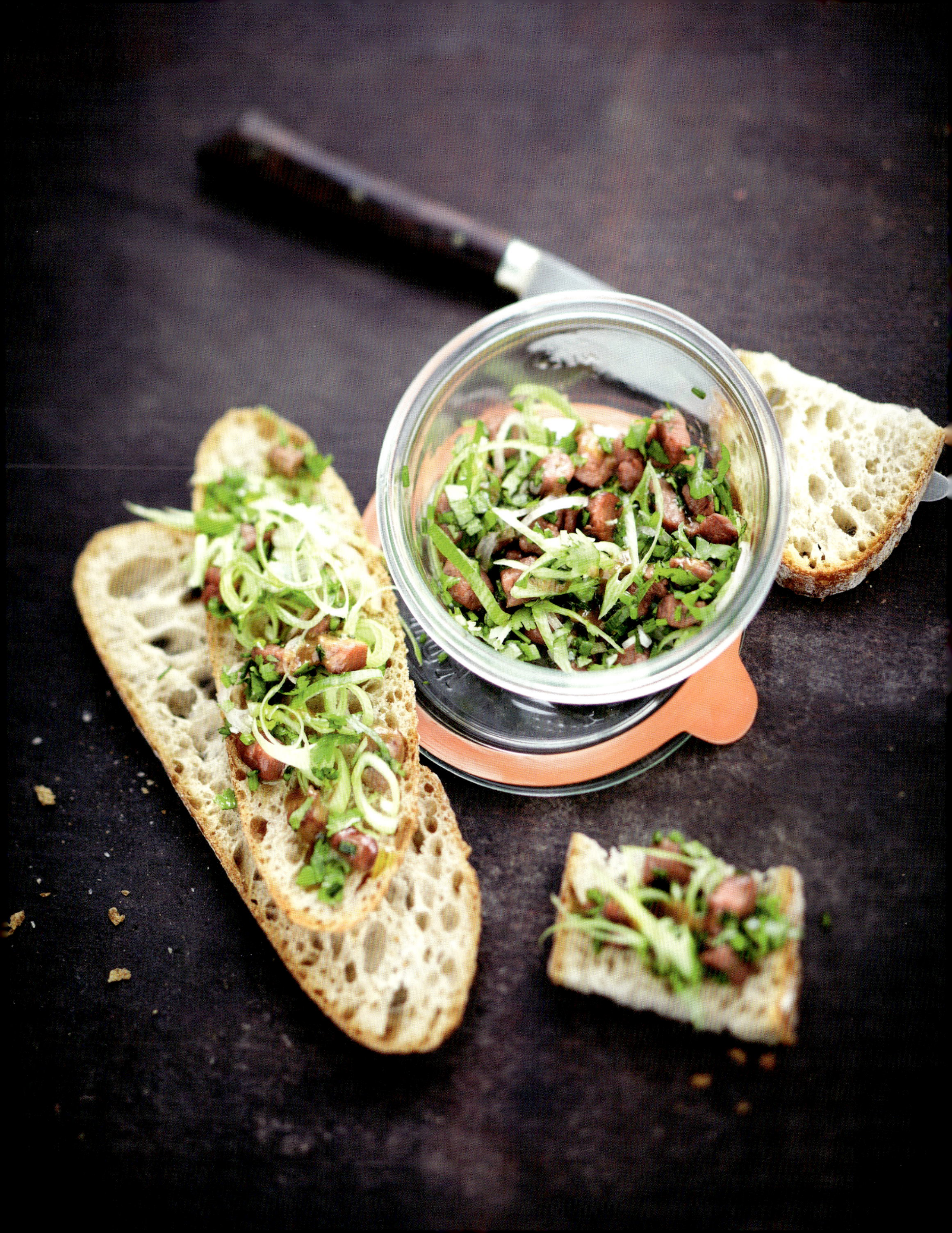

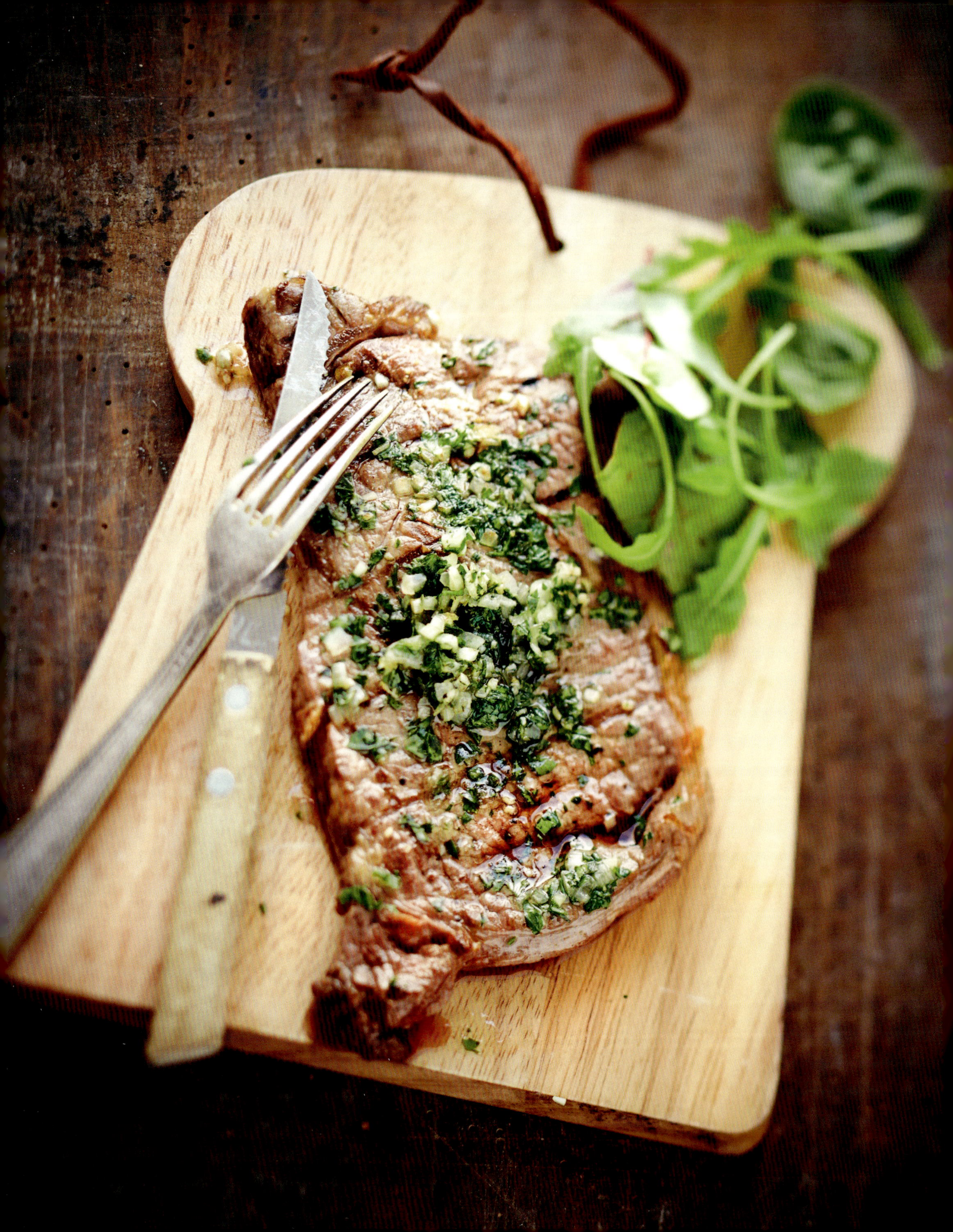

ENTRECÔTE GRILLÉE PÉRIGOURDINE

FRANCE • PURE TRADITION • FAIT-MAISON
Périgord

Pour 4 personnes
Préparation : 5 min
Cuisson : 8 min

€€ ❋

- 2 belles entrecôtes de 400 g chacune
- 3 échalotes
- 6 brins de persil
- 2 cuill. à soupe de graisse d'oie
- huile de pépins de raisin
- sel et poivre du moulin

1 Enduisez les entrecôtes d'huile de pépins de raisin des deux côtés, entaillez le gras sur le côté en plusieurs endroits et réservez à température ambiante.

2 Pelez et hachez finement les échalotes et le persil. Mélangez le tout avec la graisse d'oie.

3 Au barbecue ou dans la cheminée, préparez un lit de braises bien rouges mais non fumantes. Faites aussi chauffer le gril de cuisson et huilez-le. Posez les entrecôtes dessus et saisissez-les jusqu'à l'apparition d'une légère croûte caramélisée qui retient le jus à l'intérieur.

4 Retournez les entrecôtes sans les piquer, salez, poivrez et répartissez le hachis à la graisse d'oie sur la face cuite. Faites cuire encore 3 minutes. Servez aussitôt.

POULET AU VERJUS

1 Pelez et hachez les oignons en très petits dés. Pelez et émincez les gousses d'ail. Lavez et épongez les grains de raisin. Nettoyez et hachez grossièrement les champignons.

2 Dans une cocotte, faites chauffer la graisse d'oie. Ajoutez les oignons et faites-les blondir. Ajoutez les morceaux de poulet et faites-les dorer en les retournant régulièrement pendant 7 ou 8 minutes.

3 Ajoutez les champignons, les grains de raisin, l'ail, du sel et du poivre. Mélangez, versez le verjus, baissez le feu et couvrez. Laissez cuire doucement 25 à 30 minutes en retournant les morceaux deux ou trois fois.

4 Mettez les morceaux de poulet dans un plat creux bien chaud, arrosez avec la sauce, ajoutez les grains de raisin et les champignons, parsemez de persil et servez aussitôt.

Pour 4 personnes
Préparation : 20 min
Cuisson : 40 min environ

€ ❋

- 1 poulet fermier coupé en morceaux
- 100 g de champignons
- 2 cuill. à soupe de grains de raisin vert
- 45 cl de verjus
- 2 oignons
- 2 gousses d'ail
- 2 cuill. à soupe de persil
- 2 cuill. à soupe de graisse d'oie
- sel et poivre du moulin

MAGRETS DE CANARD AU MIEL ET AU VINAIGRE

Pour 4 personnes
Préparation : 20 min
Cuisson : 25 min environ

€ ✳

- 2 magrets de canard frais
- 2 échalotes
- 2 cuill. à soupe de miel d'acacia
- 2 cuill. à soupe de vinaigre de miel
- sel et poivre du moulin

1 Parez les magrets en retirant l'excès de peau. Entaillez en croisillons la peau grasse. Pelez et hachez finement les échalotes.

2 Faites chauffer une poêle épaisse sur le feu. Posez les magrets dedans, côté peau contre le fond, et laissez-les griller jusqu'à ce que la moitié de la graisse ait fondu. Retirez-les, videz presque toute la graisse fondue et reposez les magrets dans la poêle en les retournant côté chair. Poursuivez la cuisson jusqu'à ce qu'ils soient saignants (6 à 8 minutes de chaque côté).

3 Retirez les magrets et tenez-les au chaud. Mettez les échalotes dans la poêle et faites-les fondre en remuant pendant 2 minutes. Déglacez avec le vinaigre en remuant. Ajoutez le miel, mélangez, salez et poivrez. Découpez les magrets en tranches épaisses et servez-les dans des assiettes chaudes, largement nappées de sauce aigre-douce.

☞ FRICASSÉE DE FOIES DE VOLAILLE

1 Pelez les oignons. Faites fondre la moitié de la graisse d'oie dans une casserole, ajoutez les oignons et laissez-les colorer. Poudrez de farine et faites cuire en remuant pendant 3 minutes.

2 Dans une petite casserole, faites flamber le vin et versez-le dans la préparation précédente. Ajoutez le bouillon, le bouquet garni, salez et poivrez. Faites mijoter 25 minutes.

3 Pendant ce temps, salez et poivrez les foies de volaille coupés en deux, et faites-les revenir à la poêle avec le reste de graisse d'oie pendant 10 minutes en les retournant régulièrement.

4 Faites griller les tranches de pain et frottez-les d'ail. Dressez les foies de volaille dans des assiettes chaudes, nappez de sauce et servez avec le pain grillé.

Pour 2 personnes
Préparation : 15 min
Cuisson : 35 min

€ ✳

- 300 g de foies de volaille (poulet, poule ou canard)
- 6 petits oignons blancs
- 1 gousse d'ail
- 1 bouquet garni
- 2 cuill. à soupe de graisse d'oie
- 1 cuill. à soupe de farine
- 10 cl de bouillon de volaille
- 4 fines tranches de pain
- 15 cl de vin rouge
- sel et poivre du moulin

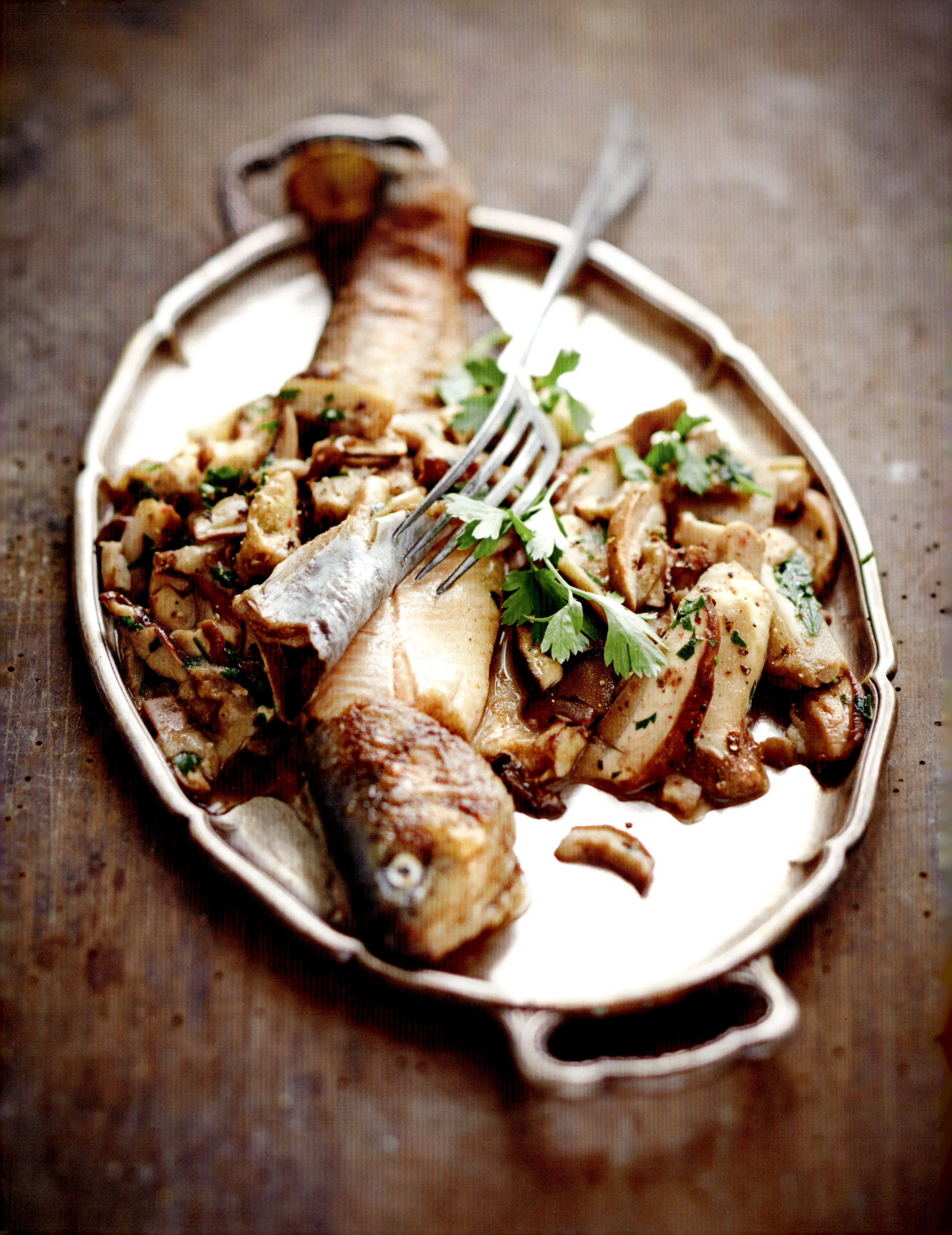

TRUITES AUX CÈPES

Pour 4 personnes
Préparation : 15 min
Cuisson : 35 min

€ €

✳

- 4 belles truites vidées
- 500 g de cèpes
- 2 gousses d'ail
- 1 bouquet de persil
- 50 g de beurre
- 2 cuill. à soupe d'huile de maïs
- farine
- 1 filet de vinaigre de vin blanc
- sel et poivre du moulin

1 Faites rissoler dans l'huile de maïs les cèpes préalablement nettoyés et émincés pendant 15 minutes. Ajoutez l'ail et le persil hachés, et faites cuire doucement pendant encore 10 minutes.

2 Salez et poivrez les truites, rincées et essuyées à l'intérieur et à l'extérieur. Farinez-les.

3 Faites chauffer une grande poêle, ajoutez le beurre et laissez-le fondre. Posez les truites tête-bêche et faites-les dorer 10 minutes de chaque côté.

4 Posez les poissons sur un grand plat et entourez-les de la fricassée de cèpes bien chaude. Versez le vinaigre dans la poêle, déglacez sur feu vif en remuant et versez ce jus sur les truites. Servez aussitôt.

FRANCE • PURE TRADITION
Périgord
FAIT-MAISON

Montravel
ou bergerac sec

POMMES DE TERRE SARLADAISES

Pour 4 personnes
Préparation : 20 min
Cuisson : 35 min

€ ✳ ✳

- 800 g de pommes de terre à chair ferme
- 3 gousses d'ail
- 1 bouquet de persil
- 4 cuill. à soupe de graisse d'oie
- sel et poivre du moulin

1 Pelez les pommes de terre, lavez-les et épongez-les soigneusement. Coupez-les en rondelles assez épaisses. Pelez et hachez l'ail. Lavez et hachez le persil. Mélangez les deux ingrédients.

2 Dans une grande poêle à fond épais, faites chauffer la graisse d'oie. Quand elle est bien chaude, ajoutez les pommes de terre en remplissant la poêle. Faites-les rissoler sur feu assez vif en les retournant constamment.

3 Salez et poivrez, ajoutez le hachis d'ail et de persil, mélangez et couvrez la poêle. Baissez le feu et poursuivez la cuisson 30 minutes environ en retournant les pommes de terre toutes les 10 minutes. Elles doivent être dorées, moelleuses sans être sèches, mais croustillantes à l'extérieur.

SAUCE BORDELAISE

1 Épluchez et émincez les carottes, les échalotes et les oignons. Faites colorer oignons et carottes avec 20 g de beurre dans une petite casserole. Singez à la farine et laissez-la colorer en blond-roux. Versez dessus le bouillon, ajoutez le bouquet garni et laissez mijoter 15 minutes à couvert. Versez le vin dans une autre casserole et faites réduire presque de moitié avec les échalotes ciselées (pendant 20 minutes environ). Versez ensuite ce vin réduit dans la sauce au bouillon et laissez réduire et lier 10 minutes de plus sur feu doux. Salez et poivrez.

2 Montez la sauce au beurre froid. Ensuite, découpez au couteau trempé dans l'eau chaude des petits dés de moelle. Plongez-les 5 minutes dans l'eau frémissante. Incorporez à la sauce les dés de moelle égouttés avant de servir.

Pour 4-6 personnes
Préparation : 10 min
Cuisson : 1h

€ ✳ ✳

- 50 g d'échalotes roses ou grises
- 2 carottes
- 2 oignons
- 1 bouquet garni
- 25 cl de vin de Bordeaux rouge
- 20 g de farine
- 100 g de moelle de bœuf
- ½ l de bouillon de bœuf
- 120 g de beurre doux très froid
- sel fin et poivre blanc du moulin

POT-AU-FEU DE FOIE GRAS

Pour 4 personnes
Préparation : 25 min
Cuisson : 30 min

€€

✳✳

- 1 carcasse de canard
- 2 foies gras crus de 400 g chacun
- 4 blancs de poireau
- 3 carottes
- 3 pommes de terre
- 3 navets
- 20 g de sucre en poudre
- 15 cl de bordeaux rouge assez corsé
- gros sel
- poivre du moulin

1 Pelez carottes, pommes de terre et navets, taillez-les en cubes réguliers. Nettoyez les blancs de poireau et liez-les en bottillon. Mettez la carcasse concassée dans une marmite, ainsi que les légumes réunis dans un sac de mousseline, couvrez juste d'eau et faites cuire 15 minutes.

2 Sortez les légumes et réservez-les. Filtrez le bouillon. Détaillez les foies en 8 tranches épaisses. Salez et poivrez.

3 Déposez les tranches de foie et les légumes dans leur sac dans une marmite, couvrez de bouillon et faites cuire sans ébullition pendant 15 minutes.

4 Pendant ce temps, faites réduire le vin rouge avec le sucre jusqu'à obtenir une consistance sirupeuse.

5 Déposez dans chaque assiette creuse bien chaude 2 tranches de foie gras, ajoutez les légumes (les blancs de poireau retaillés en tronçons) et arrosez d'un peu de bouillon, puis ajoutez 1 cuillerée de sauce au vin, salez et poivrez. Servez aussitôt.

🍷 Lalande-de-pomerol
ou pécharmant

FRANCE · PURE TRADITION · FAIT-MAISON
Périgord

CONFIT DE CANARD

En hiver, sur les marchés au gras de la région, on achète des canards dont on a retiré le foie gras ; on les appelle les « paletots » et c'est avec eux que l'on fait les confits.

Pour 1 canard gras
À faire à l'avance
Préparation : 30 min
Réfrigération : 12 h
Cuisson : 2 h environ

€ €

✳

- 1 paletot de canard
- 3 gousses d'ail
- 2 brins de thym
- 1 feuille de laurier
- graisse de canard (si besoin)
- gros sel

FRANCE • PURE TRADITION • FAIT-MAISON
Périgord

Côtes-de-bergerac ou montagne-saint-émilion

1 Séparez le canard en portions, cuisses et ailes. Récupérez toute la graisse et les parties graisseuses, coupez-les en petits dés et réservez. Mettez les morceaux de canard dans une terrine, poudrez généreusement de gros sel et mettez 12 heures au frais.

2 Au bout de 12 heures, égouttez, rincez et essuyez les portions de canard. Mettez les dés de graisse dans une grande cocotte en fonte, ajoutez les gousses d'ail pelées, le thym et le laurier, puis 1 verre d'eau et laissez fondre sur feu doux en remuant de temps en temps.

3 Ajoutez les morceaux de canard et laissez cuire doucement pendant 2 heures environ. Si le canard n'a pas rendu assez de graisse, complétez avec de la graisse de canard.

4 Au bout de 2 heures, faites égoutter les portions de canard sur une grille placée sur un plat creux. Laissez tiédir. Filtrez la graisse encore fluide et récupérez les petits morceaux de viande grillés (pour agrémenter une salade).

5 Mettez les portions refroidies dans des bocaux, versez la graisse fondue et tiède par-dessus en veillant à recouvrir entièrement les morceaux. Posez un rond de papier sulfurisé à la surface, rangez dans un endroit frais et attendez 15 jours avant de consommer. Vous pouvez les garder 2 ou 3 mois au frais.

Variantes et conseils

La graisse qui enrobe les portions de confit se conserve très bien dans le réfrigérateur et sert de corps gras de cuisson.

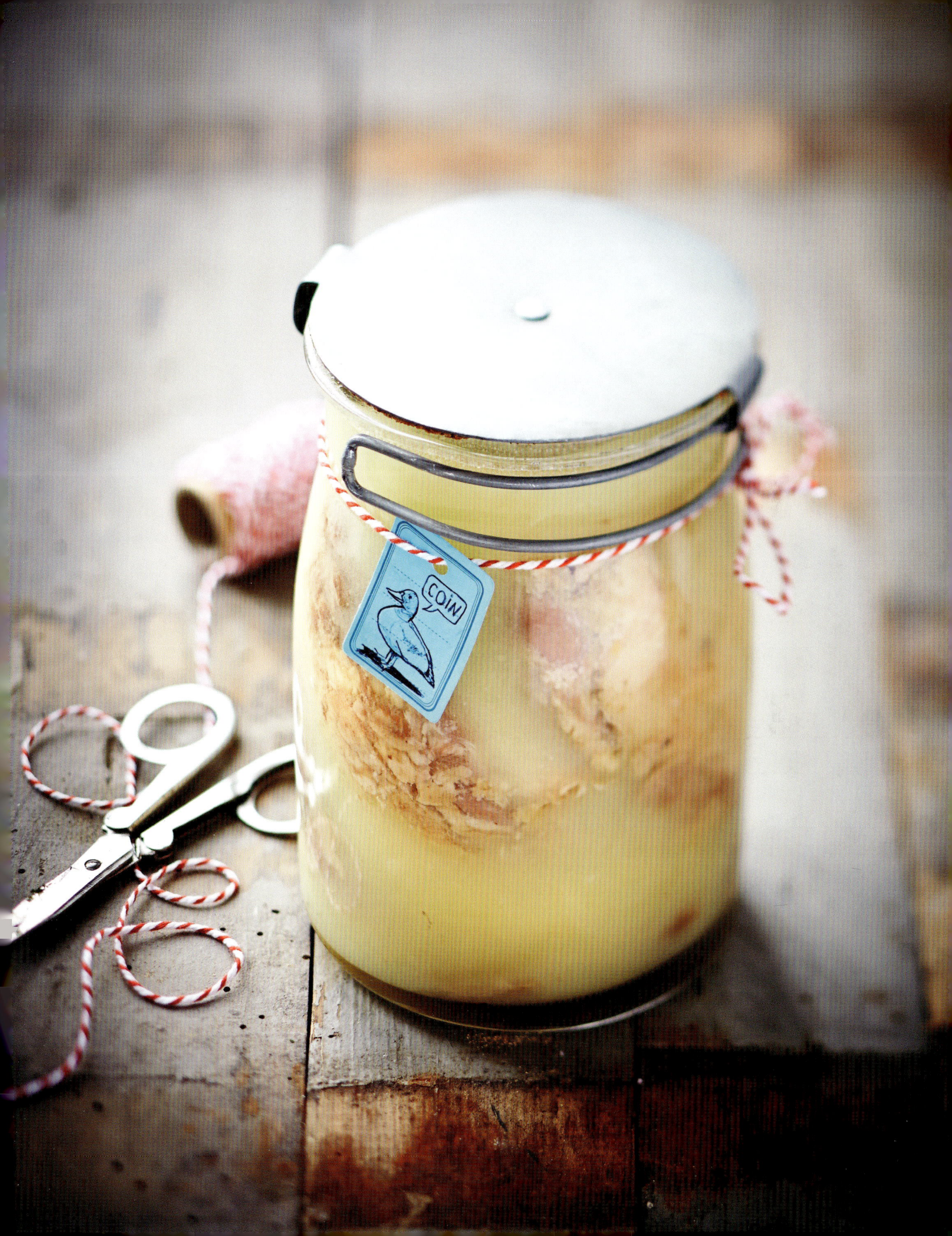
COIN

CÔTELETTES DE MARCASSIN AUX POIRES

Le gibier, dans la cuisine périgourdine, fait surtout appel aux lièvres et aux perdreaux, mais on aime aussi le civet de sanglier, tandis que le marcassin se cuisine presque comme le porc.

Pour 4 personnes
Préparation : 15 min
Marinade : 1 h
Cuisson : 25 min

€ €
✳

- 4 belles côtelettes de marcassin
- 4 poires passe-crassane
- 1 citron
- 5 baies de genièvre
- 2 clous de girofle
- 40 g de graisse d'oie
- 10 cl de crème fraîche
- 1 cuill. à soupe d'armagnac
- 2 cuill. à soupe de vinaigre de vin blanc
- 4 cuill. à soupe d'huile de pépins de raisin
- 4 grains de poivre
- sel et poivre du moulin

🍷 Madiran ou côtes-de-duras

1 Mélangez l'huile, le jus de 1 demi-citron et le vinaigre. Écrasez les baies de genièvre et les clous de girofle, ajoutez les grains de poivre concassés.

2 Réunissez ces ingrédients dans un plat creux, ajoutez les côtelettes de marcassin, retournez-les et laissez-les mariner pendant 1 heure.

3 Pelez les poires, coupez-les en deux, retirez le cœur et les pépins. Citronnez-les et faites-les pocher 15 minutes dans une casserole d'eau frémissante. Égouttez-les et réservez-les au chaud.

4 Égouttez les côtelettes de marcassin et épongez-les. Dans une poêle, faites chauffer la graisse d'oie. Ajoutez les côtelettes et faites-les cuire 8 à 10 minutes de chaque côté. Puis égouttez-les et posez-les sur un plat chaud.

5 Versez l'armagnac dans la poêle et déglacez. Ajoutez la crème et faites réduire. Salez et poivrez.

6 Rangez les poires autour des côtelettes, nappez de sauce et servez aussitôt.

Variantes et conseils

On accompagne couramment le gibier avec des fruits dans les cuisines régionales, mais vous pouvez aussi proposer une purée de céleri-rave.

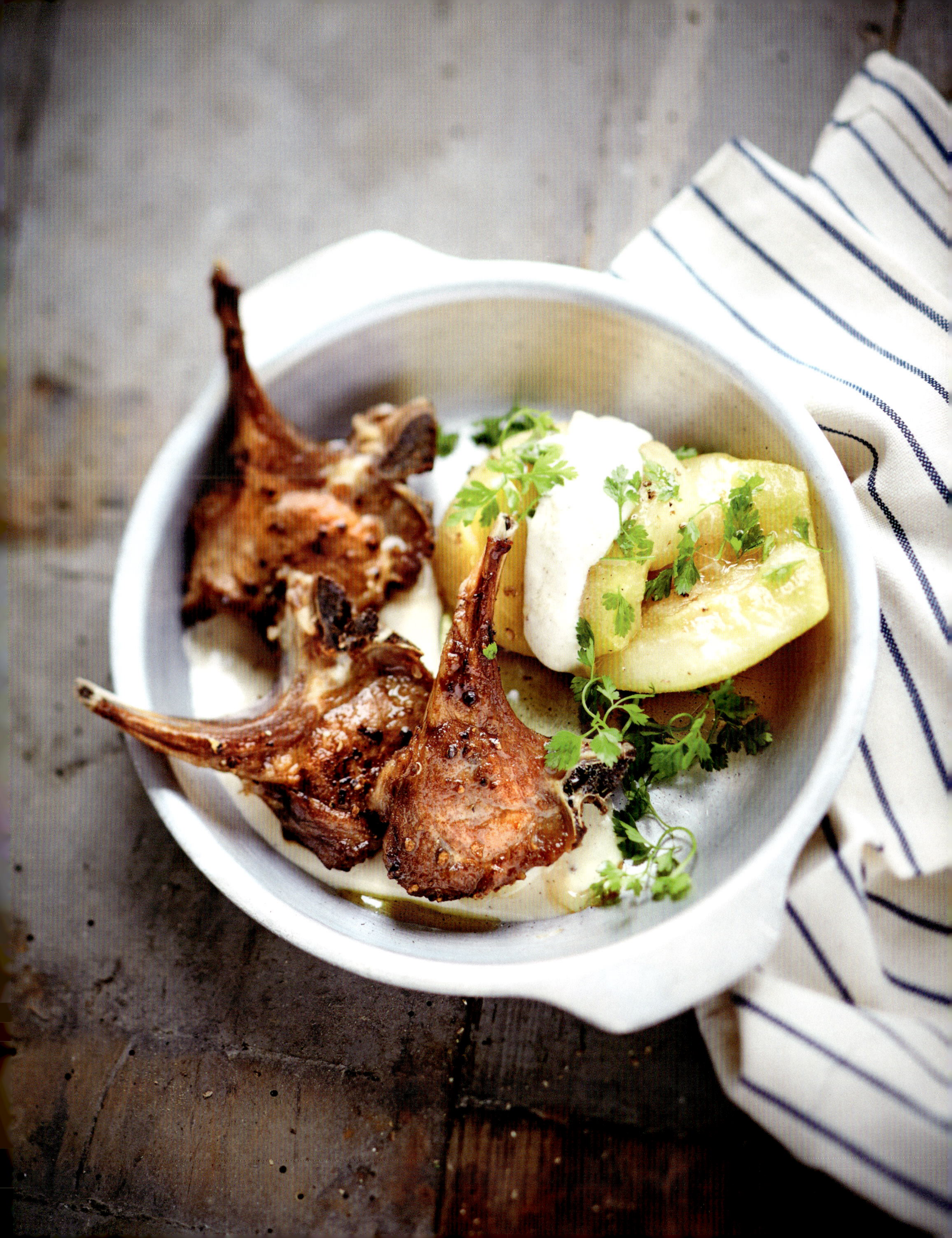

MERVEILLES

Pour 6 personnes
Préparation : 20 min
Repos : 1 h
Cuisson : 15 min environ

€

✳ ✳

- 4 œufs
- 10 cl de lait
- 150 g de beurre
- 500 g de farine
- 10 g de levure de boulanger
- 200 g de sucre en poudre
- sucre glace
- 1 petit verre d'eau-de-vie
- huile de friture
- sel

Saussignac
ou gaillac mousseux

1 Versez le lait tiédi sur la levure émiettée dans un bol. Dans une grande terrine, mélangez la farine, le sucre et deux pincées de sel. Faites une fontaine et ajoutez les œufs entiers un par un, puis le beurre ramolli et enfin l'eau-de-vie. Mélangez intimement en ajoutant le lait avec la levure.

2 Pétrissez la pâte pendant 3 minutes, jusqu'à consistance homogène. Puis ramassez-la en boule et couvrez la terrine d'un torchon. Laissez reposer à température ambiante pendant 1 heure.

3 Abaissez la pâte sur 3 mm d'épaisseur et découpez dedans des bandelettes et des carrés : avec les premières faites des nœuds lâches et incisez les seconds sans les couper.

4 Dans une grande bassine, faites chauffer le bain de friture. Plongez les merveilles dedans sans en mettre trop à la fois et comptez 4 minutes environ de cuisson par fournée. Retournez les merveilles dès qu'elles remontent à la surface, égouttez-les et poudrez-les de sucre glace.

FRANCE • PURE TRADITION
Bordelais
FAIT-MAISON

DUCHESSE DE SARLAT

Ce sont encore les noix périgourdines qui sont à la base de ce dessert facile à réaliser, typique des recettes citadines et qui fait bel effet sur une table de fête.

Pour 6 personnes
Préparation : 35 min
Réfrigération : 3 h
Cuisson : 8-10 min

€ €
✳ ✳

- 3 jaunes d'œufs
- 25 cl de lait
- 150 g de beurre
- 150 g de noix
- 25 g de farine
- 240 g de sucre
- 1 gousse de vanille
- 20 biscuits à la cuillère environ

1 Concassez finement les noix sans les passer au mixeur. Versez cette semoule dans une terrine, ajoutez 150 g de sucre et le beurre réduit en pommade. Travaillez le mélange à la spatule pendant 20 minutes. Réservez.

2 Faites bouillir le lait avec la vanille et retirez du feu. Dans une terrine, mélangez les jaunes d'œufs avec le reste de sucre jusqu'à l'obtention d'une consistance mousseuse. Ajoutez la farine, puis versez le lait bouillant filtré en remuant constamment.

3 Faites cuire cette crème sur le feu pendant 2 minutes en fouettant énergiquement, puis ajoutez la préparation aux noix et mélangez intimement.

4 Tapissez un grand moule à charlotte avec des biscuits à la cuillère, côté bombé vers l'extérieur. Versez la préparation au milieu et recouvrez de biscuits retaillés pour former une rosace sur le dessus. Placez au réfrigérateur pendant 3 heures au moins avant de servir.

FRANCE · PURE TRADITION
Périgord
FAIT-MAISON

Y Monbazillac

Variantes et conseils

Pour compléter ce dessert élégant, vous pouvez prévoir une crème anglaise au café ou à la vanille, ou encore une sauce légère au chocolat.

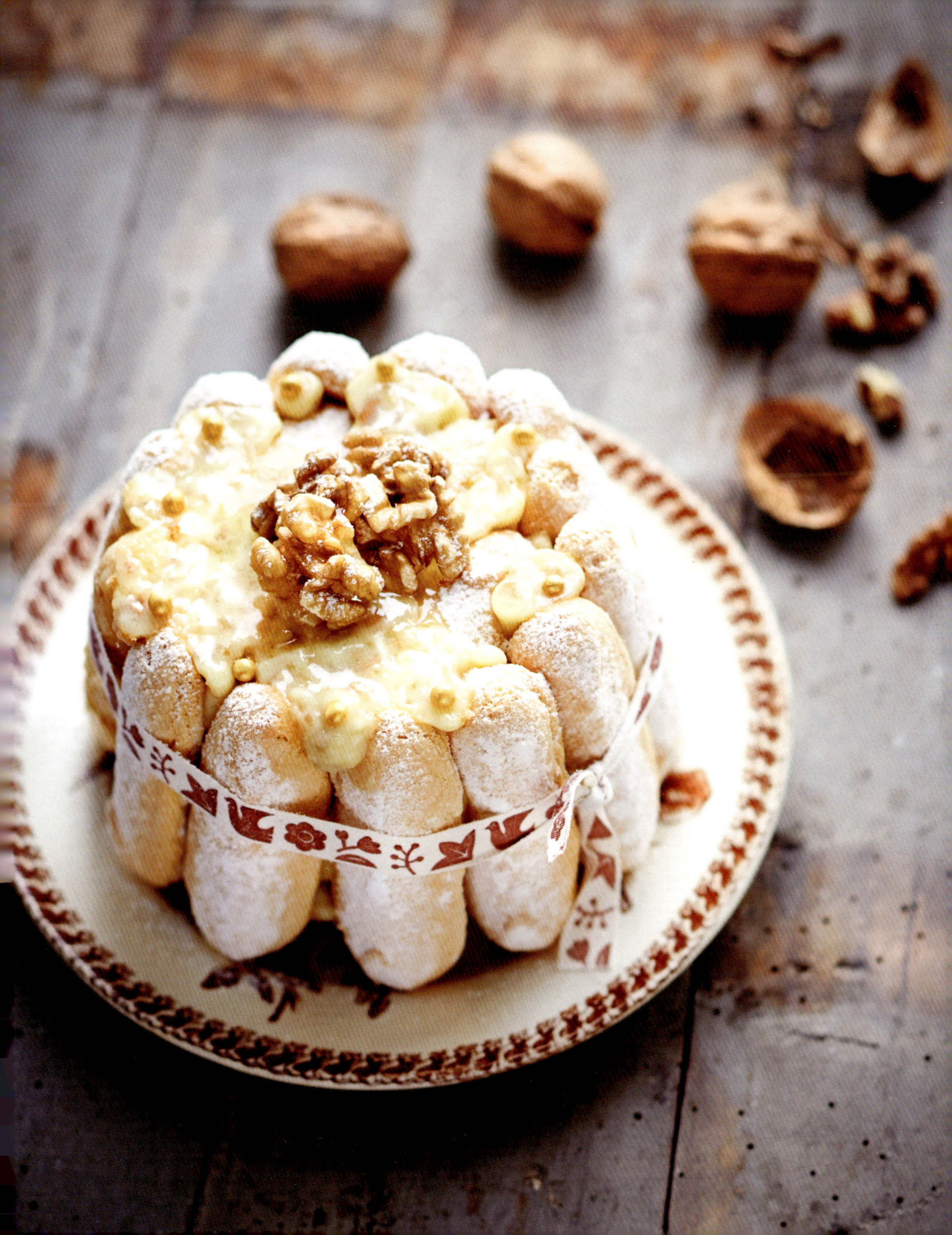

GÂTEAU AUX NOIX DU QUERCY

La noix est vraiment un produit emblématique du Quercy et elle se marie si bien avec l'arôme de prune d'Ente que je n'ai pas hésité une seconde à remplacer le rhum utilisé traditionnellement dans ce gâteau par de la vieille prune de Souillac (célèbre eau-de-vie de prune du Quercy, vieillie en fût), qui lui apporte tout son fruité.

Pour 6 personnes
Préparation : 20 min
Repos : 1 h
Cuisson : 40 min

€

✳ ✳

Quercy
FRANCE · PURE TRADITION · FAIT-MAISON

- 250 g de farine tamisée
- 125 g de beurre ramolli
- 250 g de crème fraîche épaisse
- 150 g de sucre en poudre
- 120 g de cerneaux de noix + 30 g pour le décor
- ½ cuill. à café de vanille en poudre
- 100 g de sucre glace
- 1 cl de rhum ou de vieille prune de Souillac (Louis Roque)

🍷 Monbazillac ou saussignac

1 Travaillez ensemble avec les doigts la farine, le beurre ramolli et 50 g de sucre en poudre. Pétrissez légèrement jusqu'à ce que tout le beurre soit incorporé. Puis tassez au fond du bol avec les mains et laissez reposer 1 heure au frais.

2 Étalez la pâte dans un moule à manqué de 24 à 26 cm de diamètre et tassez avec le dessus de la main. Égalisez bien dans le moule. Préchauffez le four à 180 °C (th. 6).

3 Réduisez les cerneaux de noix en poudre grossière dans un blender. Mélangez la poudre de noix avec la crème, la poudre de vanille et le restant de sucre en poudre. Versez sur le fond de pâte et enfournez pour 30 à 40 minutes de cuisson.

4 Mélangez le sucre glace avec le rhum ou la vieille prune. Lorsque le gâteau est cuit, retirez-le du four. Nappez avec la préparation de sucre glace et décorez avec les cerneaux de noix. Laissez refroidir avant de déguster.

Variantes et conseils

On peut aisément remplacer les noix sèches de cette recette par des noisettes. Dans ce cas, plutôt que du rhum ou de l'eau-de-vie de prune, je préconise une eau-de-vie moins fruitée, comme le cognac par exemple.

PAYS BASQUE, BÉARN & GASCOGNE

ENTRÉES

Salade de poulpes, 132
Soupe biarrote de poissons, 135

PLATS

Garbure, 137
Ttoro, 139
Axoa de veau, 140
Riz à la gachucha, 140
Poulet à la bayonnaise, 142
Poule au pot farcie, 143
Morue pil-pil, 145
Salmis de palombes, 146
Thon basquaise, 148
Piperade aux œufs et au jambon, 148
Merlu koskera, 151

DESSERTS

Gâteau basque, 152
Koka, 155
Croustade aux pommes à l'armagnac, 155
Cruchpetas, 156
Millas, 156

UN SUD-OUEST DE RÊVE

Pourquoi choisir un seul Sud-Ouest et réduire cette vaste région à une seule expression quand toutes ses composantes nous régalent? Sous le nom de Sud-Ouest tant chanté par les gourmets, chacun sait, sans être professeur de géographie, que l'on parle de la «jambe gauche de la France», d'une région qui va de l'Atlantique à la Méditerranée dont le pied serait les Pyrénées. Pour en limiter un peu la taille, prenons sa frange ouest composée de la Gascogne, pays des mousquetaires et des bastides, du Béarn, où plane encore l'image d'Henri IV, et du Pays basque à la culture et à la cuisine si vivaces. La Gascogne regroupant les Landes, le Gers et les Hautes-Pyrénées, se confond avec la cuisine du canard et la distillation de l'armagnac. Le foie gras qui porte les valeurs gastronomiques de tout un pays est d'ici! Et dans le canard gras tout est bon (comme dans le cochon noir de Bigorre) depuis le magret, ce «steak gascon», jusqu'aux carcasses grillées (appelées «demoiselles») en passant par le cou farci et les confits. Le Béarn, au pied des Pyrénées, nous offre sa poule au pot, sa garbure, exceptionnelle soupe paysanne, quelques beaux fromages de brebis et des vins délicieux : jurançon, pacherenc-du-vic-bilh et madiran. Quant au Pays basque, il assure bien sa promotion grâce à son identité très originale. Elle s'exprime dans sa cuisine et ses produits singuliers. Le jambon de Bayonne et le porc basque, le thon frais, les chipirons et le saumon de l'Adour, l'Ardi-Gasna®, le gâteau basque et la confiture de cerises d'Itxassou sont aussi emblématiques que le béret, les espadrilles et la pelote. Toutefois le produit phare de la cuisine basque, c'est le piment d'Espelette (*Ezpeletako biperra*) qui remplace le poivre noir utilisé partout ailleurs. L'œil malicieux, les Basques disent : «Nul ne sait d'où nous venons mais on est venus les premiers et on a pris le plus beau pays.» Ce n'est pas loin d'être vrai et on les remercie de partager ce Sud-Ouest rêvé avec les Béarnais, les Gascons et nous tous… Mordious !

SALADE DE POULPES

La cuisine basque, proche de la cuisine espagnole, met en avant les petits plats à servir en assortiment de tapas : la salade de poulpes en fait toujours partie.

Pour 4 personnes
Préparation : 20 min
Cuisson : 30 min
Repos : 30 min

€

✳

- 800 g de petits poulpes
- 600 g de petites pommes de terre
- le jus de 1 citron
- 12 petits oignons blancs
- 3 gousses d'ail
- 2 piments verts doux
- 1 mesure de safran
- 4 cuill. à soupe d'huile d'olive
- sel et poivre du moulin

1 Dans une cocotte, mettez les pommes de terre pelées et lavées, couvrez d'eau à hauteur, ajoutez les poulpes lavés et les oignons pelés, salez et poivrez. Portez lentement à ébullition, couvrez et laissez mijoter 30 minutes.

2 Égouttez le contenu de la cocotte, coupez les poulpes en deux et les pommes de terre en rondelles. Laissez les oignons entiers.

3 Préparez une vinaigrette avec l'huile et le jus de citron en ajoutant l'ail haché, les piments émincés et le safran. Salez et poivrez.

4 Réunissez les ingrédients dans un saladier et arrosez de vinaigrette. Mélangez délicatement et laissez reposer 30 minutes à température ambiante avant de servir.

Variantes et conseils

Vous pouvez supprimer les pommes de terre et présenter la salade de petits poulpes dans des cassolettes ou des cuillères japonaises.

Irouléguy rosé ou buzet rosé

FRANCE · PURE TRADITION · FAIT-MAISON
Pays basque

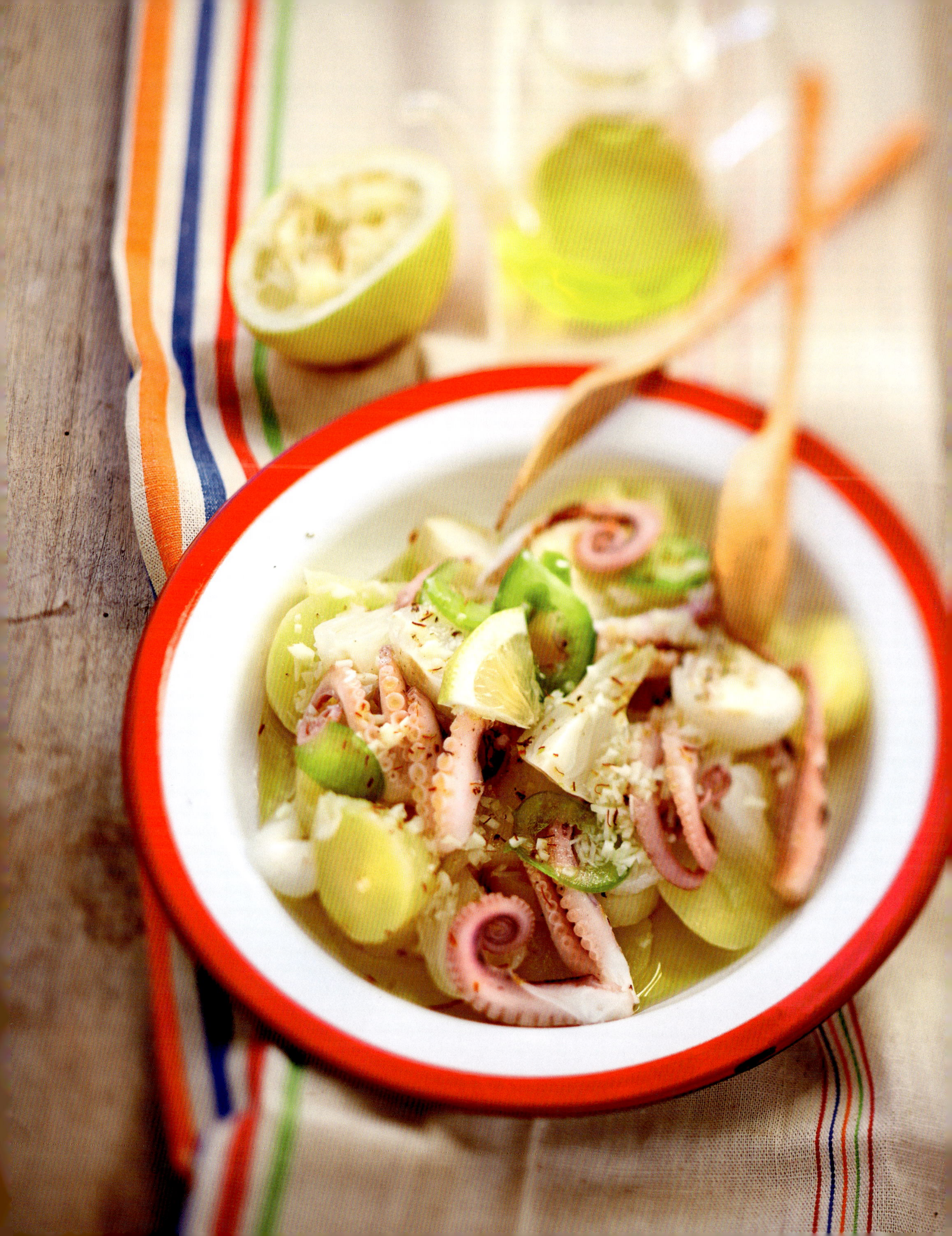

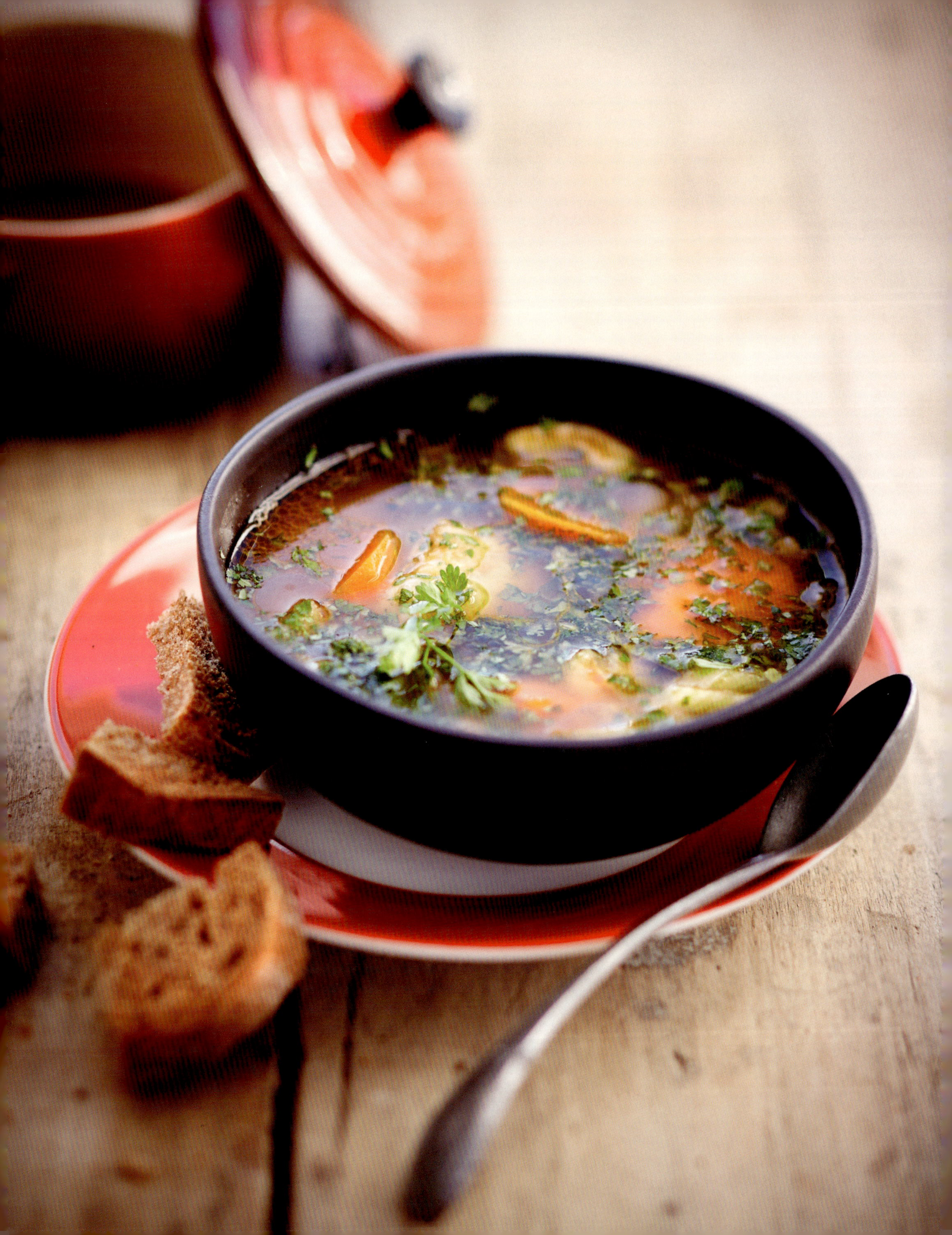

SOUPE BIARROTE DE POISSONS

Cette recette originaire de Biarritz présente la particularité d'utiliser essentiellement des poissons dits maigres, à l'exclusion de la sardine et du maquereau.

Pour 4 personnes
Préparation : 30 min
Cuisson : 30 min

€

✳

● 1 kg de poissons mélangés
(merlan, limande, sole, etc.)
● 3 oignons
● 2 carottes
● 2 branches de céleri
● 1 laitue
● 1 bouquet garni
● 1 bouquet de cerfeuil
● 20 g de graisse de canard
● 8 fines tranches de pain
de campagne grillées
● huile d'olive
● vinaigre de vin blanc
● sel et poivre du moulin

🍷 Bordeaux blanc
ou entre-deux-mers

1 Dans une marmite, faites revenir les oignons et les carottes émincés avec la graisse, en remuant pendant 5 minutes. Versez 1,5 l d'eau, mélangez et ajoutez les poissons vidés, étêtés et coupés en morceaux. Salez et poivrez, ajoutez le bouquet garni, portez vivement à ébullition, puis laissez frémir 15 minutes.

2 Égouttez les poissons. Filtrez le bouillon et remettez-le sur le feu. Ajoutez la laitue ciselée, le céleri émincé, le cerfeuil haché et laissez cuire doucement 10 minutes.

3 Dans un bol, faites une vinaigrette avec l'huile, le vinaigre, du sel et du poivre.

4 Répartissez les tranches de pain grillées dans des assiettes creuses et versez le bouillon par-dessus. Servez les poissons à part avec la vinaigrette.

Variantes et conseils

Le potage de verdure, qui constitue la première partie de ce plat complet, peut être lié avec un jaune d'oeuf ou un peu de crème pour être plus velouté.

FRANCE • PURE TRADITION • FAIT-MAISON
Pays basque

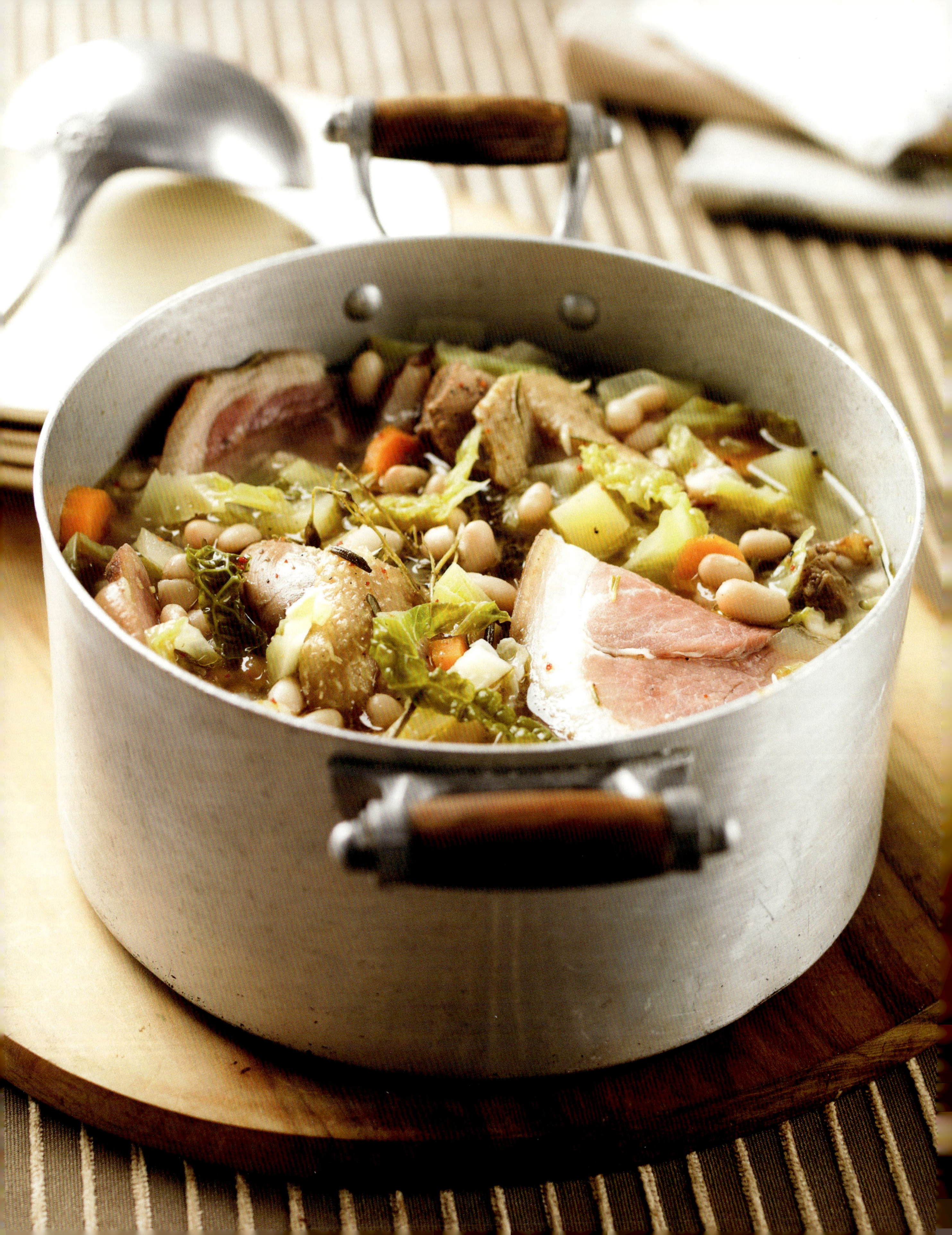

GARBURE

Pour 8 personnes
Préparation : 1 h
Trempage : 18 h
Cuisson : 3 h

€ €

✳ ✳ ✳

- 1 chou vert frisé de 1 kg
- 500 g de carottes
- 300 g de navets
- 2 blancs de poireau (400 g)
- 2 belles branches de céleri
- 700 g de pommes de terre (bintje)
- 300 g de haricots blancs secs (haricots tarbais)
- 2 beaux oignons jaunes (500 g)
- 1 échalote
- 5 gousses d'ail + 1 pour le pain
- 1 bouquet garni
- 1 talon de jambon sec avec os si possible (500 g à 700 g)
- 8 cuisses de canard confites (1 kg)
- 4 cuill. à soupe de graisse de canard (issue du confit)
- 8 tranches de pain de campagne
- sel et poivre noir du moulin

🍷 Buzet ou madiran

1 Mettez les haricots secs à tremper la veille dans 3 litres d'eau à température ambiante (de 12 à 18 h). Découpez le trognon du chou pour faciliter l'effeuillage. Taillez les feuilles en deux en retirant les grosses côtes. Puis taillez les feuilles et le cœur (jaune) en lamelles de 3 cm environ. Lavez bien le tout, puis faites blanchir 5 minutes dans une grande casserole d'eau bouillante salée, avec le talon de jambon. Mettez le chou dans une casserole d'eau froide pour le rincer et égouttez-le. Réservez-le ainsi que le talon de jambon.

2 Lavez et épluchez les légumes. Épluchez les oignons, l'échalote et l'ail. Émincez les oignons, les poireaux et l'échalote. Dégermez les 6 gousses d'ail. Coupez 5 gousses d'ail en deux et écrasez-les à l'aide de la lame d'un couteau. Taillez les carottes, le céleri et les navets en cubes moyens (1 cm environ).

3 Dans un grand faitout, faites revenir les oignons, les poireaux et l'échalote dans la graisse de canard sur feu vif. Ajoutez les carottes, les navets et le céleri. Baissez sur feu moyen et au bout de 2 minutes, ajoutez les haricots, le chou, le jambon, le bouquet garni et les gousses d'ail écrasées. Ajoutez de l'eau de façon à couvrir les ingrédients. Salez légèrement, poivrez généreusement et portez à frémissements. Laissez cuire à couvert pendant 1 h 30 en écumant régulièrement. Goûtez et rectifiez en sel. Épluchez et coupez en cubes les pommes de terre. Ajoutez-les à la garbure et poursuivez la cuisson pendant 1 h 30. Une demie heure avant la fin de la cuisson, sortez les cuisses de canard confites de la graisse et cuisez-les à la poêle pendant 20 minutes en les retournant à mi-temps.

4 Frottez les tranches de pain avec la gousse d'ail restante. Retirez le bouquet garni et le jambon. Servez la garbure sur le pain à l'ail disposé au fond des assiettes à soupe, avec le confit de canard au-dessus de la soupe.

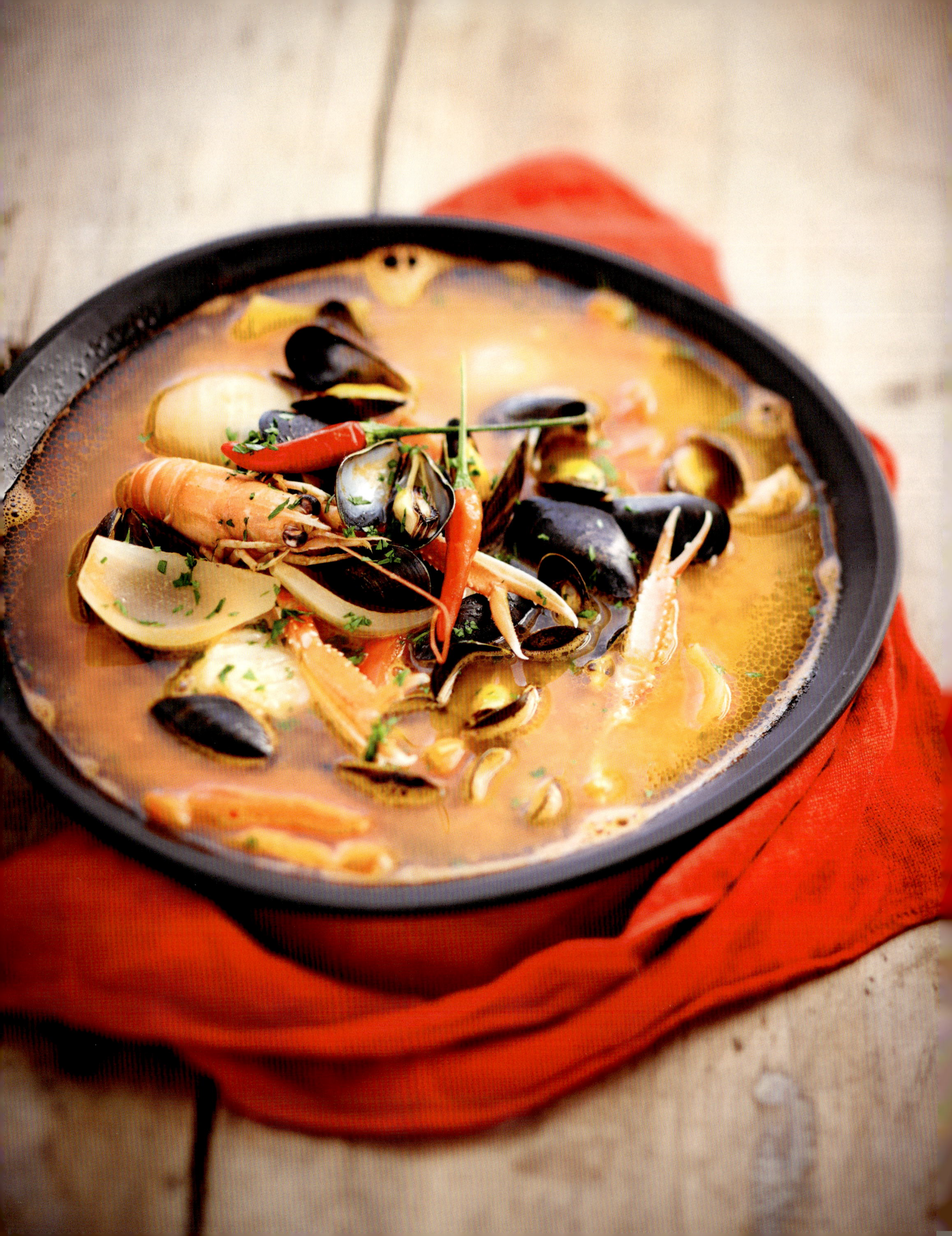

TTORO

C'est la plus représentative des soupes de poissons basques. On l'appelle aussi soupe de Socoa ou soupe des pêcheurs de Saint-Jean-de-Luz, lieu d'un célèbre marché aux poissons.

Pour 8 personnes
Préparation : 30 min
Cuisson : 1 h 10

€ € ✳ ✳

- 500 g de congre (et la tête du poisson)
- 1 tête de merlu
- 2 grondins
- 500 g de lotte
- 1 kg de moules
- 8 langoustines
- 2 tomates
- 1 poivron rouge
- 2 oignons
- 2 gousses d'ail
- 1 petit piment rouge
- persil haché
- 1 bouquet garni
- farine
- 50 cl de vin blanc sec
- 3 cuill. à soupe d'huile d'olive
- sel et poivre du moulin

Irouléguy rosé

1 Dans une grande marmite, faites revenir les oignons et l'ail hachés avec un filet d'huile. Ajoutez les têtes en morceaux du congre, du merlu et des grondins. Faites revenir, ajoutez le vin blanc, 1,5 l d'eau et le bouquet garni, puis le poivron taillé en lanières, les tomates concassées et le piment haché. Salez, couvrez et faites mijoter pendant 1 heure.

2 Farinez légèrement tous les poissons coupés en tranches et faites-les revenir à la poêle dans le reste d'huile. Salez, poivrez et mettez-les dans une cocotte. Ajoutez les moules bien brossées.

3 Passez le bouillon contenu dans la marmite, en pressant fortement pour extraire tous les sucs. Versez-le dans la cocotte, faites bouillonner pendant 6 minutes, ajoutez les langoustines et comptez encore 5 minutes de cuisson. Poudrez de persil et servez aussitôt.

FRANCE · PURE TRADITION
Pays basque
FAIT-MAISON ·

Variantes et conseils

Le ttoro nécessite des poissons choisis en principe selon un assortiment précis : lotte, merlu et rascasse comme base, rouget grondin et congre, puis moules et langoustines en garniture.

AXOA DE VEAU

Pour 4 personnes
Préparation : 15 min
Cuisson : 1 h 15

€ ✳

- 1 kg d'épaule de veau désossée
- 1 tranche épaisse de jambon de Bayonne
- 1 gros poivron rouge
- 6 piments verts doux
- 1 piment rouge
- 2 oignons
- 2 gousses d'ail
- 1 bouquet garni
- 1 cuill. à soupe d'huile d'olive
- piment d'Espelette
- sel

1 Taillez le veau et le jambon en petits dés et poudrez-les de piment d'Espelette.

2 Dans une cocotte, faites chauffer l'huile et mettez le jambon coupé en petits dés, l'ail et les oignons hachés. Faites revenir 5 minutes. Ajoutez les piments et le poivron émincés. Faites cuire en remuant 8 minutes.

3 Ajoutez les dés de viande et faites revenir en remuant. Puis ajoutez le bouquet garni et 1 verre d'eau bouillante. Salez, réglez sur feu doux et laissez mijoter doucement pendant 1 heure. Retirez le bouquet garni avant de servir.

🍷 Montagne-saint-émilion ou lalande-de-pomerol

RIZ À LA GACHUCHA

1 Dans une cocotte, faites revenir les oignons émincés dans 1 cuillerée à soupe d'huile en remuant. Ajoutez les tomates, mélangez et laissez cuire 5 minutes.

2 Versez le riz et mélangez intimement pendant 3 minutes. Couvrez d'eau (deux fois et demie le volume de riz), réglez sur feu doux, ajoutez les olives dénoyautées et le chorizo coupé en rondelles épaisses, salez et poivrez. Faites cuire à couvert pendant 20 minutes.

3 Dans une poêle, faites rissoler les tranches de poitrine de porc et taillez-les en lamelles.

4 Dans une autre poêle, mettez l'huile restante et faites revenir les poivrons détaillés en lamelles pendant 12 minutes. Versez le riz au chorizo et aux olives dans un plat creux, ajoutez les poivrons et garnissez avec le lard.

🍷 Bordeaux rosé ou fronton

Pour 6 personnes
Préparation : 20 min
Cuisson : 35 min

€ ✳

- 200 g de poitrine de porc maigre fumée
- 300 g de chorizo doux
- 3 poivrons
- 150 g de tomates concassées
- 2 gros oignons
- 150 g d'olives vertes dénoyautées
- 350 g de riz à grains longs
- 2 cuill. à soupe d'huile d'olive
- sel et poivre du moulin

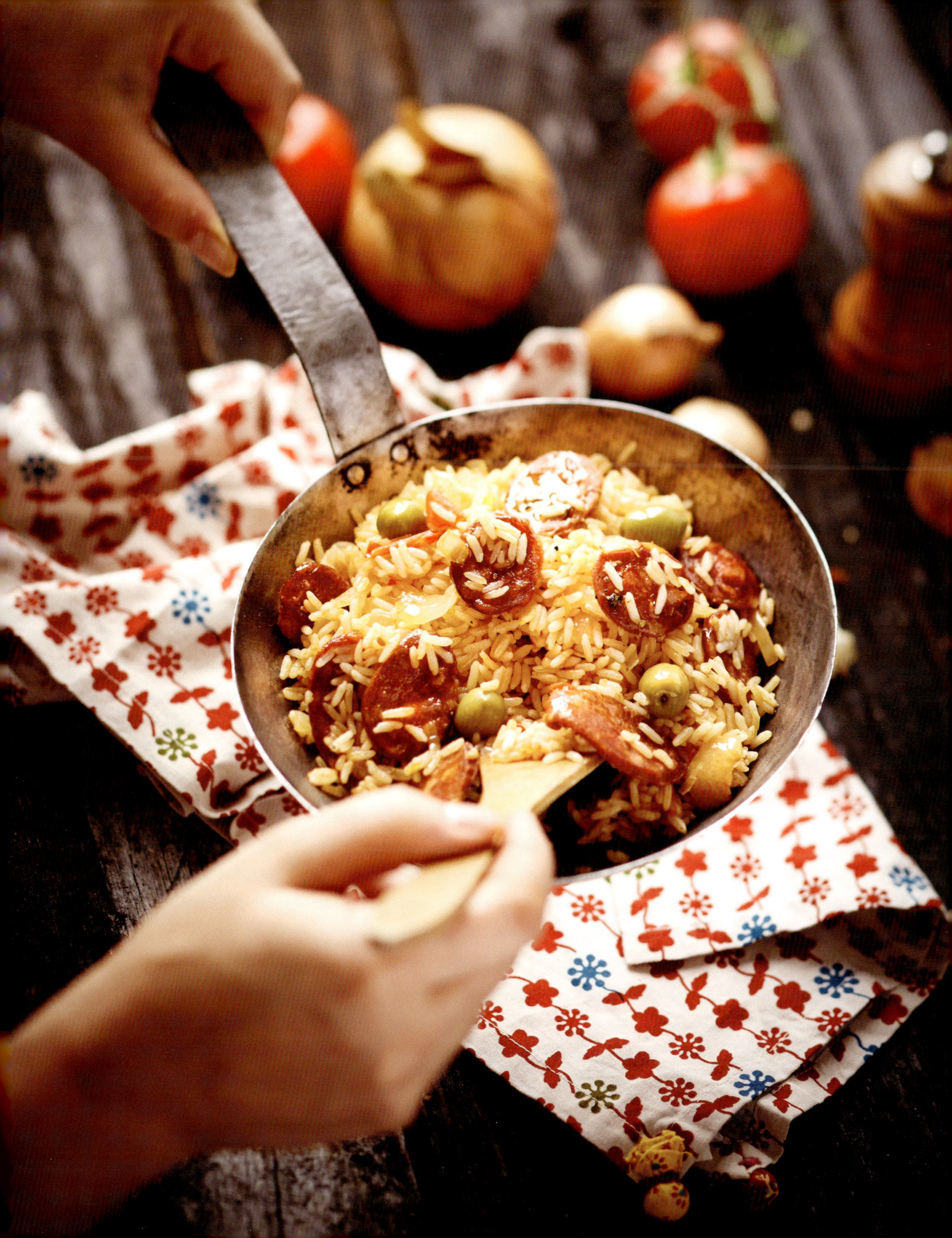

POULET À LA BAYONNAISE

Pour un amateur de cuisine basque, il n'existe pas de bon poulet basquaise ou à la bayonnaise sans une volaille élevée en liberté au grain de maïs, dite « oilaskoak ».

Pour 4 personnes
Préparation : 30 min
Marinade : 2 h
Cuisson : 1 h environ

€

✳

- 4 cuisses de poulet
- 100 g de lardons
- 1 carotte
- le jus de 2 citrons
- 2 oignons
- 4 échalotes
- 1 piment doux
- 6 brins de persil
- 2 feuilles de laurier
- 50 g de beurre
- 50 g de farine
- 50 cl de bouillon de volaille
- 15 cl de vin rouge
- 1 cuill. à soupe d'huile de maïs
- sel et poivre du moulin

🍷 Tursan rouge ou
côtes-de-gascogne

1 Faites mariner les morceaux de poulet salés et poivrés pendant 2 heures dans le jus des citrons, avec le laurier émietté, le piment et le persil haché.

2 Faites revenir la carotte taillée en petits dés et les oignons hachés dans le beurre pendant 3 minutes, ajoutez les lardons et faites revenir 2 minutes. Poudrez de farine.

3 Mélangez pendant 3 minutes, puis versez le bouillon et laissez mijoter 20 minutes.

4 Faites réduire de moitié le vin rouge avec les échalotes hachées et un peu de poivre. Versez cette réduction dans la sauce et faites cuire encore 15 minutes.

5 Égouttez et épongez les cuisses de poulet. Faites-les frire dans une grande poêle avec l'huile très chaude. Puis égouttez-les et servez-les avec la sauce passée à part.

FRANCE • PURE TRADITION • FAIT-MAISON • Pays basque

Variantes et conseils

Le résultat est toujours meilleur, avec ce type de plat, si l'on prend soin de le faire cuire dans une cocotte en terre frottée d'ail à l'intérieur.

POULE AU POT FARCIE

Pour 6 personnes
Préparation : 30 min
Cuisson : 3 h

€ € ✳ ✳ ✳

● 1 poule de 1,5 kg

Pour la farce :
● 100 g de pain de mie émietté trempé dans 5 cl de lait entier
● 2 œufs
● ½ botte de persil plat
● 70 g de jambon cru (Bayonne)
● 80 g de jambon blanc
● 2 gousses d'ail
● foie et gésier de la poule nettoyés et hachés
● sel et poivre noir du moulin
● piment d'Espelette

Pour le bouillon :
● 3 l d'eau
● 1 bouquet garni
● 2 cuill. à soupe de gros sel
● 1 cuill à soupe de poivre noir en grain
● 1 bel oignon piqué de 2 clous de girofle
● piment d'Espelette

Pour la garniture :
● 6 poireaux nettoyés
● 6 navets pelés et bien rincés
● 6 grosses carottes pelées
● 2 cœurs de céleri coupés

Pour la sauce :
● 1 cuill. à soupe de moutarde
● 2 œufs
● 10 cl d'huile de tournesol
● 1 citron
● 3 cuill. à café d'estragon, cerfeuil et ciboulette

1 Préparez la farce : lavez le persil et épluchez l'ail. Battez les œufs dans un saladier. Ajoutez le sel, le poivre et le piment d'Espelette. Puis incorporez les jambons hachés, le persil, l'ail et les abats, le tout préalablement passé au hachoir à grille moyenne. Ajoutez le pain de mie émietté trempé dans le lait. Malaxez bien et introduisez la farce dans la poule. Recousez hermétiquement l'ouverture avec une aiguille à brider et de la ficelle de cuisine.

2 Mettez la poule dans un grand faitout à pot-au-feu. Couvrez avec l'eau. Ajoutez le bouquet garni, l'oignon piqué, le sel, le poivre et le piment. Montez à ébullition puis baissez le feu et écumez. Laissez cuire 2 heures à frémissements. Sortez l'oignon et le bouquet garni. Ajoutez les légumes après avoir dégraissé le bouillon en surface. Remettez le tout sur le feu pendant 1 heure.

3 Pendant ce temps préparez la sauce : faites cuire les œufs à la coque (3 min 30). Refroidissez-les et videz-les à l'aide d'une cuillère dans un bol. Mélangez-les intimement avec la moutarde. Laissez refroidir 3 minutes puis montez au fouet avec l'huile comme une mayonnaise. Ajoutez à la fin le jus de citron et les herbes ciselées finement. Servez à part en saucière. Découpez la poule comme un poulet rôti et extrayez la farce. Servez les morceaux de poule avec les légumes disposés en couronne et la farce coupée en tranches (ou tronçons).

FRANCE · PURE TRADITION · FAIT-MAISON
Béarn

Madiran
ou béarn rouge

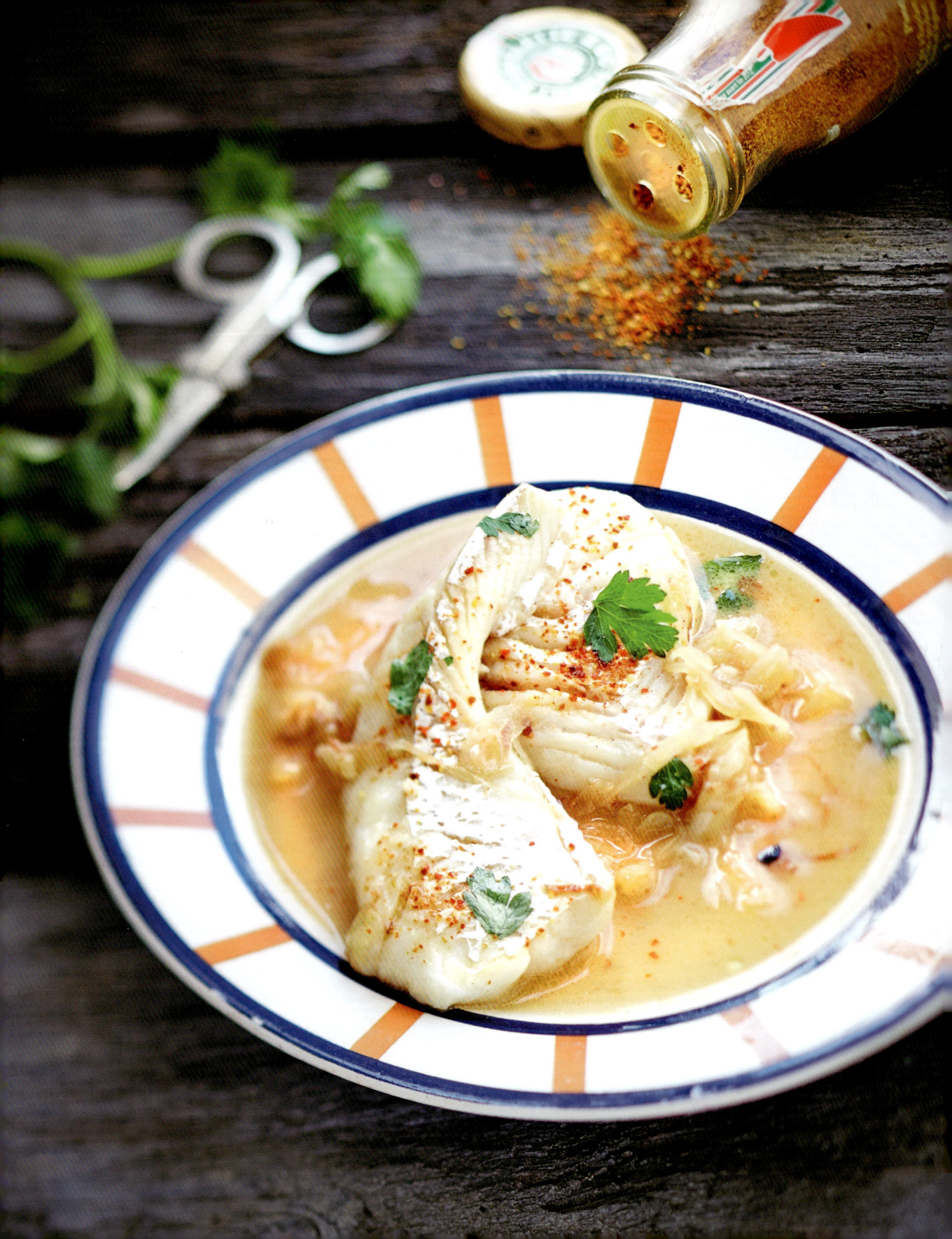

MORUE PIL-PIL

C'est la double présence de l'ail et du piment qui justifie l'appellation de « pil-pil » pour ce plat basque particulièrement relevé, à servir avec du riz ou des pommes de terre.

Pour 4 personnes
Préparation : 20 min
Dessalage : 12 h
Cuisson : 40 min

€

✳

- 800 g de morue
- 6 gousses d'ail
- 2 oignons
- 10 cl de fumet de poisson
- 10 cl d'huile d'olive
- piment d'Espelette en poudre

1 Faites dessaler la morue pendant 12 heures en renouvelant l'eau plusieurs fois. Égouttez-la et taillez-la en morceaux sans retirer la peau.

2 Dans une grande poêle, faites chauffer l'huile, ajoutez les gousses d'ail écrasées et faites-les chauffer en remuant pendant 5 minutes. Égouttez-les et réservez-les avec une partie de l'huile.

3 Faites revenir les oignons émincés dans l'huile restante pendant 5 minutes, puis ajoutez les morceaux de morue, peau dessous, poudrez de piment et versez le fumet. Laissez mijoter 15 minutes, puis ajoutez l'huile et l'ail réservés. Faites cuire doucement à couvert pendant encore 15 minutes.

FRANCE · PURE TRADITION · FAIT-MAISON ·
Pays basque

🍷 Irélouguy rosé
ou bordeaux blanc

Variantes et conseils

Le piment d'Espelette est plus parfumé qu'agressif, mais si vous redoutez le « feu » des épices, diminuez la proportion des gousses d'ail.

SALMIS DE PALOMBES

Pour les Basques, le vrai salmis se prépare toujours avec des palombes et se cuisine exclusivement au vin rouge. C'est un plat de Toussaint.

Pour 4 personnes
Préparation : 20 min
Cuisson : 1 h 30

€ €

✳

- 4 palombes
- 1 tranche épaisse de jambon de Bayonne
- 16 petits oignons blancs
- 1 gousse d'ail
- 3 échalotes
- 1 bouquet garni
- farine
- 50 cl de bouillon de volaille
- 50 cl de vin rouge
- armagnac
- 1 cuill. à soupe d'huile d'olive
- sel et poivre du moulin

Madiran
ou cahors

1 Dans une cocotte, saisissez les palombes plumées et vidées à l'huile d'olive en les retournant, pendant 5 minutes.

2 Retirez-les et faites revenir à la place les échalotes hachées et les petits oignons entiers. Ajoutez le jambon découenné et taillé en dés. Mélangez et égouttez. Poudrez de farine la matière grasse et remuez pendant 3 minutes.

3 Versez le vin et faites bouillir pour réduire de moitié. Puis ajoutez le bouquet garni et remettez les palombes dans la cocotte, avec le jambon, les oignons, l'ail haché et les échalotes. Salez et poivrez. Versez le bouillon et laissez mijoter doucement pendant 1 h 15. En fin de cuisson, flambez à l'armagnac et servez chaud.

FRANCE · PURE TRADITION
Pays basque
FAIT-MAISON

Variantes et conseils

Retirez non seulement la couenne mais aussi le gras du jambon et servez le plat très chaud dans des cassolettes individuelles.

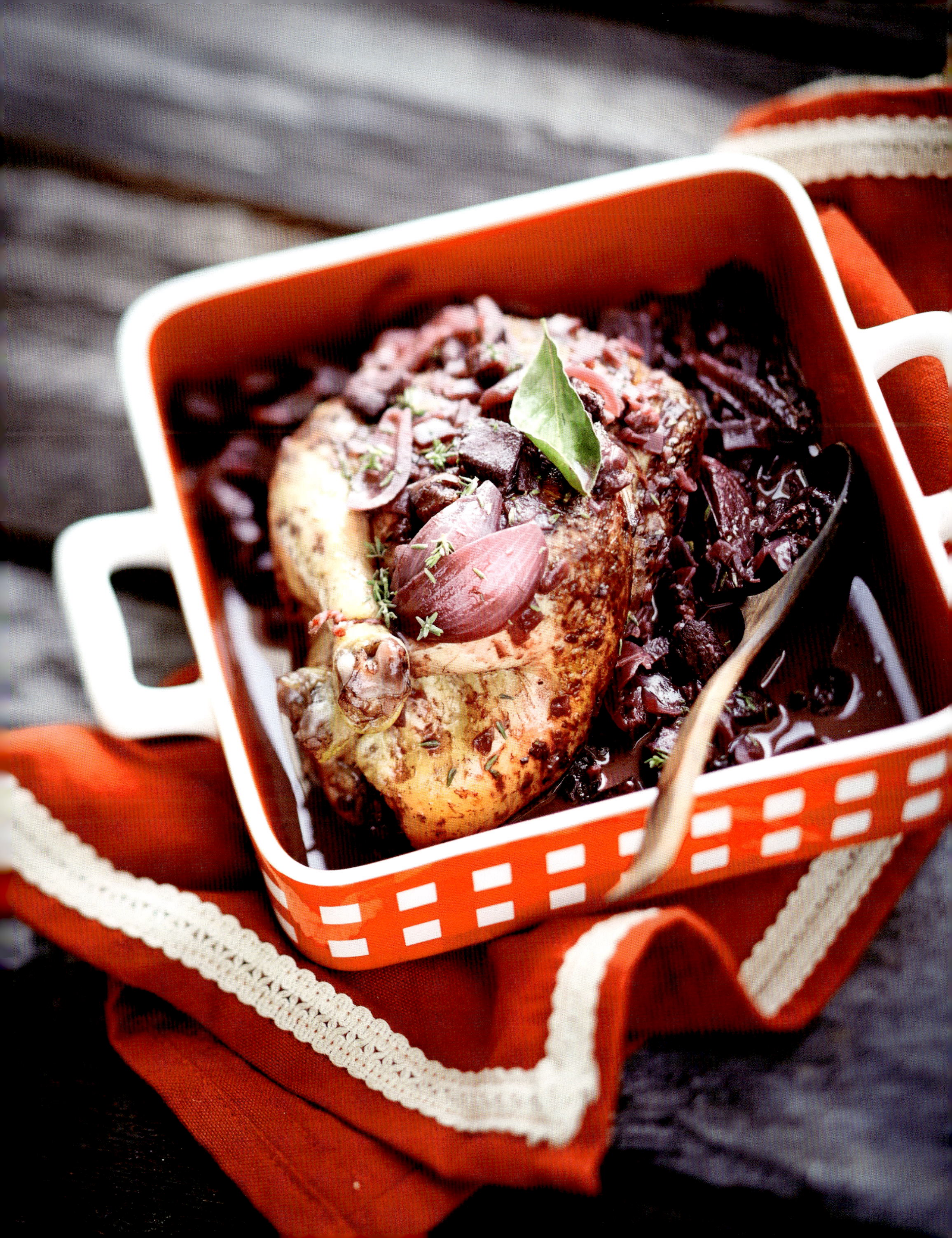

THON BASQUAISE

Pour 4 personnes
Préparation : 20 min
Cuisson : 45 min

€ € ✳

- 2 darnes de thon de 400 g chacune
- 1 kg de tomates
- 4 poivrons verts
- 1 petit piment rouge
- 2 oignons
- 4 gousses d'ail
- farine
- 10 cl d'huile d'olive
- sel et poivre du moulin

1 Dans une cocotte, faites revenir 2 gousses d'ail avec 3 cuillerées à soupe d'huile, les oignons et les poivrons émincés. Laissez mijoter doucement pendant 15 minutes.

2 Ajoutez les tomates concassées et le piment haché, salez, poivrez et poursuivez la cuisson pendant 20 minutes en remuant de temps en temps.

3 Piquez les darnes de thon avec le reste de l'ail taillé en éclats. Farinez-les légèrement et saisissez-les dans une grande poêle avec le reste d'huile pendant 5 minutes.

4 Retournez les darnes dans la poêle, comptez 4 minutes, puis ajoutez le contenu de la cocotte et laissez mijoter doucement pendant 5 minutes.

PIPERADE AUX ŒUFS ET AU JAMBON

1 Dans une grande poêle, chauffez l'huile et faites-y revenir les oignons émincés pendant 5 minutes. Ajoutez le piment et les poivrons épépinés et émincés, et l'ail haché. Mélangez et faites cuire encore 5 minutes.

2 Ajoutez les tomates concassées et laissez mijoter doucement pendant 1 heure, en remuant de temps en temps. Salez et pimentez. Battez les œufs en omelette et versez-les sur les légumes. Mélangez délicatement et faites cuire doucement pendant 15 minutes.

3 Faites juste chauffer les tranches de jambon dans une poêle antiadhésive, répartissez la piperade aux œufs dans des assiettes chaudes et garnissez de jambon.

Pour 4 personnes
Préparation : 20 min
Cuisson : 1 h 30

€ ✳

- 4 tranches de jambon de Bayonne
- 4 poivrons, 6 tomates
- 2 oignons, 3 gousses d'ail
- 1 piment vert
- 6 œufs
- 3 cuill. à soupe d'huile d'olive
- piment d'Espelette
- sel

FRANCE · PURE TRADITION · FAIT-MAISON · Pays basque

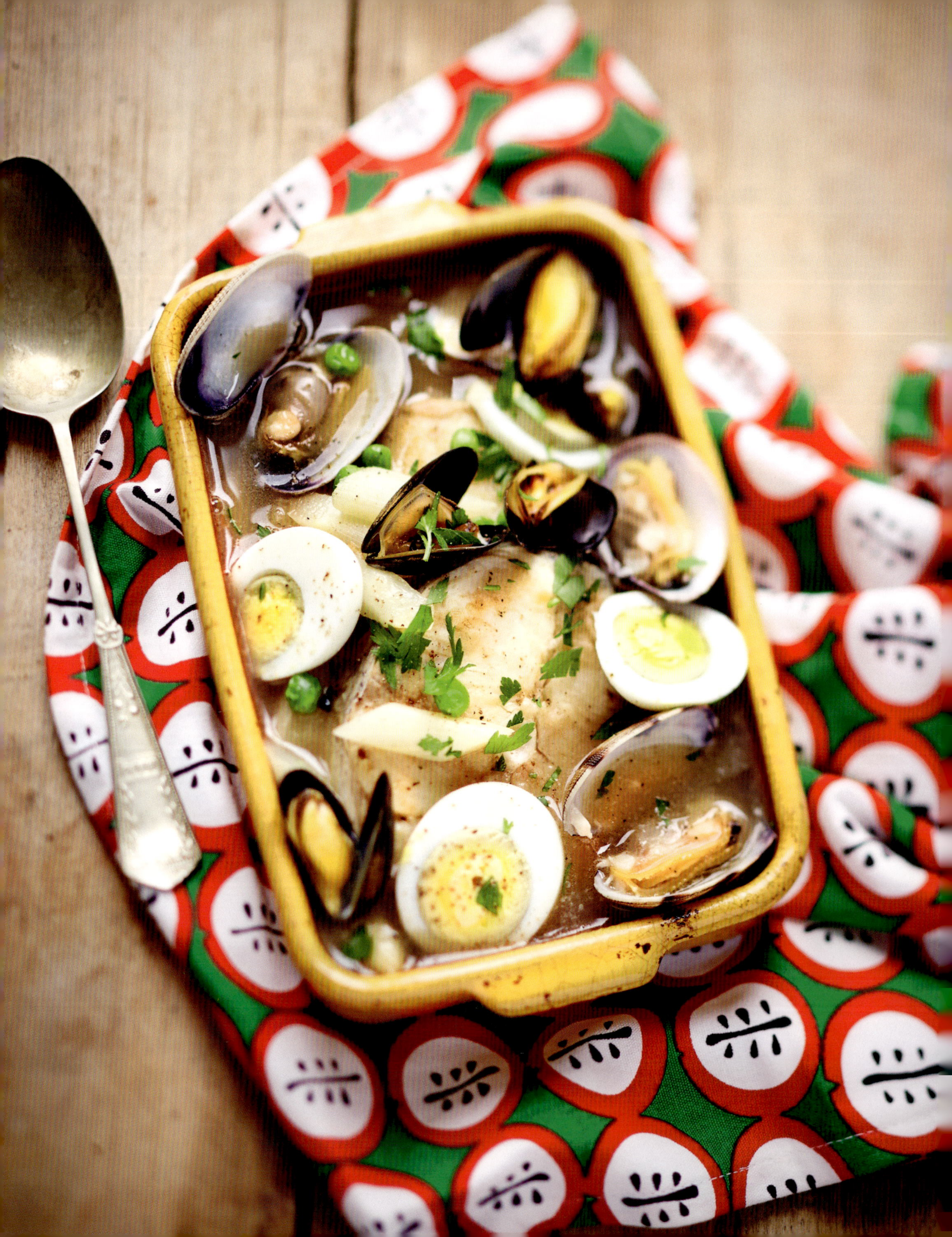

MERLU KOSKERA

Ce mélange typiquement basque et très coloré de merlu, de coquillages, d'œufs durs et de légumes frais possède une saveur remarquable. C'est un délicieux plat complet.

Pour 4 personnes
Préparation : 30 min
Cuisson : 40 min

€ €

✳

- 4 darnes de merlu
- 16 palourdes
- 16 moules
- 12 grosses asperges blanches
- 500 g de petits pois frais écossés
- 1 petit piment vert
- 2 gousses d'ail
- 4 cuill. à soupe de persil haché
- 2 œufs
- 40 cl de fumet de poisson
- farine
- 10 cl de vin blanc sec
- 1 filet d'huile d'olive
- sel et poivre du moulin

Béarn rosé ou
irouléguy rosé

1 Faites cuire séparément à l'eau bouillante salée les asperges pelées et parées pendant 20 minutes et les petits pois pendant 10 minutes. Égouttez-les. Brossez et lavez les coquillages.

2 Dans une cocotte, faites revenir le mélange d'ail et de persil haché dans l'huile pendant 2 minutes. Saisissez les tranches de merlu farinées dedans, salez et poivrez. Ajoutez le fumet, le vin blanc et le piment finement haché.

3 Ajoutez ensuite les petits pois et les asperges tronçonnées. Laissez mijoter doucement pendant 15 minutes.

4 Faites cuire les œufs durs. Faites ouvrir les coquillages dans une poêle, sur feu vif.

5 Quelques minutes avant la fin de la cuisson du merlu, ajoutez les coquillages et les œufs durs coupés en quartiers.

FRANCE · PURE TRADITION · FAIT-MAISON
Pays basque

Variantes et conseils

Vous pouvez supprimer les œufs durs sans dénaturer la qualité de ce plat. Le merlu peut être remplacé par de la lotte.

GÂTEAU BASQUE

Le gâteau basque porte localement le nom de *borrasko apila* : le plus authentique est fourré de cerises noires, mais il est souvent garni de crème pâtissière.

Pour 6 personnes
Préparation : 30 min
Réfrigération : 1 h
Cuisson : 45 min

€
✳

- 1 cuill. à café de zeste de citron râpé
- 1 œuf entier + 2 jaunes
- 200 g de beurre
- 280 g de farine
- 200 g de sucre en poudre
- 1 pot de confiture de cerises noires entières
- sel

FRANCE • PURE TRADITION
Pays basque
FAIT-MAISON

Thé ou jus de fruit

1 Dans une terrine, mélangez la farine, une pincée de sel, le sucre, l'œuf entier et 1 jaune. Amalgamez les ingrédients en incorporant 180 g de beurre par parcelles comme pour une pâte sablée, puis le zeste de citron. Laissez reposer la pâte en boule au frais pendant 1 heure.

2 Au bout de 1 heure, sortez la pâte du réfrigérateur et partagez-la en deux parts inégales.

3 Étalez le plus gros morceau de pâte à la main dans un moule à manqué beurré, en le faisant remonter le long des bords. Versez la confiture au milieu et étalez-la.

4 Abaissez le reste de pâte pour former le couvercle et soudez-le. Percez-le au milieu, dorez-le au jaune d'œuf et rayez-le en croisillons.

5 Faites cuire au four à 190 °C (th. 6-7) pendant 45 minutes. Laissez refroidir avant de démouler.

Variantes et conseils

Les cerises noires d'Itxassou se trouvent le plus souvent en bocaux de confi tures, que l'on a aussi l'habitude de servir avec le fromage de brebis.

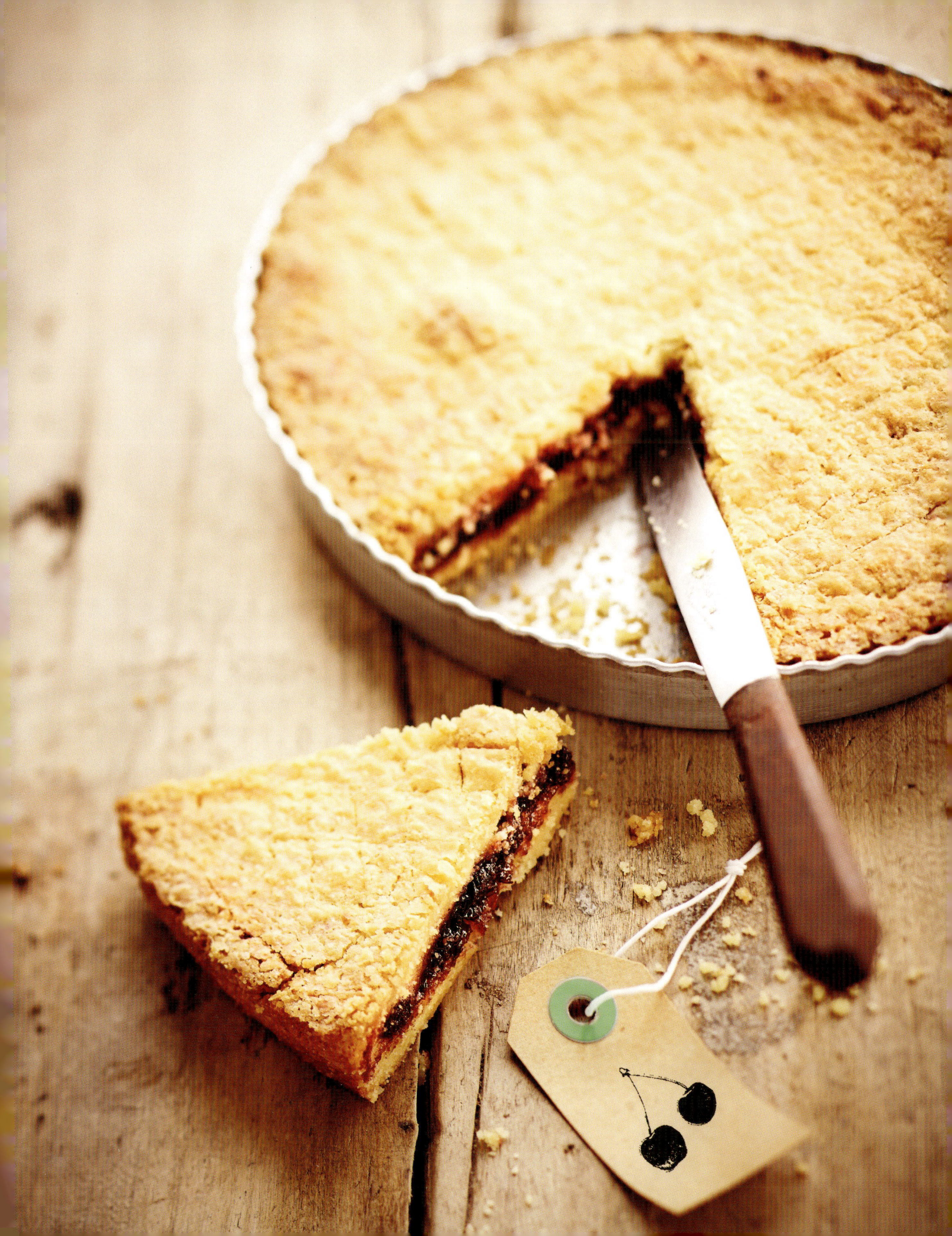

KOKA

Pour 6 personnes
Préparation : 25 min
Cuisson : 50 min

€ ✳ ✳

- 2 œufs entiers + 4 jaunes
- 4 cuill. à soupe de crème fraîche
- 50 cl de lait entier
- 150 g de sucre semoule

1 Dans une petite casserole, préparez un caramel bien doré avec 50 g de sucre et 1 cuillerée à soupe d'eau. Versez-le en nappe sur une tôle tapissée de papier sulfurisé et réservez à température ambiante. Dans une terrine, réunissez 6 jaunes d'œufs et fouettez-les vivement avec le sucre restant. Ajoutez les blancs non battus, le lait et la crème.

2 Répartissez la moitié du caramel concassé dans le fond d'une tourtière, versez la crème dessus, ajoutez le reste du caramel concassé et faites cuire au bain-marie dans le four à 180 °C (th. 6) pendant 45 minutes. Servez tiède ou froid.

CROUSTADE AUX POMMES À L'ARMAGNAC

Pour 6 personnes
Préparation : 20 min
Macération : 1 h
Cuisson : 30 min

€ ✳

- 3 belles pommes (golden)
- 10 à 12 feuilles de pâte filo
- 50 g de beurre doux
- 50 g de sucre en poudre
- ½ cuillerée à café de vanille en poudre
- 5 cl d'armagnac

1 Coupez les pommes en tranches de ½ cm d'épaisseur puis mettez-les dans une assiette creuse. Versez l'armagnac et la poudre de vanille dessus, remuez pour bien imbiber et laissez macérer pendant 1 heure.

2 Disposez les carrés de pâte filo sur un plan de travail. Faites fondre la moitié du beurre au four à micro-ondes pendant 1 minute. Beurrez les feuilles de pâte filo à l'aide d'un pinceau de cuisine et saupoudrez chacune d'un peu de sucre. Préchauffez le four à 180 °C (th. 6). Disposez 6 feuilles beurrées au fond d'un moule à tarte en laissant dépasser les feuilles du moule. Déposez les pommes un peu égouttées sur le fond de pâte et sucrez (gardez-en 1 cuillerée à soupe). Ajoutez le reste des feuilles beurrées par-dessus. Coupez à l'aide de ciseaux la pâte qui dépasse du moule. Froissez-la et déposez-la sur le dessus de la croustade. Ajoutez le beurre restant en copeaux et saupoudrez du sucre pour faire caraméliser. Enfournez pour 25 à 30 minutes en surveillant la coloration en fin de cuisson.

CRUCHPETAS

1 Dans une terrine, réunissez la farine, le sucre et le sel. Faites une fontaine et cassez les œufs dedans l'un après l'autre, en les incorporant à la farine. Délayez ensuite peu à peu avec le lait, puis ajoutez le rhum et le beurre fondu. Mélangez intimement, couvrez et laissez reposer 2 heures.

2 Chauffez une poêle antiadhésive de 22 cm de diamètre et faites-y cuire les cruchpetas en comptant à peine 1 minute de chaque côté.

🍷 Cidre basque
ou pacherenc-du-vic-bilh

Pour 6 personnes
Préparation : 30 min
Repos : 2 h
Cuisson : 35 min

€ ✳ ✳

- 4 œufs
- 45 cl de lait
- 50 g de beurre
- 300 g de farine
- 50 g de sucre
- 1 cuill. à soupe de rhum
- 2 pincées de sel

MILLAS

1 Portez le lait à frémissements, délayez-y l'eau de fleur d'oranger et faites-y fondre le beurre. Clarifiez les œufs et battez les blancs en neige (doucement d'abord puis plus vite). Réservez.

2 Dans une jatte, fouettez les jaunes avec le sucre jusqu'à ce que le mélange blanchisse et soit bien mousseux. Ajoutez, en fouettant, le zeste de citron râpé finement, l'armagnac et la farine. Versez le lait un peu refroidi en remuant. Incorporez les blancs en neige en enrobant bien. Versez dans un moule à manqué beurré. Faites cuire au bain-marie pendant 40 minutes à 180 °C (th. 6). Laissez refroidir et démoulez.

3 Ajoutez le reste des feuilles beurrées par-dessus. Coupez à l'aide de ciseaux la pâte qui dépasse du moule. Froissez-la et déposez-la sur le dessus de la croustade. Ajoutez le beurre restant en copeaux et saupoudrez du sucre pour faire caraméliser. Enfournez pour 25 à 30 minutes en surveillant la coloration en fin de cuisson.

🍷 Jurançon sec
ou vin effervescent

Pour 6 personnes
Préparation : 15 min
Cuisson : 45 min

€ ✳

- 110 g de farine de maïs
- 5 œufs
- 1 l de lait
- 125 g de sucre en poudre
- 25 g de beurre + un peu pour le moule
- 2 cl d'eau de fleur d'oranger
- le zeste de 1 citron
- 2 cl d'armagnac

LANGUEDOC-ROUSSILLON

ENTRÉES

Soupe de moules au safran, 160
Salade d'oignons fondus, 163
Tripade d'œufs, 163
Petits pâtés de Pézenas, 165

PLATS

Gigot de mer comme à la palavas, 165
Cassoulet, 166
Brandade de morue, 169
Boles de picoulat, 169
Tielle, 171
Thon à la catalane, 171

DESSERTS

Bourride sétoise, 172
Fougasse à l'anis, 174
Rousquilles, 174
Croquants de Limoux, 176
Galette narbonnaise, 176

LE SOLEIL ENTRE TERRE ET MER

Vaste région du sud de la France, le Languedoc-Roussillon est un croissant méditerranéen attaché par le Rhône à la Provence, aux montagnes des Cévennes vers le nord, à Midi-Pyrénées avec laquelle elle fusionne sur sa frange ouest et à la Catalogne par le sud. Toutes ces influences variées et surtout celle de la Méditerranée se retrouvent dans une cuisine goûteuse, pleine de couleurs, de gaieté et de saveurs.

L'Est languedocien qui borde la Camargue est très provençal. C'est le pays de l'olive verte, picholine et lucques, alors que la châtaigne est le fruit béni des Cévennes. Le long de la frange maritime, bordée de plages et d'étangs, on déguste tielles, pistes, bourrides, brandades, moules de Bouzigues, huîtres de l'étang de Thau et petits pâtés de Pézenas, et aux confins de l'Aude, place aux charcuteries légendaires et à l'inimitable cassoulet. Ajoutez à cela côté Roussillon une production fruitière d'exception, abricots, agrumes, pêches et cerises, ou encore les escargots de vignes et les spécialités maritimes hors pair au sommet desquelles on trouve les fameux anchois de Collioure, et voici un sacré menu ensoleillé. Mais n'oublions pas que cette région, où souffle encore largement l'esprit anticonformiste des Cathares, est avant tout une terre viticole qui propose une palette incroyable de crus et de saveurs. Depuis les costières-de-nîmes jusqu'aux vins doux naturels de Banyuls bordant la frontière hispanique, en passant par les succulents muscat-de-lunel, muscat-de-frontignan, muscat-de-mireval et muscat-de-rivesaltes ou les immenses vins rouges de Faugères, de Saint-Chinian, du Minervois et des Corbières, on comprend mieux jadis l'attrait des Romains, grands amateurs de vins, pour la « Narbonnaise ». C'était un lieu de villégiature paradisiaque, et pour beaucoup cela l'est resté.

SOUPE DE MOULES AU SAFRAN

Au bord de l'étang de Thau, Bouzigues élève ses célèbres huîtres et ses moules charnues et savoureuses, que l'on déguste souvent farcies d'un beurre d'ail et de persil.

Pour 6 personnes
Préparation : 30 min
Cuisson : 40 min environ

€

✳

- 2 têtes de poissons
- 3 l de moules
- 1 carotte
- 2 tomates
- 3 oignons
- 3 échalotes
- 1 bouquet garni
- 20 cl de crème fraîche
- 1 mesure de safran
- 30 cl de vin blanc
- 1 cuill. à soupe d'huile d'olive
- sel et poivre du moulin

FRANCE • PURE TRADITION • FAIT-MAISON
Languedoc

Minervois blanc
ou la clape blanc

1 Dans une grande casserole, faites cuire 1 oignon grossièrement haché avec les têtes de poissons, le bouquet garni et 1 litre d'eau pendant 20 minutes. Lavez les moules en les brossant sous l'eau. Réservez.

2 Dans une marmite, faites chauffer l'huile. Ajoutez 2 oignons taillés en petits dés, les échalotes ciselées et la carotte finement émincée. Laissez cuire à couvert pendant 5 minutes.

3 Ajoutez 15 cl de vin blanc, les tomates coupées en quartiers, le safran, 75 cl de bouillon de poisson, du sel et du poivre. Laissez cuire doucement 15 minutes.

4 Faites ouvrir les moules sur feu vif dans une casserole avec le reste de vin blanc. Décoquillez-les et filtrez le jus de cuisson.

5 Dans la marmite, ajoutez les moules, leur jus et la crème fraîche. Faites chauffer doucement 2 minutes et servez dans des assiettes creuses.

Variantes et conseils

La soupe de moules parfumée au safran est une authentique spécialité locale, mais vous pouvez préférer les moules crues, arrosées d'un filet de vinaigre à l'échalote.

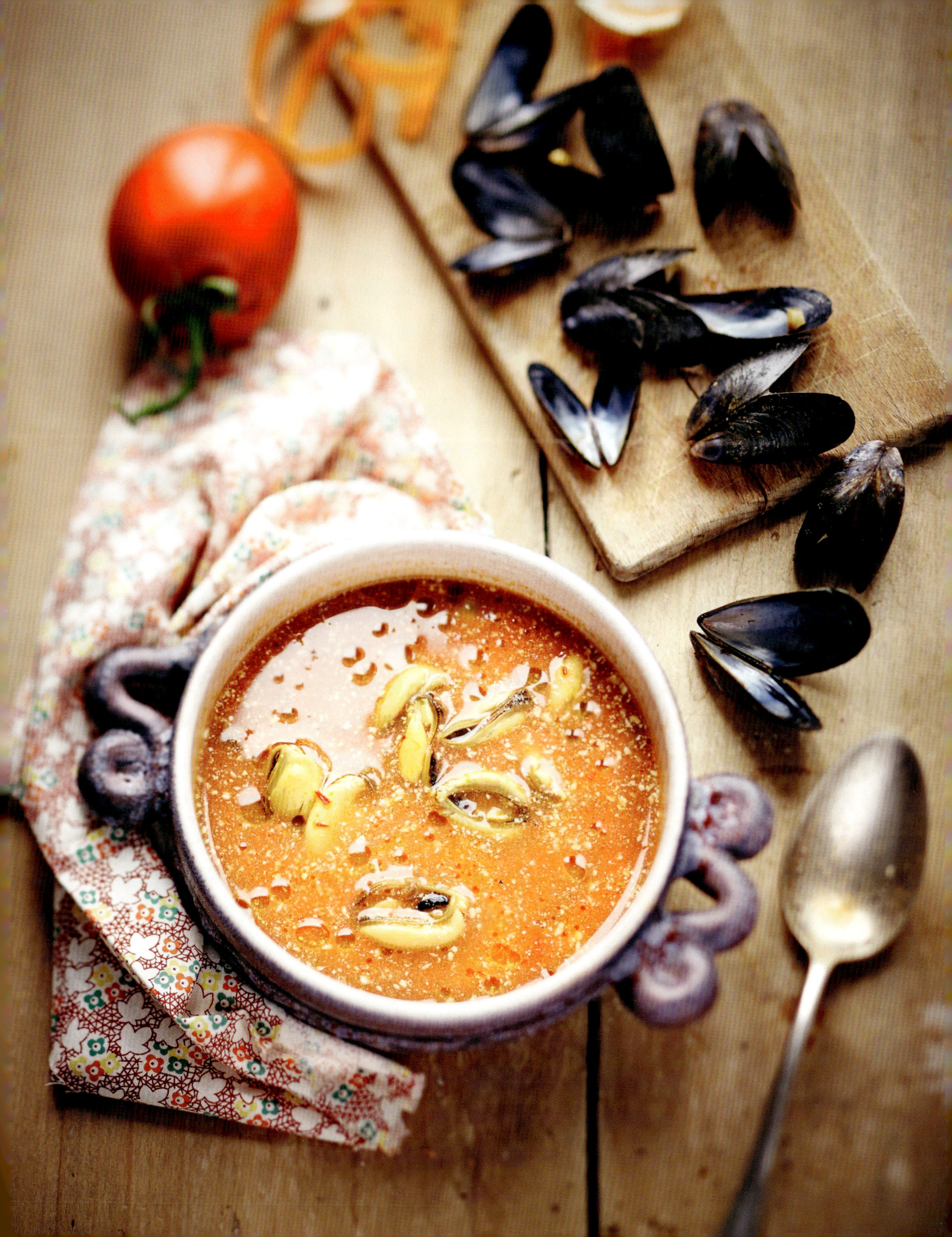

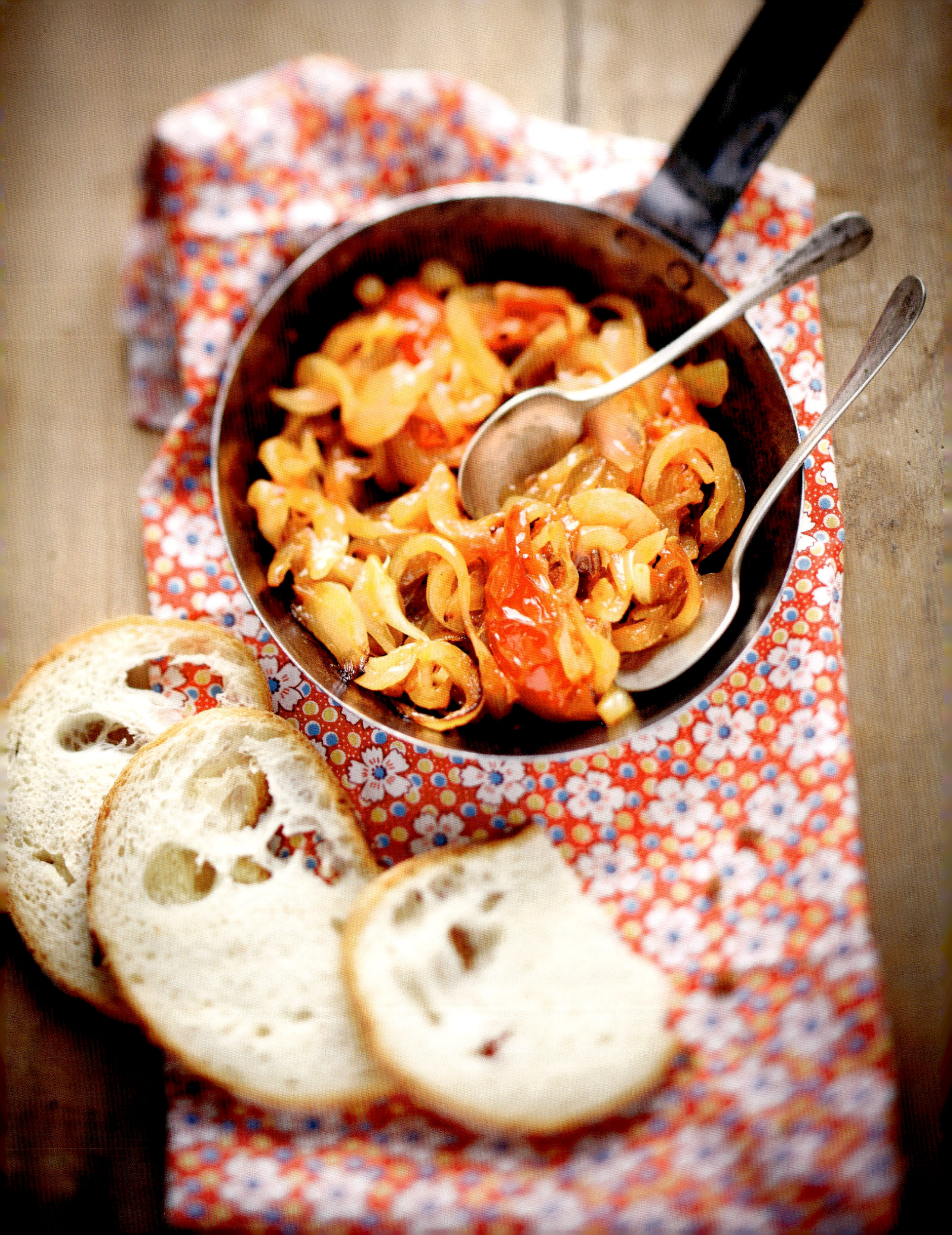

SALADE D'OIGNONS FONDUS

Pour 4 personnes
Préparation : 20 min
Cuisson : 2 h

€ ✳

- 1 tomate
- 2 gros oignons doux
- 2 gousses d'ail
- 2 cuill. à soupe de vinaigre de vin rouge
- 5 cuill. à soupe d'huile d'olive + 1 filet
- sel et poivre du moulin
- pain de campagne

1 Pelez les oignons, coupez-les en deux dans l'épaisseur, rangez-les dans un plat à gratin, salez et poivrez. Ajoutez la tomate lavée, essuyée et coupée en quartiers. Arrosez d'un filet d'huile et faites cuire au four à 140 °C (th. 4-5) pendant 2 heures. Sortez le plat du four et laissez tiédir.

2 Préparez une vinaigrette avec 5 cuillerées à soupe d'huile et le vinaigre, les gousses d'ail pelées et émincées, du sel et du poivre.

3 Dans un saladier, réunissez les oignons cuits émincés, les quartiers de tomate et leur jus, ainsi que la vinaigrette. Mélangez délicatement et servez tiède avec du pain de campagne.

🍷 Faugères ou saint-chinian

TRIPADE D'ŒUFS

1 Dans une sauteuse, faites rissoler les lardons avec l'huile d'olive sur feu moyen. Ajoutez les échalotes et les feuilles d'oseille ciselées. Faites dorer en remuant pendant 5 minutes.

2 Ajoutez l'ail haché, le persil et les pommes de terre pelées, lavées et coupées en gros dés. Salez et poivrez, poudrez de farine.

3 Versez 20 cl d'eau et remuez jusqu'à ébullition. Couvrez, baissez le feu et laissez mijoter 30 minutes.

4 Faites cuire les œufs durs une dizaine de minutes avant la fin et ajoutez-les coupés en rondelles dans le plat. Mélangez délicatement, goûtez, rectifiez l'assaisonnement et servez aussitôt.

🍷 La Clape rosé ou quatourze rosé

Pour 4 personnes
Préparation : 20 min
Cuisson : 40 min

€ ✳

- 125 g de lardons maigres
- 1 kg de pommes de terre à chair ferme
- 12 feuilles d'oseille
- 2 échalotes
- 2 gousses d'ail
- 4 cuill. à soupe de persil plat ciselé
- 4 œufs
- farine
- 1 filet d'huile d'olive
- sel et poivre du moulin

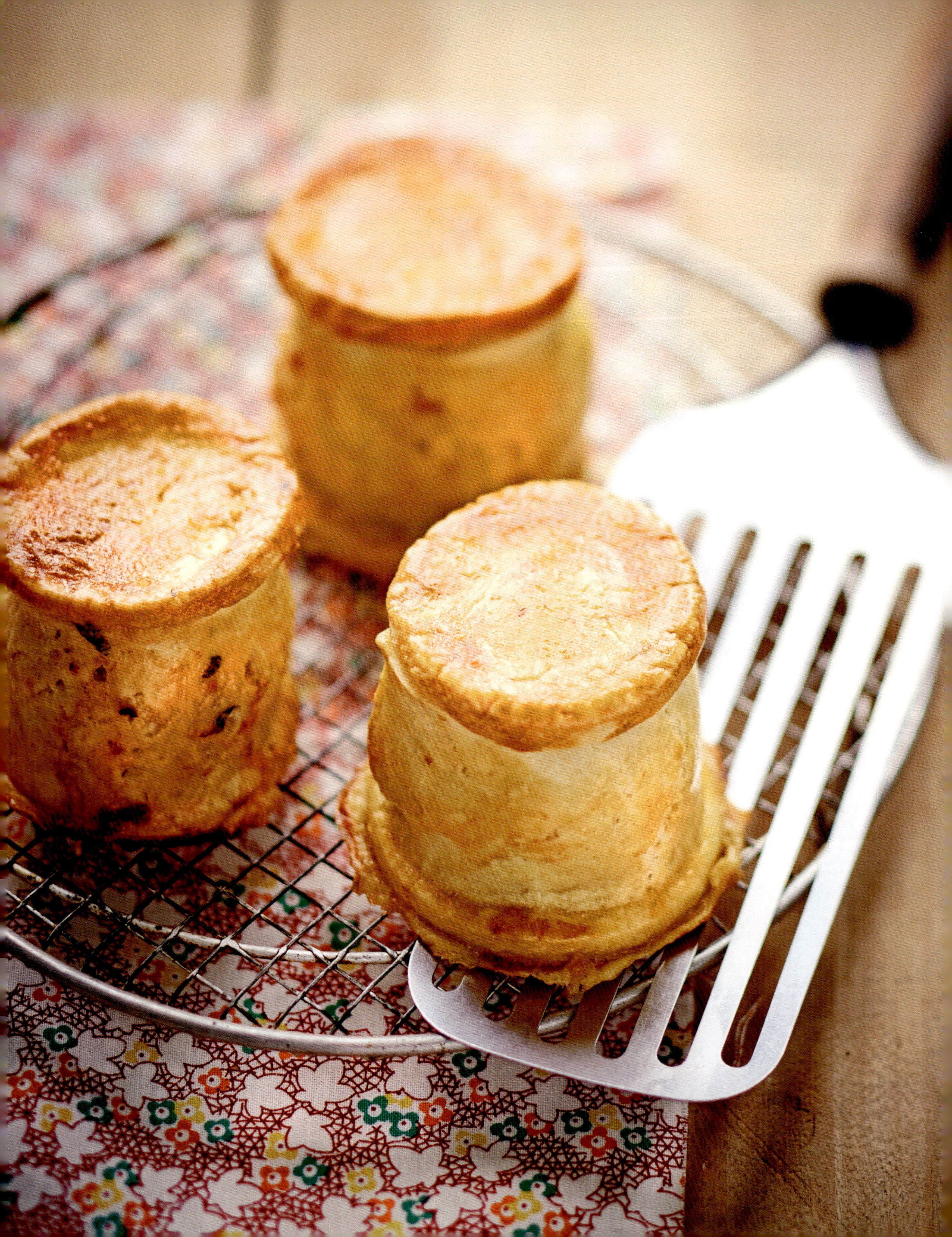

PETITS PÂTÉS DE PÉZENAS

Pour 6 personnes
Préparation : 45 min
Réfrigération : 12 h
Cuisson : 30 min

€ ✳ ✳

- 400 g de viande de gigot sans os
- 125 g de graisse de rognon d'agneau
- 2 citrons
- 1 jaune d'œuf
- 250 g de saindoux
- 500 g de farine
- 400 g de cassonade
- noix de muscade
- 4 pincées de cannelle
- sel et poivre du moulin

1 Dans une terrine, mélangez la farine tamisée avec le saindoux et trois pincées de sel. Amalgamez les ingrédients avec un peu d'eau froide et ramassez la pâte en boule pour la faire reposer au frais pendant 12 heures.

2 Dans une terrine, hachez finement la viande d'agneau et la graisse de rognon. Ajoutez le zeste finement râpé des citrons, la cassonade peu à peu, salez et poivrez. Ajoutez un peu de noix de muscade fraîchement râpée et la cannelle.

3 Sortez la pâte du réfrigérateur et abaissez-la sur 6 mm d'épaisseur. Découpez dedans 12 ronds de 8 cm de diamètre. Répartissez la farce sur 6 d'entre eux en la montant en dôme.

4 Posez les autres disques en couvercle et soudez les bords. Dorez le dessus au jaune d'œuf et faites cuire au four à 210 °C (th. 7) pendant 30 minutes. Servez les petits pâtés chauds.

GIGOT DE MER COMME À PALAVAS

1 Pelez les gousses d'ail et taillez-en trois, en éclats pointus. Piquez la queue de lotte de ces éclats et ficelez-la comme un rôti.

2 Dans une grande poêle, faites chauffer 3 cuillerées à soupe d'huile, ajoutez les oignons émincés et faites-les revenir en remuant pendant 5 minutes.

3 Ajoutez les poivrons pelés, épépinés et taillés en languettes, le reste d'ail haché, les courgettes et l'aubergine taillée en petits dés. Faites mijoter en remuant de temps en temps pendant 10 minutes, salez et poivrez.

4 Versez cette fondue de légumes dans un plat creux allant au four, posez le gigot de lotte piqué d'ail dessus, salez et poivrez. Arrosez avec 2 cuillerées à soupe d'huile et le vin blanc. Ajoutez le bouquet garni et faites cuire à 180 °C (th. 6) pendant 40 minutes.

5 À la sortie du four, retirez le bouquet garni et la ficelle du gigot de lotte avant de servir.

Pour 6 personnes
Préparation : 40 min
Cuisson : 55 min

€ ✳

- 1 queue de lotte de 1,5 kg, parée
- 2 poivrons rouges
- 2 poivrons jaunes
- 1 belle aubergine longue
- 2 petites courgettes
- 3 oignons
- 6 gousses d'ail
- 1 bouquet garni
- 20 cl de vin blanc sec
- 5 cuill. à soupe d'huile d'olive
- sel et poivre du moulin

CASSOULET

Tous les pays occitans connaissent ce plat fameux, dont il existe officiellement trois versions : celles de Toulouse, de Carcassonne et de Castelnaudary.

Pour 8 personnes
Préparation : 15 min
Cuisson : 2 h 20

€ €

✳ ✳

- 200 g de couenne de porc
- 300 g de lard de poitrine
- 4 portions de confit de canard
- 800 g d'épaule de porc
- 4 cm de saucisse fraîche pur porc
- 1 kg de gros haricots lingots frais
- 1 oignon
- 4 gousses d'ail
- 1 bouquet garni
- 2 clous de girofle
- sel et poivre du moulin

FRANCE · PURE TRADITION
Languedoc
FAIT-MAISON

🍷 Minervois ou fronton

1 Versez les haricots dans une grande casserole, couvrez d'eau froide et faites bouillir 6 ou 7 minutes.

2 Égouttez-les, remettez-les dans la casserole vide, couvrez d'eau tiède, ajoutez la couenne en morceaux, le lard coupé en gros dés, les gousses d'ail pelées, le bouquet garni et l'oignon pelé et piqué de clous de girofle. Laissez mijoter à couvert pendant 1 heure.

3 Débarrassez les portions de confit de leur graisse et faites-les dorer doucement dans une poêle en les retournant. Réservez. Dans la graisse rendue par le confit, faites revenir l'épaule de porc coupée en morceaux pendant 5 minutes. Égouttez-les et mettez la saucisse piquée à dorer à leur place pendant 5 minutes.

4 Dans une grande terrine, versez une épaisse couche de haricots avec leur jus et leur garniture. Ajoutez une couche de morceaux de viande de porc et les portions de confit. Continuez à remplir la terrine en alternant haricots et morceaux de viande. Salez et poivrez. Terminez par la saucisse roulée en spirale sur le dessus.

5 Versez le jus de la poêle et mettez la terrine dans le four à 160 °C (th. 5-6) pendant 1 heure, en enfonçant plusieurs fois la croûte qui se reconstitue sur le dessus. Servez très chaud.

Variantes et conseils

Le trait commun de tous les cassoulets, dont les différences tiennent surtout à la garniture, reste l'emploi des haricots blancs bien fondants et des aromates.

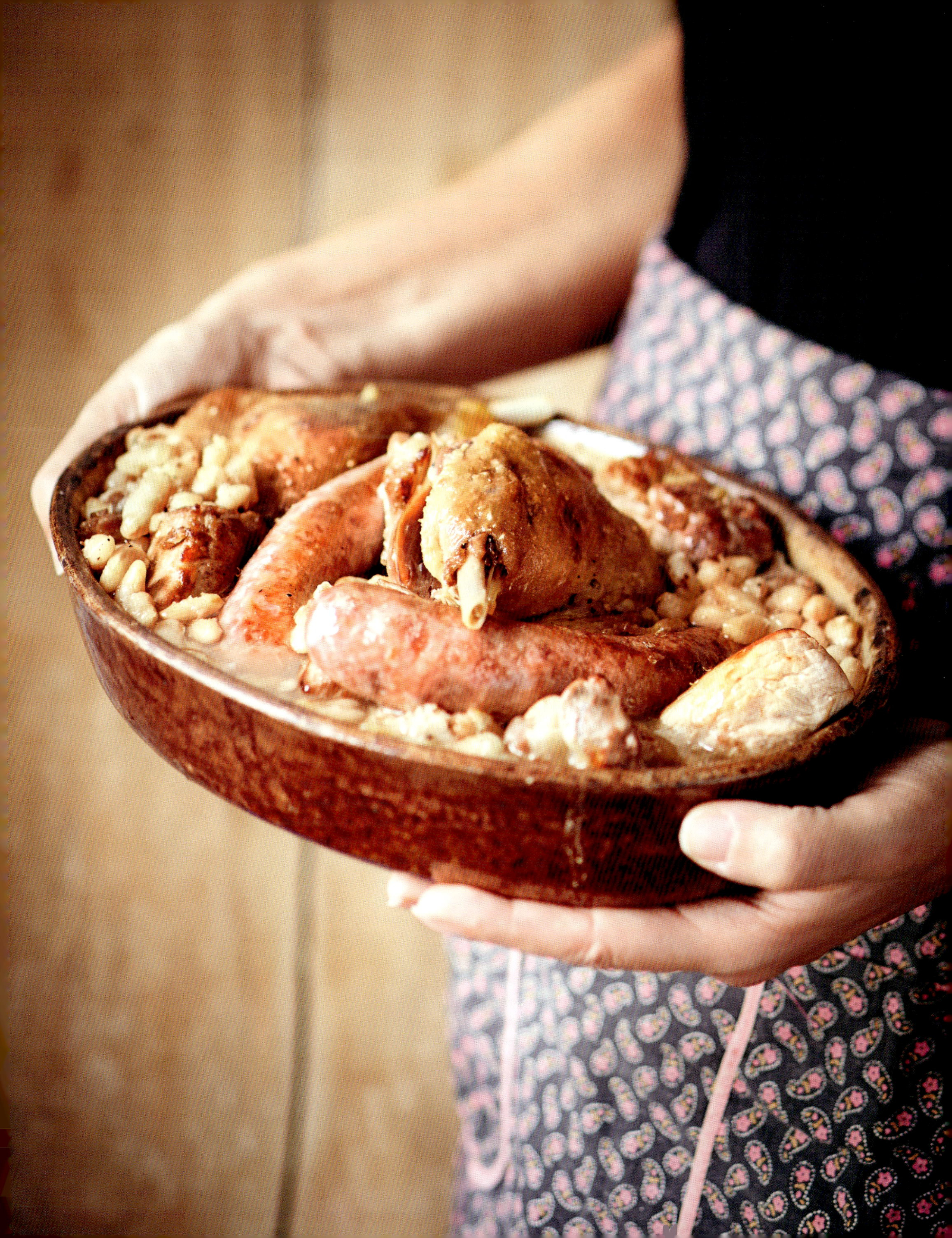

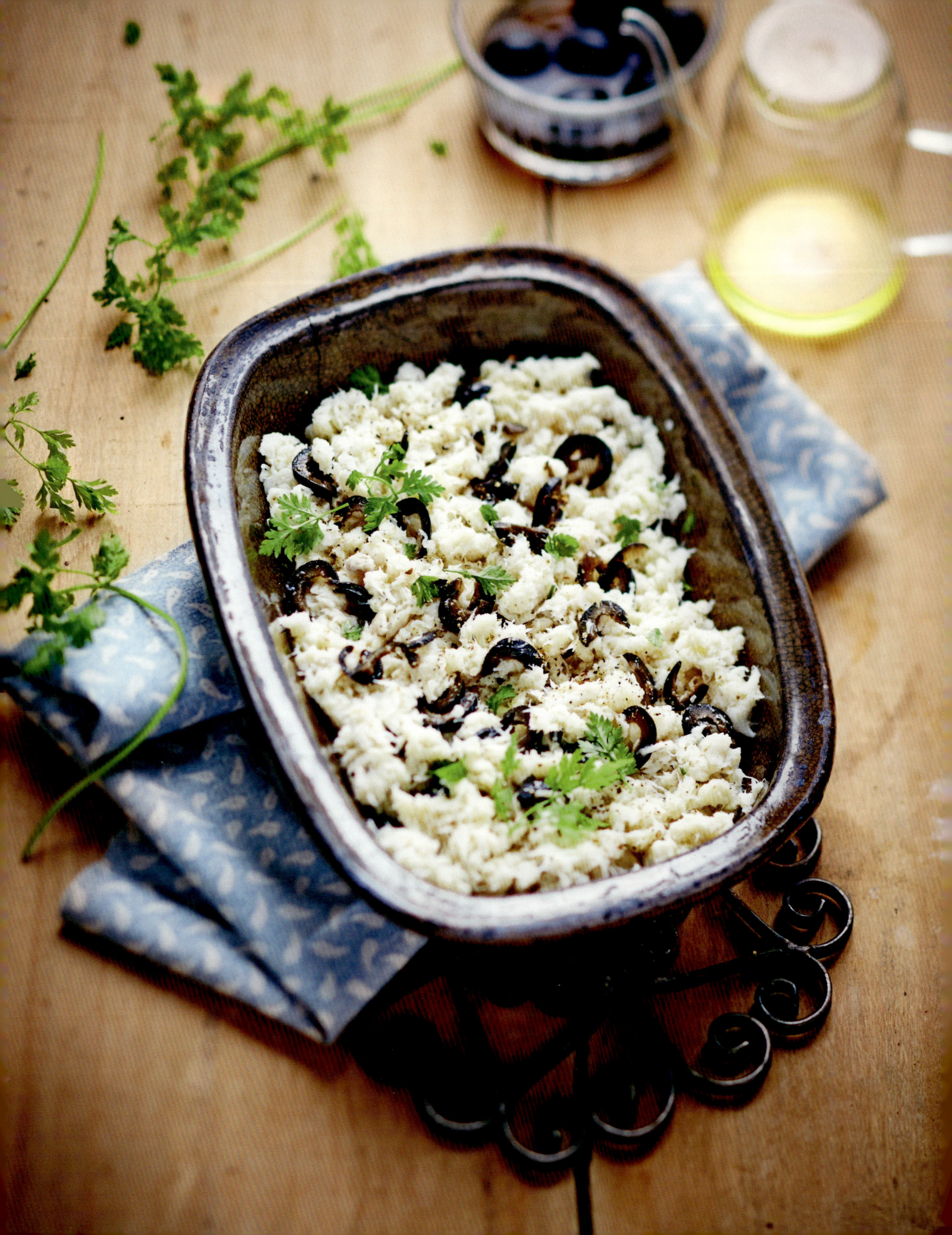

BRANDADE DE MORUE

Pour 6 personnes
À faire à l'avance
Préparation : 25 min
Trempage : 12 h
Cuisson : 15 min environ

€ ✳ ✳

- 1 kg de filets de morue
- 2 gousses d'ail
- 20 cl de lait
- 2 verres d'huile d'olive
- poivre du moulin

1 Faites tremper les filets de morue à l'eau froide, peau dessus, en renouvelant l'eau plusieurs fois pendant 12 heures. Au bout de ce temps, égouttez-les, mettez-les dans une casserole d'eau froide et portez lentement à ébullition. Puis baissez le feu et laissez pocher la morue doucement pendant 12 minutes. Égouttez-la, effeuillez-la dans un plat creux, retirez la peau et les arêtes éventuelles.

2 Pelez l'ail et pilez-le dans un grand mortier. Ajoutez la morue peu à peu en la pilant régulièrement. Poivrez. Incorporez ensuite alternativement le lait chauffé et l'huile d'olive, en travaillant énergiquement le mélange jusqu'à consistance homogène et souple. Servez brûlant ou tiède, en ajoutant éventuellement des olives noires.

BOLES DE PICOULAT

1 Mélangez et malaxez les ingrédients de la farce. Formez de jolies boules de la taille d'une prune et roulez-les dans la farine. Faites-les revenir avec un peu d'huile d'olive dans une cocotte sur feu moyen, en les roulant afin de les colorer légèrement. Réservez sur une assiette les boulettes dorées.

2 Versez dans l'huile de cuisson restante les lardons et les dés de jambon, ainsi que l'oignon jusqu'à légère coloration. Pelez et épépinez les tomates puis coupez-les en dés et ajoutez-les dans la cocotte. Mouillez avec 20 cl d'eau tiède et ajoutez le piment. Ajoutez les olives vertes coupées en deux. Mettez les boulettes dans la cocotte et laissez cuire à couvert pendant 45 minutes à petit feu en retournant les boulettes à mi-cuisson. Ajoutez un peu d'eau si nécessaire. Retirez le piment en fin de cuisson avant de servir.

Pour 4-6 personnes
Préparation : 30 min
Cuisson : 1 h

€ € ✳ ✳

- 300 g viande de gîte de bœuf haché, 500 g d'échine de porc hachée, 6 gousses ail hachées, 60 g de persil haché, 2 œufs
- 100 g de lardons frais
- 50 g de jambon cru coupé en dés
½ oignon haché
- 200 g d'olives vertes dénoyautées
- 2 belles tomates
- 40 g de farine
- 5 cl d'huile d'olive
- 1 petit piment
- sel et poivre noir du moulin

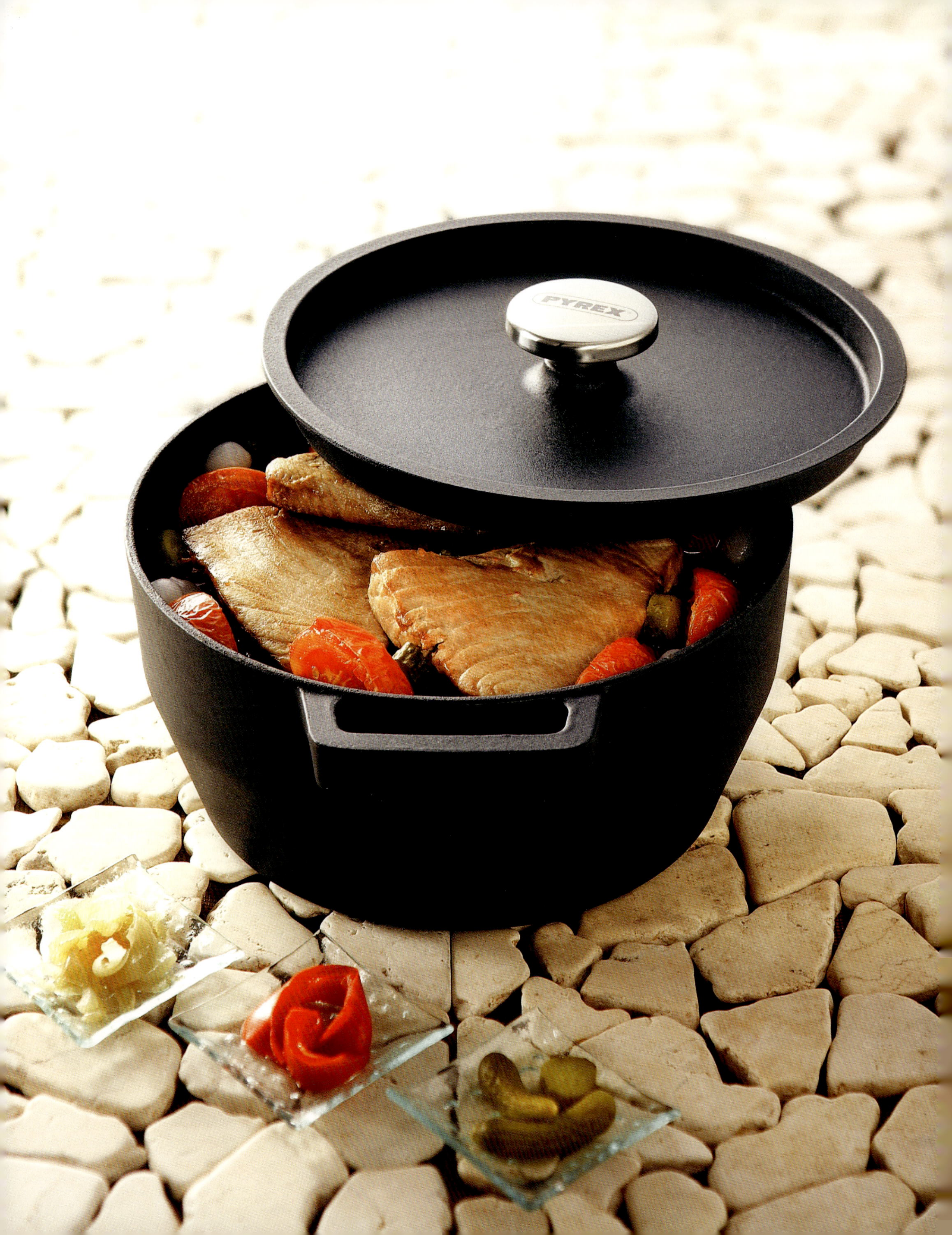
PYREX

TIELLE

Pour 4 personnes
Préparation : 40 min
Réfrigération : 1 h
Cuisson : 1 h 10

€ ✳ ✳

- 500 g de petits poulpes
- 2 grosses tomates mûres
- 1 oignon, 3 gousses d'ail
- 1 œuf entier + 1 jaune
- 80 g de beurre
- 250 g de farine + un peu pour la cuisson
- 25 cl de muscat
- 1 cuill. à soupe d'huile d'olive
- sel et poivre de Cayenne

1 Préparez une pâte avec la farine, le beurre en parcelles, l'œuf entier, une pincée de sel et 4 cuillerées à soupe de muscat. Ramassez-la en boule et laissez-la reposer au frais pendant 1 heure.

2 Taillez les poulpes en petits morceaux et faites-les revenir dans un poêlon avec l'huile, l'ail haché et l'oignon émincé. Poudrez d'un peu de farine et faites cuire 2 minutes en remuant.

3 Versez le reste de muscat, ajoutez les tomates pelées et concassées, salez et ajoutez un peu de poivre. Laissez cuire 40 minutes à découvert en remuant de temps en temps.

4 Abaissez la pâte, partagez-la en deux et garnissez une tourtière avec une moitié. Versez le ragoût dessus, recouvrez avec le reste de pâte et soudez les bords. Dorez au jaune d'œuf et faites cuire au four 30 minutes à 200 °C (th. 6-7).

THON À LA CATALANE

1 Pelez, épépinez et coupez les tomates en cubes. Mettez dans une cocotte la moitié de l'huile et les cubes de tomate. Posez la tranche de thon dessus. Salez et saupoudrez d'un peu de piment de Cayenne. Ajoutez la gousse d'ail hachée.

2 Diluez le concentré de tomate dans le coulis. Mélangez le restant d'huile avec le coulis et le concentré, puis versez l'ensemble sur la tranche de thon.

3 Mettez la cocotte sur feu doux et laissez mijoter 20 minutes en tournant le thon à mi-cuisson.

4 Ajoutez les cornichons, les câpres et les petits oignons 2 minutes avant la fin de cuisson, ainsi que le bouquet d'herbes. Coupez ensuite le feu et laissez refroidir. Retirez le bouquet d'herbes, la peau et l'arête du thon avant de servir le plat froid.

Pour 4 personnes
Préparation : 15 min
Cuisson : 20 min

€ € ✳

- 1 tranche de thon de 1 kg
- 4 tomates
- 50 g de cornichons au vinaigre
- 50 g de petits oignons au vinaigre
- 50 g de câpres au vinaigre
- 10 g de concentré de tomate
- 10 cl de coulis de tomates
- 1 gousse d'ail hachée
- 5 cl d'huile d'olive
- ½ bouquet persil-coriandre
- sel et poudre de Cayenne

BOURRIDE SÉTOISE

Savoureuse expression de la cuisine languedocienne, la bourride sétoise
est un ragoût de lotte aux aromates, lié d'une sorte d'aïoli.

Pour 6 personnes
Préparation : 30 min
Cuisson : 35 min

€

✳✳

- 1,5 kg de lotte
- 3 tomates
- 1 orange
- 2 oignons
- 5 gousses d'ail
- 1 brin de thym
- 1 dose de safran
- 25 cl de vin blanc sec
- 10 cl d'huile d'olive
- sel et poivre du moulin

Pour l'aïoli :

- ½ citron
- 7 gousses d'ail
- 2 jaunes d'œufs
- 40 cl d'huile d'olive
- sel et poivre du moulin

Clairette du Languedoc
ou picpoul de pinet

1 Dans un faitout, réunissez les tomates concassées,
les oignons émincés, les gousses d'ail pressées, le thym,
le safran, le zeste de l'orange, du sel et du poivre. Versez l'huile
d'olive, le vin blanc et 1,5 l d'eau. Faites bouillonner 20 minutes.

2 Préparez l'aïoli : pilez les gousses d'ail dans un mortier,
ajoutez les jaunes d'œufs, salez, poivrez, puis incorporez
l'huile en filet en fouettant régulièrement. Terminez par quelques
gouttes de jus de citron et réservez au frais.

3 Ajoutez la lotte coupée en morceaux dans le bouillon
et laissez cuire encore 15 minutes.

4 Égouttez les morceaux de poisson dans un plat et passez
le bouillon. Faites-le bouillir à nouveau et liez-le avec
4 cuillerées à soupe d'aïoli.

5 Servez en même temps le bouillon dans une soupière,
les morceaux de lotte dans un plat chaud et l'aïoli
en saucière.

FRANCE · PURE TRADITION
Languedoc
FAIT-MAISON

Variantes et conseils

Pour mieux monter l'émulsion de l'aïoli, vous pouvez incorporer
2 ou 3 cuillerées à café d'eau tiède en fouettant vivement.

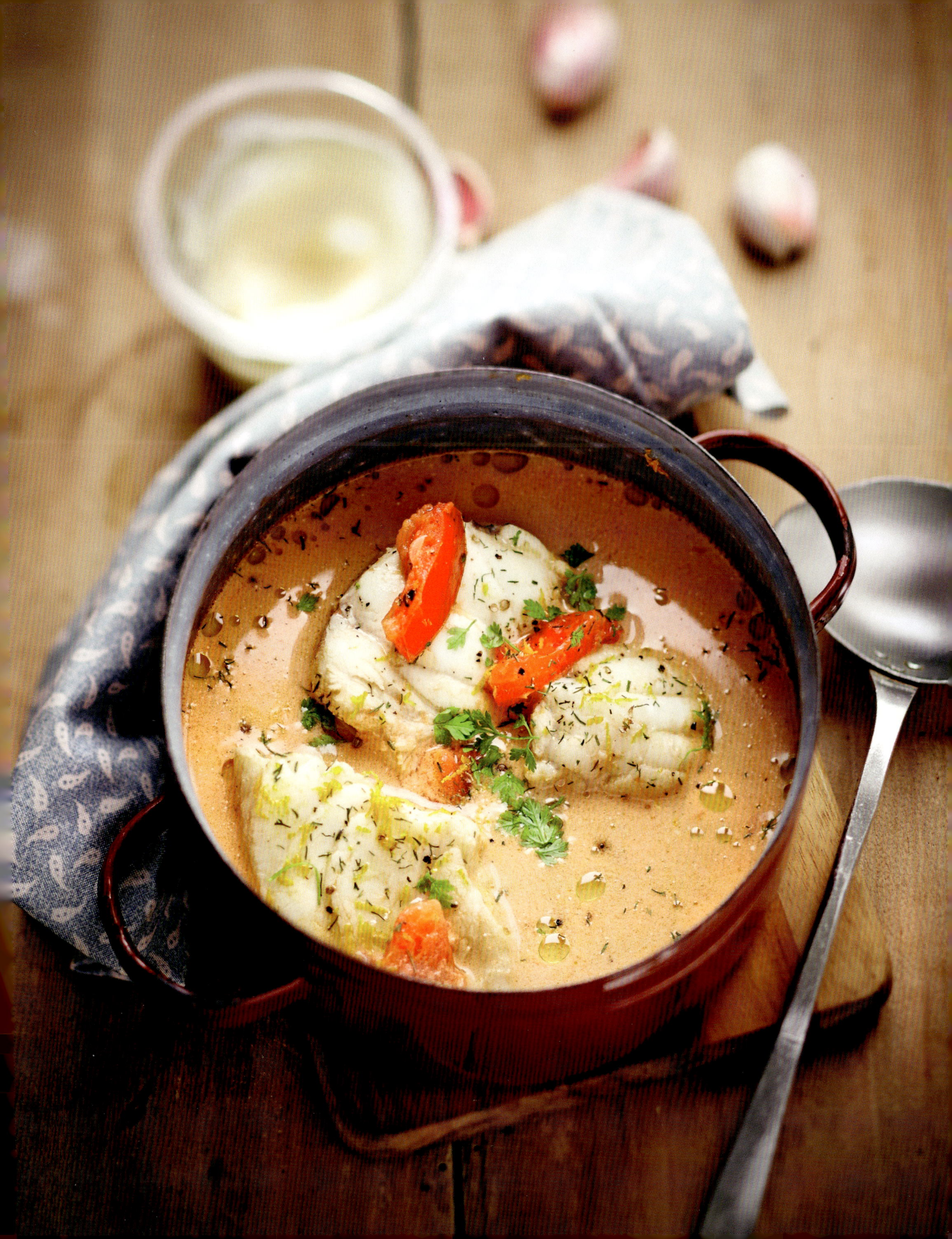

FOUGASSE À L'ANIS

Pour 8 personnes
Préparation : 25 min
Cuisson : 20 min

€ ✳

- 3 œufs
- 25 cl de crème fraîche
- 50 g de beurre + un peu pour la plaque, 500 g de farine, 2 sachets de levure chimique, 500 g de sucre en poudre
- 100 g de grains d'anis
- 1 cuill. à soupe de pastis

1 Dans une grande terrine, versez la farine et la levure tamisées ensemble. Ajoutez 450 g de sucre en poudre et mélangez.

2 Faites une fontaine au milieu, ajoutez les œufs battus en omelette, la crème fraîche et les grains d'anis. Mélangez intimement et ajoutez le pastis.

3 Tapissez une grande plaque profonde allant au four de papier d'aluminium et beurrez-le. Versez la pâte dedans et faites cuire à 200 °C (th. 6-7) pendant 15 minutes.

4 Sortez la plaque du four, étalez le beurre fondu sur le dessus de la fougasse, poudrez du reste de sucre et remettez à cuire dans le four pendant 5 minutes. Laissez refroidir et découpez la fougasse en gros cubes.

ROUSQUILLES

1 Coupez le beurre en petits cubes. Mélangez le beurre, la farine, la levure, le sel et 70 g de sucre glace. Incorporez ensuite l'œuf et le jaune, le miel, le lait, les zestes et les graines d'anis. Battez jusqu'à l'obtention d'une pâte élastique. Réservez 1 heure au réfrigérateur. Pétrissez la pâte à la main puis étalez-la au rouleau entre deux feuilles de papier sulfurisé de façon à obtenir une abaisse de 1 cm d'épaisseur environ. Préchauffez le four à 180 °C. Découpez à l'aide d'un emporte-pièce des cercles de pâte. Disposez-les sur une plaque avec une feuille de papier cuisson. Faites un trou en tournant le pouce au centre de la rousquille et enfournez à mi-hauteur pour 10 à 15 minutes.

2 Pendant la cuisson, préparez le glaçage : montez le blanc en neige et faites cuire le sucre et l'eau pour obtenir un sirop. Coupez le feu avant qu'il ne se colore en caramel. Ajoutez au sirop le jus de citron et versez-le immédiatement en fouettant très vivement sur le blanc d'œuf. À la sortie du four, trempez chaque rousquille dans le glaçage et placez-les sur une grille. Puis faites-les sécher dans le four éteint, porte ouverte.

FRANCE · PURE TRADITION · FAIT-MAISON
Roussillon

Préparation : 30 min
Repos : 1h
Cuisson : 10-15 min

€ ✳

- 270 g de farine tamisée
- 140 g de sucre glace
- 90 g de beurre
- 1 œuf + 1 jaune + 1 blanc
- 40 g de miel toutes fleurs
- 4 g de graines d'anis
- 3 cl de lait + 3 cl d'eau
- 5 g de levure chimique
- les zestes râpés fin de 1 citron
- 1 cuill. à café de sel
- le jus de 1 citron

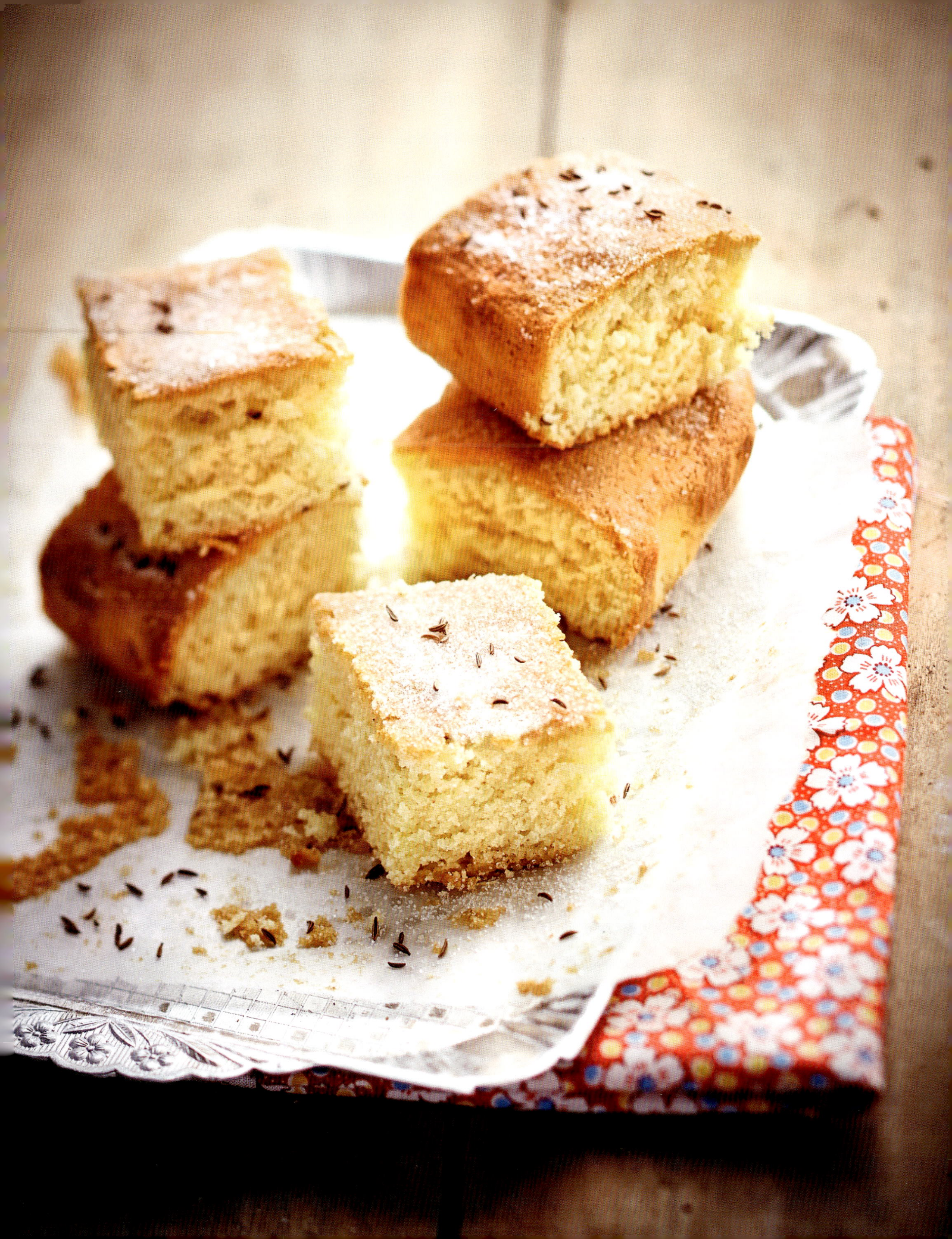

CROQUANTS DE LIMOUX

Pour 24 biscuits
Préparation : 20 min
Cuisson : 40 min

€ ✳ ✳

- 2 œufs entiers + 1 jaune
- 100 g d'amandes
- 30 g de noisettes
- 225 g de farine
- ½ sachet de levure chimique
- 150 g de sucre en poudre
- 1 sachet de sucre vanillé
- 1 pincée de sel

🍷 Muscat de Frontignan
ou blanquette de Limoux

1 Pilez grossièrement les amandes et les noisettes sans les réduire en poudre.

2 Mélangez la farine, la levure, le sucre en poudre, le sucre vanillé et le sel. Incorporez les œufs entiers et remuez intimement, puis ajoutez les amandes et les noisettes mélangées.

3 Façonnez la pâte en deux boudins et posez-les sur la tôle du four, bien espacés. Dorez-les avec le jaune d'œuf et faites-les cuire à 180 °C (th. 6) pendant 30 minutes.

4 Sortez les boudins de pâte et découpez-les en tranches régulières de 2 cm d'épaisseur environ. Repassez celles-ci à plat sur la tôle du four pendant 10 minutes. Laissez refroidir complètement avant de servir.

GALETTE NARBONNAISE

1 Délayez la levure dans 10 cl d'eau tiède. Dans une terrine, tamisez la farine, faites une fontaine, ajoutez 4 jaunes d'œufs et le sucre en poudre. Incorporez le beurre en parcelles, puis la levure délayée dans l'eau. Pétrissez jusqu'à consistance assez ferme. Ramassez la pâte en boule et laissez lever 6 heures au frais.

2 Partagez la pâte levée en deux et formez une galette avec une moitié. Étalez la compote dessus et poudrez de thym. Recouvrez avec le reste de pâte abaissée en disque et badigeonnez le dessus avec le jaune d'œuf restant.

3 Faites cuire dans le four à 200 °C (th. 6-7) pendant 30 minutes. À la sortie du four, poudrez de grains de sucre et laissez refroidir.

🍷 Muscat de Mireval ou muscat de Frontignan

Pour 6 personnes
À faire à l'avance
Préparation : 30 min
Repos : 6 h
Cuisson : 30 min

€ ✳

- 5 jaunes d'œufs
- 130 g de beurre
- 300 g de compote de pommes assez sèche
- 1 cuill. à café de thym frais
- 500 g de farine
- 20 g de levure de boulanger
- 100 g de sucre en poudre
- 4 cuill. à café de sucre en gros grains

PROVENCE, CÔTE D'AZUR & CORSE

ENTRÉES

PLATS

DESSERTS

LES SAVEURS DE L'ÉTÉ TOUTE L'ANNÉE

Rares sont les régions qui évoquent autant de couleurs et de saveurs que la Provence et la Côte d'Azur. Dès que l'on entend des mots comme ratatouille, aïoli, pistou, huile d'olive, calisson, farigoulette, tian, bouillabaisse, les souvenirs de vacances resurgissent, et voilà le soleil qui brille, la lavande et le romarin qui embaument et les cigales qui stridulent dans la garrigue ! On n'y peut rien, cette région possède un profil de cinéma, c'est une star ! Pourtant, on ne saurait réduire la cuisine provençale à l'ail, la tomate et l'huile d'olive. Si ces ingrédients suffisent à justifier l'étiquette de cuisine « à la provençale », la véritable Provence gourmande a des racines plus variées. C'est avec les Grecs que les Provençaux découvrirent l'huile d'olive, mais ce sont les Romains qui apportèrent le goût des condiments savoureux comme l'anchoïade, la rouille ou la tapenade. Et lorsque le comté de Nice fut rattaché à la France, la région s'enrichit de saveurs italiennes, avec la polenta, les pâtes fraîches et le pistou. D'ailleurs, qui n'a jamais goûté les raviolis à la daube de l'arrière-pays niçois ne sait pas ce que sont les raviolis à la viande. Pour la Corse, c'est un peu différent. Si l'esprit méditerranéen est présent, le caractère insulaire le submerge partout dans cette cuisine qui ne ressemble à aucune autre. Pour comprendre la cuisine corse, il faut connaître un peu son âme. L'âme corse vit dans la montagne et, fait rare pour une île, la pêche n'a jamais été très développée. La Corse c'est bien plus le cochon que le poisson. On y goûte donc une cuisine traditionnellement montagnarde faite d'estouffades et de ragoûts au vin, ainsi que des produits très locaux : brocciu et fromages de caractère, salaisons parfumées, plantes et herbes du maquis comme la népita, agrumes comme le cédrat, les canistrelli et la farine de châtaigne, les vins qui ont tant progressé. La cuisine corse, c'est bien le Sud mais un Sud en altitude où le froid pique parfois.

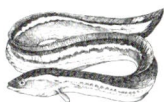

SALADE NIÇOISE

Mets typiquement méridional, la salade niçoise se décline en d'innombrables versions, mais en principe elle ne comporte jamais de pommes de terre.

Pour 4 personnes
Préparation : 25 min
Cuisson : 10 min

€

✳ ✳

- 4 tomates
- 1 petit concombre
- 1 poivron vert
- 100 g de petites fèves fraîches (sans les gousses)
- 100 g de haricots verts extra-fins
- 3 petits oignons nouveaux
- 1 gousse d'ail
- 8 feuilles de basilic
- 2 gros œufs
- 10 filets d'anchois à l'huile
- 20 petites olives noires
- 2 cuill. à soupe de vinaigre de vin blanc à l'estragon
- 5 cuill. à soupe d'huile d'olive
- sel et poivre du moulin

Bellet blanc ou côtes-de-provence rosé

1 Faites cuire les œufs durs, puis écalez-les. En même temps, faites cuire les haricots verts *al dente*, puis égouttez-les. Pelez et émincez le concombre, faites-le dégorger au sel pendant le reste de la préparation. Pelez les fèves, si nécessaire. Taillez le poivron en lanières après avoir éliminé les graines. Pelez et émincez les oignons. Égouttez et épongez les anchois.

2 Préparez une vinaigrette avec l'huile d'olive, le vinaigre, les feuilles de basilic ciselées, du sel et du poivre.

3 Frottez d'ail l'intérieur d'un saladier en bois d'olivier. Ajoutez les tomates coupées en quartiers, le concombre égoutté, les oignons, les fèves, les haricots verts et le poivron. Arrosez de vinaigrette et mélangez.

4 Ajoutez en garniture, sur le dessus, les œufs durs coupés en rondelles, les olives noires et les anchois recoupés en deux. Servez aussitôt.

Variantes et conseils

Vous pouvez remplacer les anchois par du thon. Utilisez des petites olives noires niçoises et servez à l'assiette en disposant harmonieusement les ingrédients.

PAN-BAGNAT

Provence
FRANCE · PURE TRADITION · FAIT-MAISON

Pour 1 pan-bagnat (1 personne)
Préparation : 15 min

€ ✱

- 1 grosse tomate mûre
- 1 citron
- 1 oignon rouge
- 1 gousse d'ail
- persil haché
- 1 œuf dur
- 6 olives noires
- 4 filets d'anchois à l'huile
- 1 pain rond de 12-14 cm de diamètre
- 1 cuill. à soupe d'huile d'olive
- sel et poivre du moulin

1 Fendez le pain en deux et ouvrez-le sans séparer les moitiés. Retirez les deux tiers de la mie et frottez la mie restante avec la gousse d'ail pelée, puis arrosez-la d'un filet d'huile.

2 Lavez, essuyez et coupez la tomate en tranches épaisses. Pelez et coupez l'oignon en rondelles. Coupez l'œuf dur en tranches. Égouttez et épongez les anchois. Dénoyautez les olives. Pressez le jus du citron.

3 Préparez une vinaigrette avec un peu d'huile, le jus de citron, un peu de persil, du sel et du poivre. Garnissez le pain avec les rondelles de tomate et d'oignon, ajoutez l'œuf dur, les anchois et les olives. Arrosez de vinaigrette et refermez.

🍷 Coteaux-Varois rosé

CANNELLONIS AU BROCCIU

Corse
FRANCE · PURE TRADITION · FAIT-MAISON

1 Réunissez dans une terrine le brocciu, les œufs et le jaune, le persil ciselé et 1 cuillerée à soupe de parmesan. Salez légèrement, poivrez et mélangez intimement. Vous pouvez aussi ajouter un peu de noix de muscade râpée.

2 Faites cuire les carrés de pâte à l'eau bouillante salée pendant 3 minutes, puis égouttez-les délicatement et épongez-les en les posant sur un torchon. Faites fondre le beurre dans une petite casserole.

3 Posez sur chaque carré de pâte 1 tranche de jambon, puis 1 portion de farce au fromage. Roulez les cannellonis et rangez-les dans un plat allant au four. Arrosez de beurre fondu. Nappez de coulis de tomates fraîches et saupoudrez du reste de parmesan. Faites cuire dans le four à 125 °C (th. 4) pendant 20 minutes environ. Servez aussitôt.

Pour 4 personnes
Préparation : 25 min
Cuisson : 25 min

€ € ✱

- 500 g de brocciu
- 2 œufs + 1 jaune d'œuf
- 4 cuill. à soupe de persil plat
- 5 cuill. à soupe de parmesan
- 12 carrés de pâte à nouilles
- 12 fines tranches de prisuttu
- 40 g de beurre
- 30 cl de coulis de tomates fraîches
- sel et poivre du moulin
- noix de muscade (facultatif)

SOUPE AU PISTOU

Le terme « pistou » vient du mot italien *pestare*, qui signifie « piler » : il désigne à la fois la soupe et le condiment au basilic, voisin du pesto italien, qui la parfume.

Pour 8 personnes
À faire à l'avance
Préparation : 2 h
Trempage : 8 h
Cuisson : 2 h 10

€
✳

- 250 g de haricots verts
- 2 courgettes
- 2 carottes
- 2 navets
- 2 tomates
- 4 gousses d'ail
- 4 cuill. à soupe de basilic frais ciselé
- 1 bouquet garni
- 50 g de parmesan râpé
- 500 g de haricots blancs secs
- 200 g de vermicelle fin
- 4 cuill. à soupe d'huile d'olive
- sel et poivre du moulin

Bandol rouge ou rosé

1 Faites tremper les haricots blancs à l'eau froide toute la nuit.

2 Le lendemain, égouttez-les et mettez-les dans une marmite avec 2,5 l d'eau et le bouquet garni. Laissez cuire doucement pendant 1 h 30 en salant à mi-cuisson.

3 Ajoutez les carottes et les navets pelés et coupés en dés. Comptez encore 20 minutes de cuisson et ajoutez les haricots verts effilés et les courgettes en rondelles. Faites cuire encore 10 minutes.

4 Ajoutez les tomates ébouillantées, pelées et coupées en quartiers, ainsi que le vermicelle. Faites cuire encore 10 minutes et retirez du feu.

5 À la fin de la cuisson, pilez l'ail pelé avec le basilic, puis incorporez l'huile à ce mélange en fouettant, ainsi que le parmesan.

6 Versez le contenu de la marmite dans une soupière en ajoutant le condiment au basilic. Poivrez et servez chaud.

Variantes et conseils

Dans la version « riche » du pistou, on ajoute aussi des pommes de terre et des quartiers d'artichaut, mais le vermicelle, gros ou fin, n'est pas indispensable.

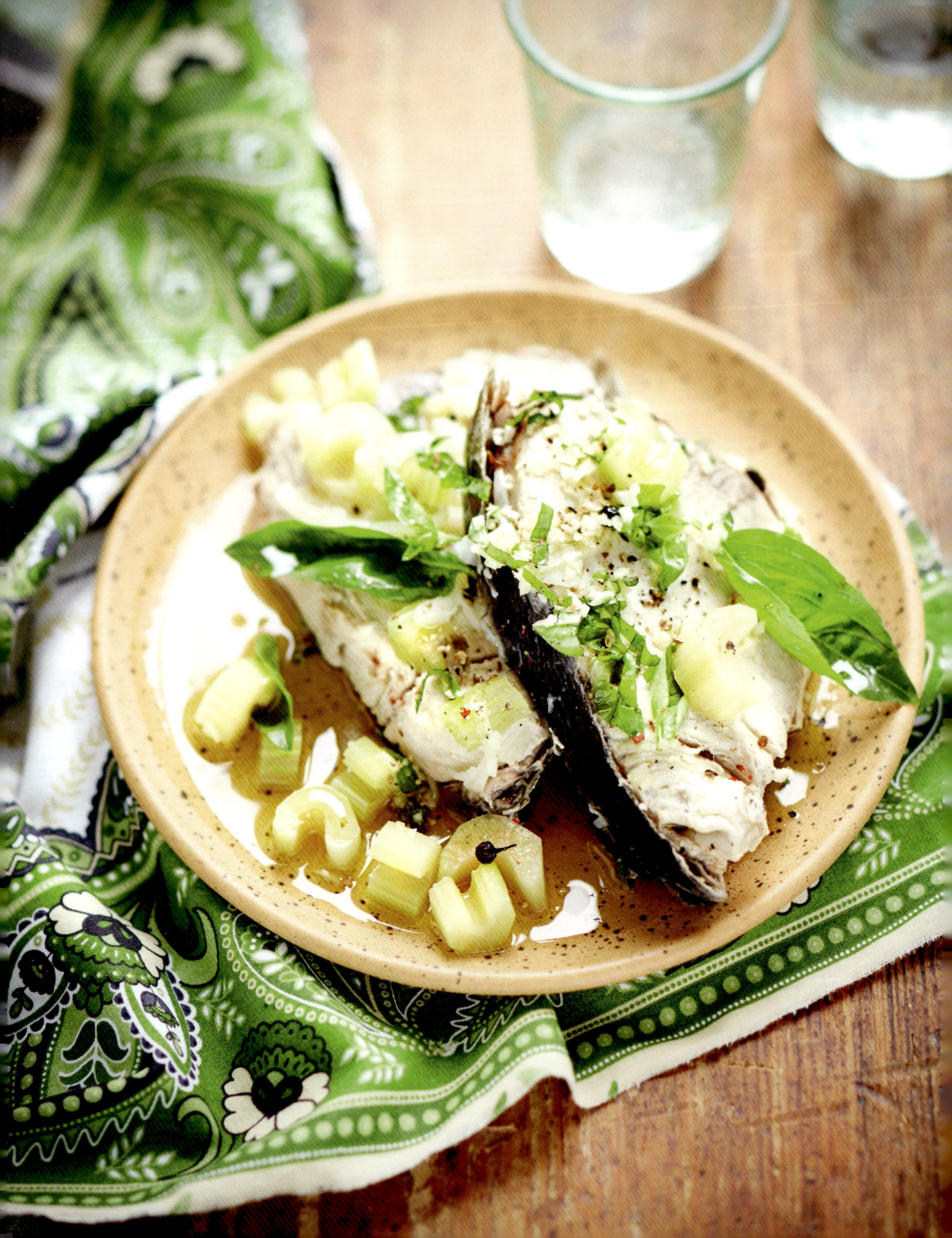

THON AU BASILIC

Provence · FRANCE · PURE TRADITION · FAIT-MAISON

Pour 4 personnes
Préparation : 20 min
Cuisson : 1 h environ
Infusion : 10 min

€ € ✳ ✳

- 1 darne de thon rouge de 3 cm d'épaisseur
- 3 branches de céleri
- 1 tronçon d'écorce d'orange séchée
- 2 oignons
- 8 gousses d'ail
- 15 feuilles de basilic
- 1 cuill. à soupe de graines de fenouil
- 4 cuill. à soupe d'huile d'olive
- 12 grains de poivre noir
- 1 cuill. à soupe de gros sel
- sel et poivre du moulin

1 Dans une grande casserole, versez 1 litre d'eau, ajoutez les oignons pelés et émincés, 3 gousses d'ail pelées et écrasées, l'écorce d'orange, les graines de fenouil, les grains de poivre, le gros sel et le céleri effilé et tronçonné. Faites bouillir, puis laissez frémir pendant 15 minutes.

2 Plongez la darne de thon dans la préparation précédente et laissez cuire doucement pendant 45 minutes.

3 Hachez les gousses d'ail restantes pelées et faites-les revenir dans une petite casserole avec l'huile d'olive bien chaude. Ajoutez le basilic ciselé, mélangez et retirez du feu. Salez, poivrez, couvrez et laissez infuser 10 minutes.

4 Égouttez la darne de thon sur un plat, nappez d'huile d'olive à l'ail et au basilic. Servez aussitôt ou laissez tiédir.

🍷 Côtes-de-provence rosé ou cassis

AÏOLI

1 Pelez les gousses d'ail et fendez-les en deux pour retirer le germe. Broyez-les le plus finement possible dans un grand mortier en pierre, en ajoutant petit à petit les jaunes d'œufs, les crus et le dur. (Vous pouvez aussi utiliser un mixeur, mais le mortier fait partie intégrante de la cuisine provençale.) Salez et poivrez.

2 Sans cesser de broyer au pilon, ajoutez un peu d'huile en filet comme pour une mayonnaise. Continuez à mélanger vivement jusqu'à ce que toute l'huile soit incorporée. L'aïoli est prêt quand il a pris une consistance ferme et homogène.

🍷 En fonction du plat (poisson poché froid, viande froide, œufs durs, crudités) que l'aïoli accompagne, côtes-de-provence ou crus des côtes du Rhône rouge, blanc ou rosé

Pour 4 personnes
Préparation : 15 min

€ ✳ ✳

- 2 jaunes d'œufs crus + 1 jaune d'œuf dur
- 6 grosses gousses d'ail
- 60 cl d'huile d'olive environ
- sel et poivre du moulin

Provence · FRANCE · PURE TRADITION · FAIT-MAISON

BOUILLABAISSE

Le *bouiabaisso* provençal, véritable « bouillon de soleil », n'est vraiment réussi
que dans le Midi où l'on trouve l'assortiment de poissons de roche idéal.

Pour 6 personnes
Préparation : 1 h
Cuisson : 35 min

€ €

✳ ✳

- 2 kg de poissons variés entiers : rascasse, lotte, daurade, grondin, saint-pierre, merlan et quelques tranches de congre
- 1 dizaine de petites étrilles
- 3 branches de céleri
- 2 poireaux
- 3 tomates
- 1 bulbe de fenouil
- 1 tronçon d'écorce d'orange séchée
- 2 oignons
- 3 gousses d'ail
- 1 bouquet garni
- 1 mesure de safran
- 12 cl d'huile d'olive
- sel et poivre du moulin
- 1 bol de sauce rouille pour accompagner

Cassis blanc

1 Écaillez, videz et étêtez les poissons. Coupez-les en tronçons.

2 Dans une marmite, faites revenir, avec 10 cl d'huile, 1 gousse d'ail et 1 oignon pelés et hachés, salez et poivrez. Ajoutez les branches de céleri hachées, les poireaux tronçonnés, les têtes et parures de poissons. Couvrez d'eau et faites bouillonner 20 minutes. Puis passez le contenu de la marmite au tamis en pressant bien.

3 Dans une grande marmite, faites revenir, avec un peu d'huile, le fenouil émincé, 1 oignon émincé et 2 gousses d'ail hachées. Versez le bouillon, ajoutez l'écorce d'orange, les tomates coupées en quartiers et le bouquet garni. Faites bouillir.

4 Ajoutez la rascasse, le grondin, la lotte, le congre, la daurade et les étrilles bien brossées. Versez le safran et laissez bouillir sur feu vif pendant 8 minutes.

5 Ajoutez ensuite le saint-pierre et le merlan. Faites cuire vivement pendant encore 6 minutes.

6 Égouttez les poissons et les étrilles. Déposez-les dans un grand plat creux et chaud. Versez le bouillon dans une soupière. Servez en même temps la rouille et éventuellement des petits croûtons de pain.

Variantes et conseils

La rascasse est absolument indispensable, mais vous pouvez aussi utiliser la murène et la girelle. La rouille et les croûtons de pain sont facultatifs.

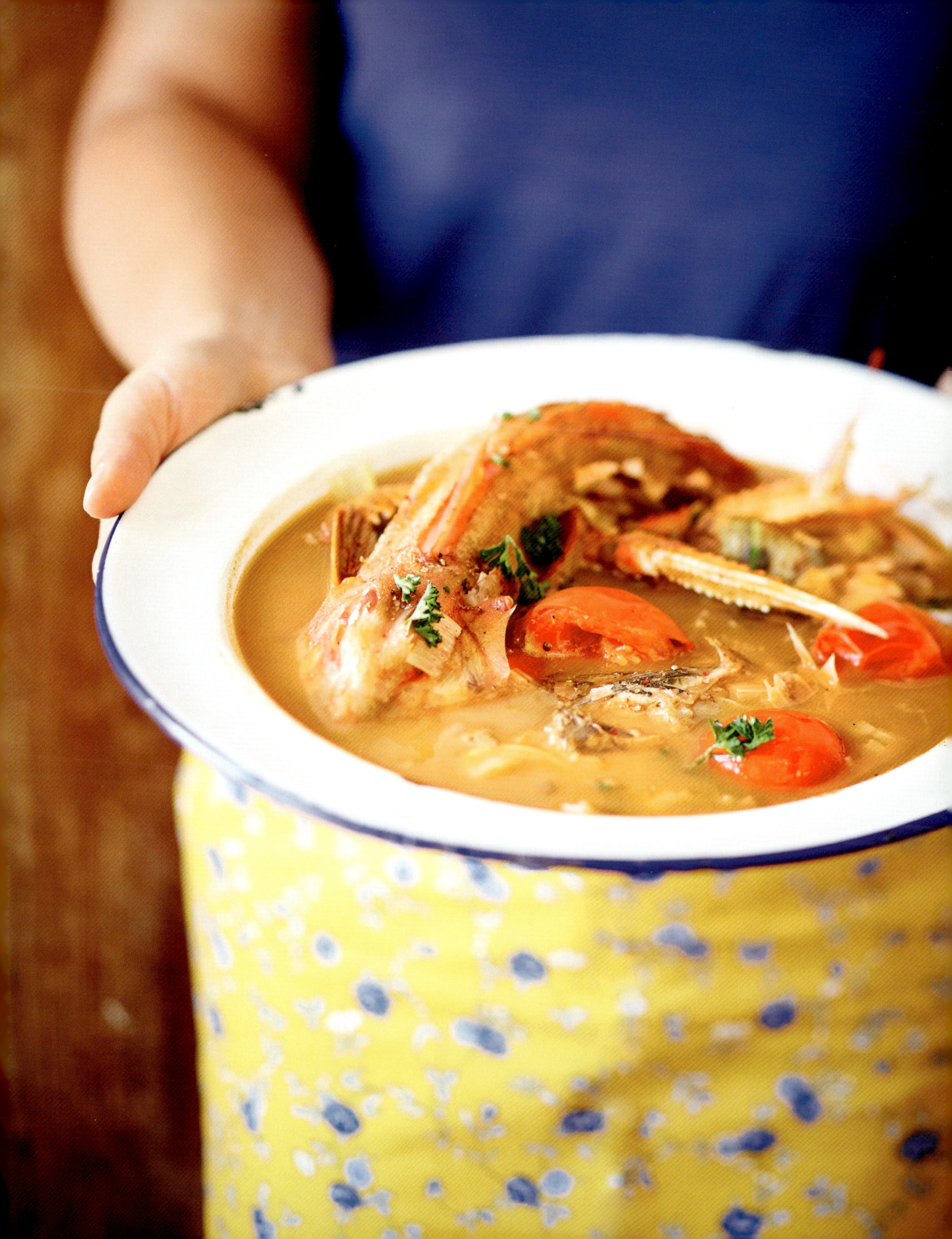

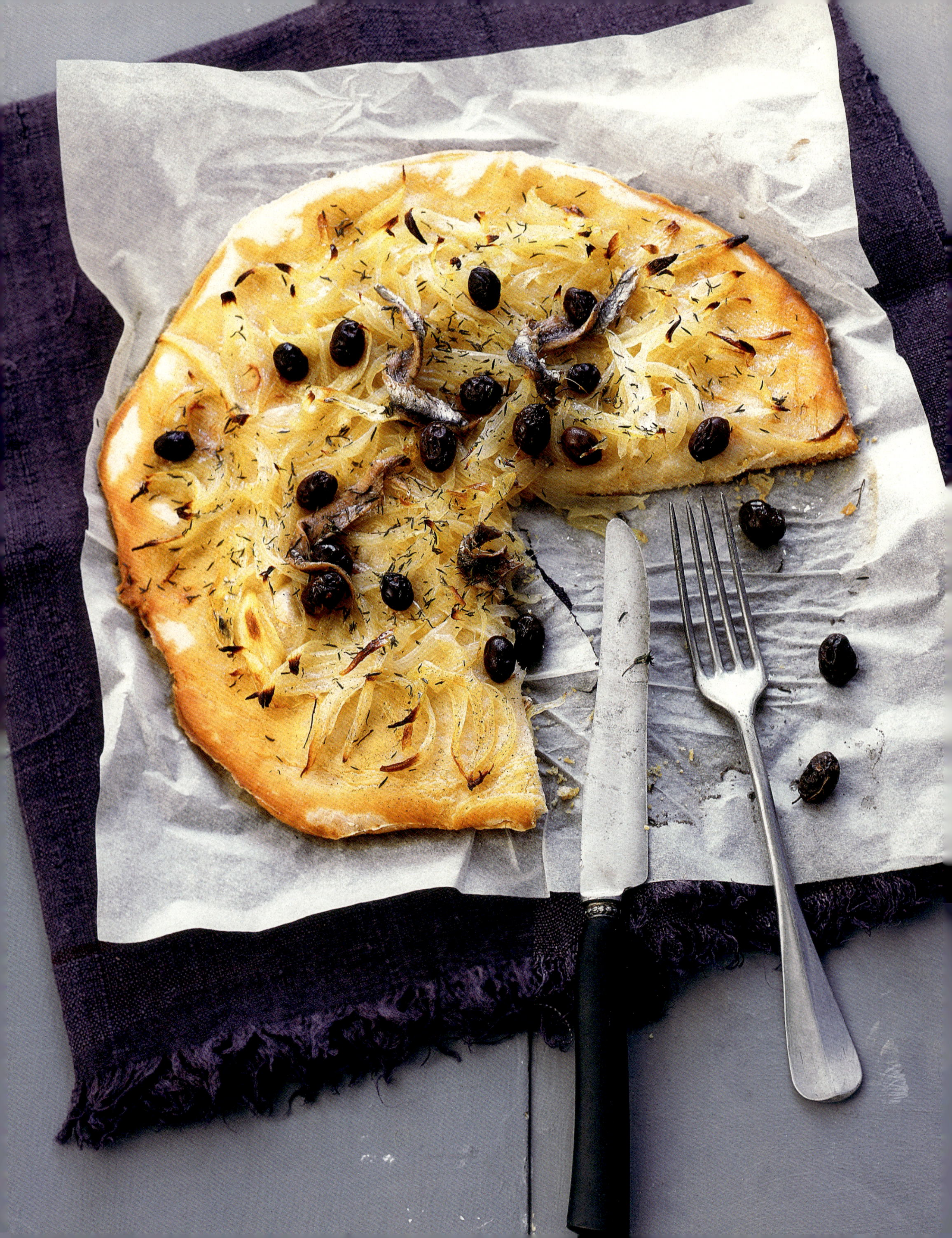

ARTICHAUTS À LA BARIGOULE

Pour 4 personnes
Préparation : 30 min
Cuisson : 1 h 45

€ ✳ ✳ ✳

FRANCE · PURE TRADITION
Provence
FAIT-MAISON

- 100 g de lard gras
- 100 g de jambon cru
- 4 fines bardes de lard
- 8 petits artichauts pointus
- 400 g de champignons de couche
- 2 citrons
- 1 oignon
- 2 gousses d'ail
- 4 cuill. à soupe de persil plat ciselé
- 5 cl de vin blanc sec
- 2 cuill. à soupe d'huile d'olive
- sel et poivre du moulin

1 Parez, lavez et faites blanchir les artichauts pendant 5 minutes. Égouttez-les et retirez le foin. Lavez et émincez les champignons, mélangez-les avec le persil, le lard gras et le jambon hachés. Farcissez les artichauts avec cette préparation et bardez-les avec 1 demi-barde de lard chacun. Ficelez-les, arrosez-les d'un filet d'huile et déposez dessus 1 rondelle de citron.

2 Dans un poêlon, faites revenir l'oignon et l'ail hachés avec un peu d'huile pendant 5 minutes, salez et poivrez, puis rangez les artichauts farcis dans le poêlon et faites cuire à découvert pendant 10 minutes. Arrosez d'un mélange d'eau et de vin blanc pour qu'ils soient mouillés à mi-hauteur. Couvrez et laissez cuire très doucement pendant 1 h 30.

3 Déposez les artichauts dans un plat creux et déglacez le poêlon avec du jus de citron. Rectifiez l'assaisonnement et nappez les artichauts de cette sauce après avoir retiré la ficelle et la barde.

PISSALADIÈRE

1 Écrasez la pâte à pain avec la main sur le plan de travail et pétrissez-la avec 2 cuillerées à soupe d'huile d'olive. Laissez reposer 1 heure à température ambiante.

2 Pendant ce temps, faites fondre doucement les oignons pelés et émincés dans un poêlon avec 3 cuillerées à soupe d'huile, en ajoutant l'ail pelé et haché, les câpres égouttées, le thym et le laurier. Salez très peu et poivrez. Laissez cuire doucement pendant 30 minutes environ.

3 Au bout de 1 heure de repos, aplatissez la boule de pâte sur 1 cm d'épaisseur pour en garnir la tôle du four huilée. Versez la compote d'oignons dessus en une couche régulière. Disposez les anchois égouttés en croisillons et faites cuire au four 20 minutes à 230 °C (th. 7-8), puis 10 minutes à 180 °C (th. 6). Sortez la pissaladière, déposez les olives noires entre les croisillons et remettez au four pendant 5 minutes et servez.

Pour 6 personnes
Préparation : 1 h
Repos : 1 h
Cuisson : 1 h 15

FRANCE · PURE TRADITION
Côte d'Azur
FAIT-MAISON

€ ✳ ✳

- 1 kg de gros oignons
- 2 gousses d'ail
- 2 pincées de thym séché
- 1 feuille de laurier
- 1 cuill. à soupe de câpres
- 30 petites olives noires
- 30 filets d'anchois à l'huile
- 700 g de pâte à pain (à commander chez le boulanger)
- 10 cl d'huile d'olive
- sel et poivre du moulin

AUBERGINES FARCIES À LA BONIFACIENNE

À la différence des farces à base de restes de viande, qui manquent parfois de finesse, la farce des aubergines à la mode corse est légère et parfumée puisqu'elle est réalisée avec de la pulpe de légumes, du pain, des œufs, du basilic et du fromage râpé.

Pour 6 personnes
Préparation : 30 min
Cuisson : 40 min

€

✳

- 6 aubergines longues pas trop grosses
- 6 tranches de pain de mie de 6 cm de côté
- 25 cl de lait
- 2 œufs
- 100 g de parmesan râpé
- 18 feuilles de basilic frais
- farine
- 4 ou 5 cuill. à soupe d'huile d'olive
- sel et poivre du moulin

Corse rouge ou rosé

1 Faites tremper les tranches de pain écroûtées dans le lait. Lavez les aubergines et faites-les cuire coupées en deux dans la longueur à l'eau bouillante pendant 10 minutes. Égouttez-les, épongez-les soigneusement, puis retirez la pulpe. Lavez et ciselez le basilic.

2 Réservez les aubergines évidées. Mélangez la pulpe avec la mie de pain essorée, les œufs battus en omelette et le parmesan. Incorporez le basilic ciselé, salez et poivrez.

3 Remplissez les aubergines de cette farce en la tassant bien. Farinez-les légèrement. Faites chauffer l'huile dans une grande poêle. Posez les aubergines farcies dedans, côté farce contre le fond, et saisissez-les pendant 10 minutes. Baissez le feu et faites cuire pendant encore 5 minutes. Retournez-les et couvrez. Laissez mijoter pendant 15 minutes sur feu modéré. Servez chaud.

Conseils

Choisissez des aubergines assez petites et fermes, toutes de la même taille. Pour réussir la recette, épongez parfaitement les aubergines lorsqu'elles sont cuites à l'eau.

Pour les frire, faites-les glisser dans l'huile à l'aide d'une écumoire.

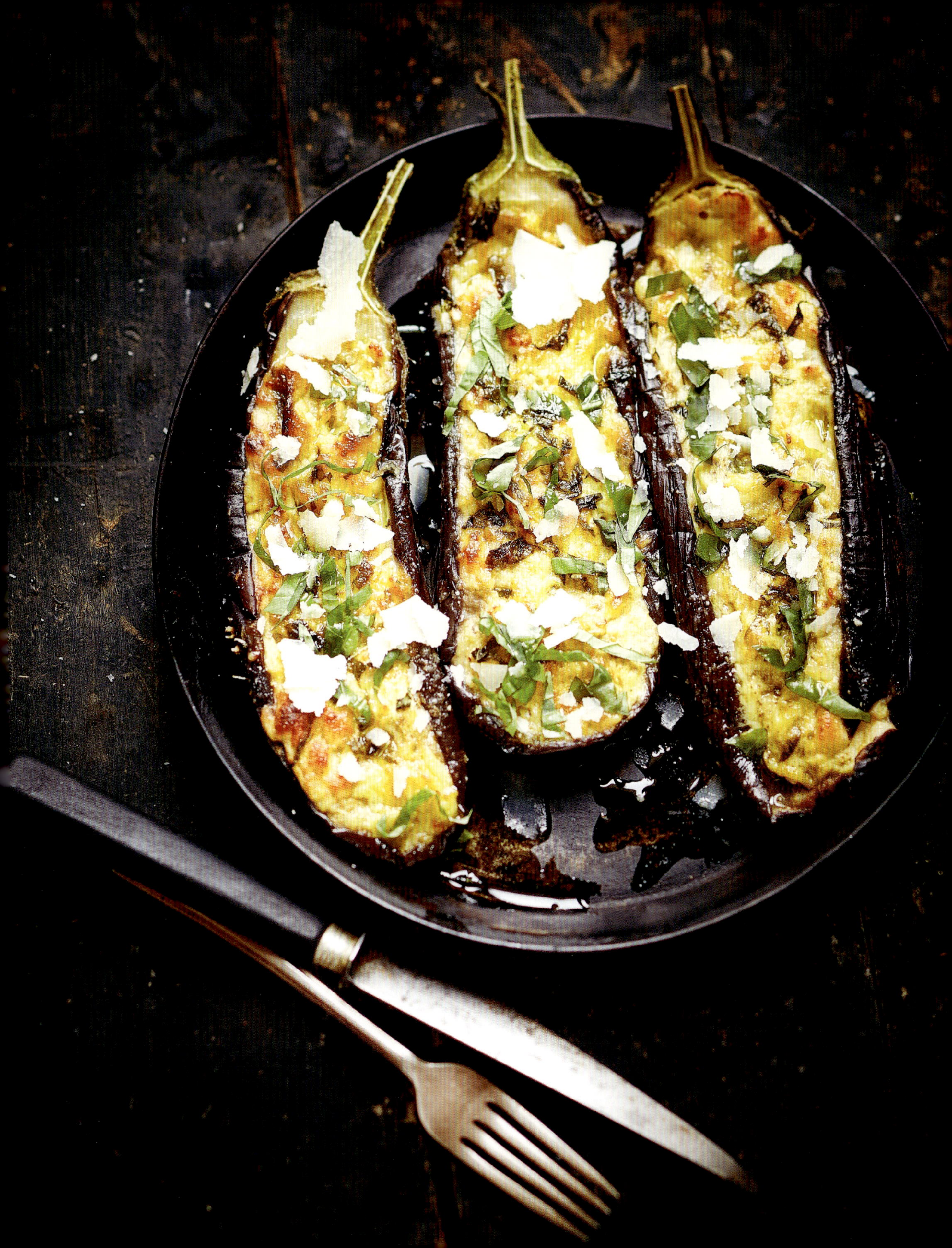

TIAN DE COURGETTES, TOMATES ET OIGNONS

Pour 6 personnes
Préparation : 20 min
Cuisson : 50 min

€ ✳

- 8 belles courgettes fermes
- 2 grosses tomates
- 2 oignons
- 2 gousses d'ail
- 2 cuill. à soupe de persil haché
- 10 feuilles de basilic
- 1 cuill. à café de thym séché
- 1 feuille de laurier émiettée
- 60 g de parmesan
- 4 cuill. à soupe d'huile d'olive
- sel et poivre du moulin

1 Badigeonnez d'huile l'intérieur d'un tian. Éparpillez dans le fond les oignons pelés et émincés. Poudrez avec le thym séché et le laurier émietté.

2 Déposez-y les courgettes lavées, essuyées, non pelées et coupées en rondelles, en les intercalant avec les tomates coupées en tranches. Ajoutez le persil mélangé avec l'ail pelé et haché, salez, poivrez, puis arrosez le tout avec 2 cuillerées à soupe d'huile d'olive. Faites cuire au four 40 minutes à 180 °C (th. 6).

3 Sortez le tian, étalez à la surface le parmesan mélangé avec le basilic ciselé et remettez-le au four à 220 °C (th. 7-8) pendant 10 minutes. Servez chaud directement dans le plat.

Côtes-du-ventoux rosé
ou côtes-du-rhône rosé

RAGOÛT DE HARICOTS AU LONZU ET AUX FIGATELLI

1 Lavez les haricots et faites-les tremper à l'eau froide pendant toute la nuit. Égouttez-les, mettez-les dans une casserole, couvrez d'eau froide et portez à ébullition. Laissez bouillir pendant 15 minutes.

2 Pelez et émincez les oignons. Faites-les revenir dans une cocotte avec l'huile d'olive en remuant pendant 3 minutes.

3 Ajoutez les tranches de lonzu et faites-les revenir pendant 2 minutes. Ajoutez le vin rouge mélangé avec le concentré de tomate, puis 25 cl d'eau et mélangez. Ajoutez enfin les haricots égouttés et les figatelli.

4 Laissez ensuite mijoter doucement à couvert pendant 1 heure. Rectifiez l'assaisonnement en cours de cuisson et juste avant de servir.

Pour 4 personnes
Préparation : 10 min
Trempage : 12 h
Cuisson : 1 h 15

€ € ✳

- 600 g de haricots blancs secs
- 2 oignons
- 1 cuill. à soupe d'huile d'olive
- 8 tranches de lonzu pas trop épaisses
- 4 figatelli
- 25 cl de vin rouge corse
- 2 cuill. à soupe de concentré de tomate
- sel et poivre

FLEURS DE COURGETTES FARCIES

Cette recette exige des fleurs bien fraîches, assez grosses si possible,
cueillies dans le jardin juste avant emploi. Les fleurs mâles sont en général plus grandes.

Pour 4 personnes
Préparation : 45 min
Cuisson : 30 min environ

€ €

✱ ✱ ✱

- 12 belles fleurs de courgettes
- 3 courgettes
- 2 gousses d'ail
- quelques feuilles de basilic frais
- quelques feuilles de persil plat
- quelques feuilles de menthe fraîche
- 1 œuf
- 50 cl de coulis de tomates
- 4 biscottes
- 20 cl de bouillon de volaille
- 2 cuill. à soupe d'huile d'olive
- sel et poivre du moulin

Tavel ou coteaux
d'Aix rosé

1 Lavez et essuyez les courgettes, hachez-les grossièrement. Pelez et hachez l'ail, faites-le revenir dans un poêlon avec un filet d'huile pendant 2 minutes en remuant. Ajoutez les courgettes et faites-les cuire pendant 15 minutes.

2 Retirez du feu et écrasez les courgettes à la fourchette. Ajoutez le basilic, le persil et la menthe ciselés (6 cuillerées à soupe en tout). Salez et poivrez. Incorporez les biscottes pilées et liez avec l'œuf.

3 Retirez le pistil de chaque fleur de courgette et farcissez-les délicatement à la préparation précédente avec une petite cuillère. Rabattez l'extrémité des pétales sur la farce et rangez-les dans un plat à gratin légèrement huilé.

4 Arrosez-les de bouillon de volaille et faites cuire au four pendant 15 minutes à 180 °C (th. 6).

5 Déposez 3 fleurs farcies dans chaque assiette, entourez-les de coulis de tomates légèrement fait réchauffé et servez aussitôt.

FRANCE · PURE TRADITION · FAIT-MAISON
Provence

Variantes et conseils

Vous pouvez aussi farcir les fleurs d'une préparation froide, sans les faire cuire, par exemple avec de la ratatouille ou encore une purée de fèves au basilic.

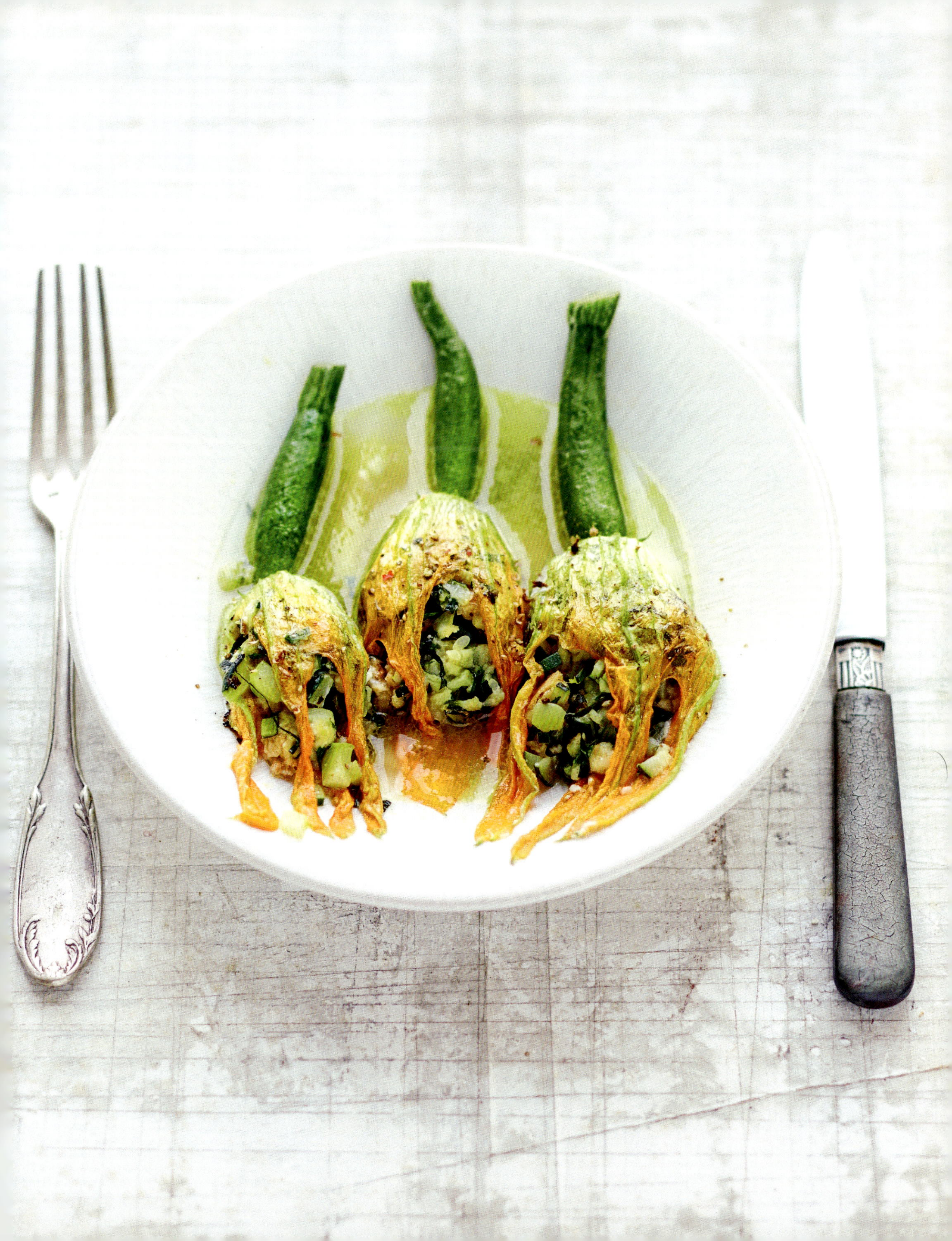

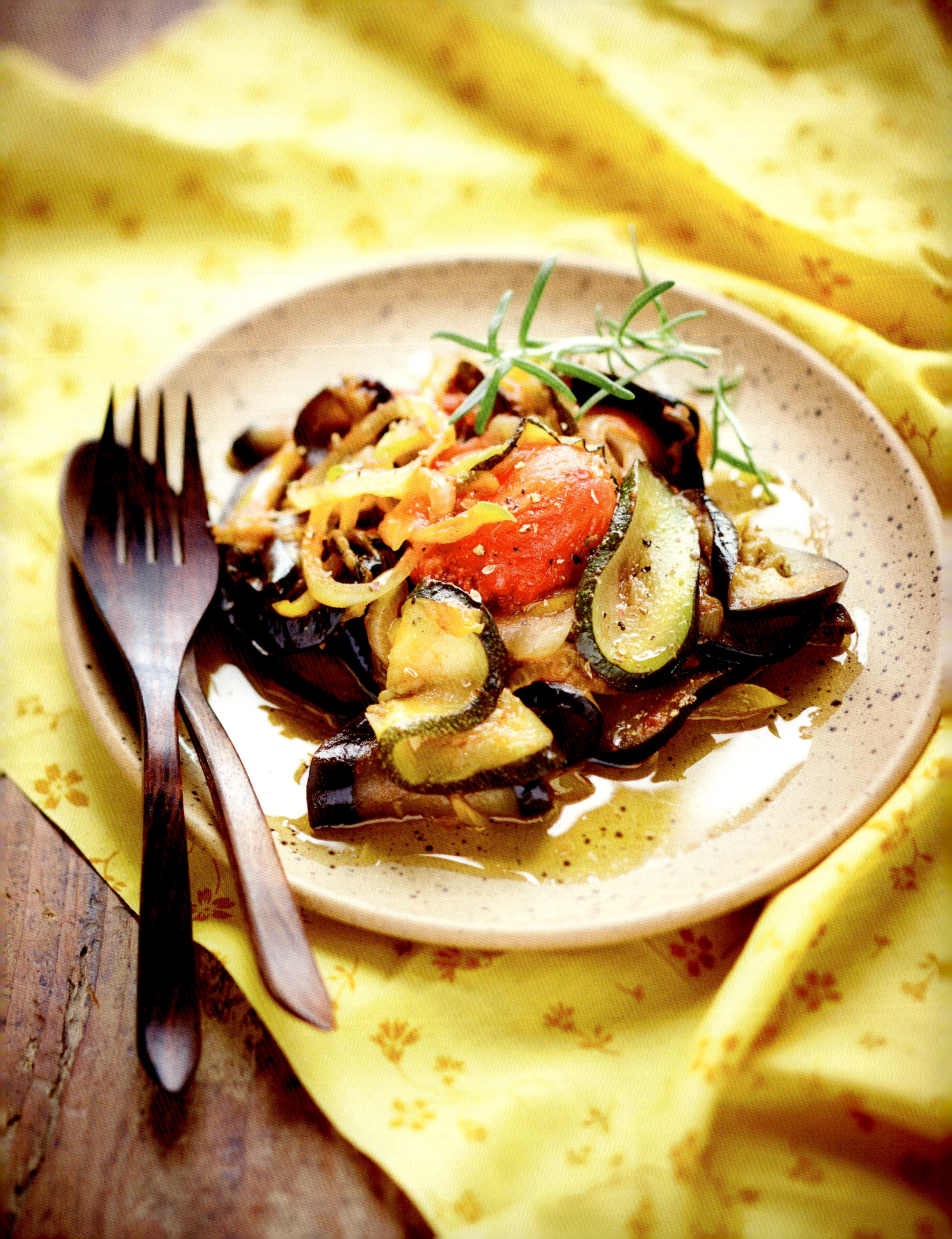

RATATOUILLE

FRANCE • PURE TRADITION • FAIT-MAISON
Provence

Pour 6 personnes
Préparation : 30 min
Cuisson : 1 h 15

€

- 500 g d'aubergines
- 500 g de courgettes
- 500 g de poivrons des trois couleurs
- 500 g de tomates
- 3 oignons pelés émincés
- 3 gousses d'ail
- 1 bouquet garni
- 10 cl d'huile d'olive
- sel et poivre du moulin

🍷 Côtes-de-provence rosé ou bellet rouge

1 Dans une poêle, faites chauffer 2 cuillerées à soupe d'huile. Ajoutez les aubergines lavées, coupées en rondelles. Faites-les revenir 5 minutes en remuant. Salez et poivrez. Retirez-les.

2 Ajoutez un peu d'huile dans la poêle et mettez les courgettes lavées et coupées en rondelles. Faites-les revenir 5 minutes et retirez-les. Procédez de même avec les poivrons épépinés et taillés en grosses lanières en les faisant revenir 7 minutes.

3 Dans une cocotte, faites revenir les oignons avec 2 cuillerées à soupe d'huile pendant 5 minutes, sans coloration. Ajoutez les tomates ébouillantées, pelées et coupées en quartiers. Mélangez, puis ajoutez les aubergines, les courgettes et les poivrons. Faites chauffer en remuant, ajoutez le bouquet garni. Salez et poivrez. Baissez le feu, couvrez et laissez mijoter 30 minutes. Enfin, ajoutez l'ail pelé et pressé, et poursuivez la cuisson encore 15 minutes.

BEIGNETS AU BROCCIU

FRANCE • PURE TRADITION • FAIT-MAISON
Corse

1 Mélangez dans une grande terrine la farine avec une pincée de sel. Incorporez le beurre ramolli, puis ajoutez les œufs, la levure et l'eau-de-vie. Laissez lever la pâte, puis mettez-la au réfrigérateur jusqu'au lendemain.

2 Partagez la pâte en 2 portions et abaissez-les sur le plan de travail fariné, sur 3 ou 4 mm d'épaisseur, en formant 2 bandes de 40 cm de long sur 8 de large environ. Coupez le brocciu en 20 petites portions. Déposez 10 parts au centre de chaque bande, à intervalles réguliers.

3 Repliez chaque bande dans la largeur pour enfermer le fromage. Découpez chaque beignet en pinçant les bords avec les doigts. Plongez les beignets dans un bain de friture très chaude en procédant en plusieurs fois. Saupoudrez abondamment de sucre et servez chaud.

🍷 Corse blanc ou vin effervescent

Pour 4 personnes
Préparation : 30 min
Repos : 12 h
Cuisson : 20 min

€ ✳

- 250 g de farine + un peu pour le plan de travail
- 70 g de beurre
- 3 œufs
- 10 g de levure de boulanger
- 1 cuill. à soupe d'eau-de-vie
- 200 g de brocciu frais
- huile de friture
- 150 g de sucre en poudre
- sel fin

199

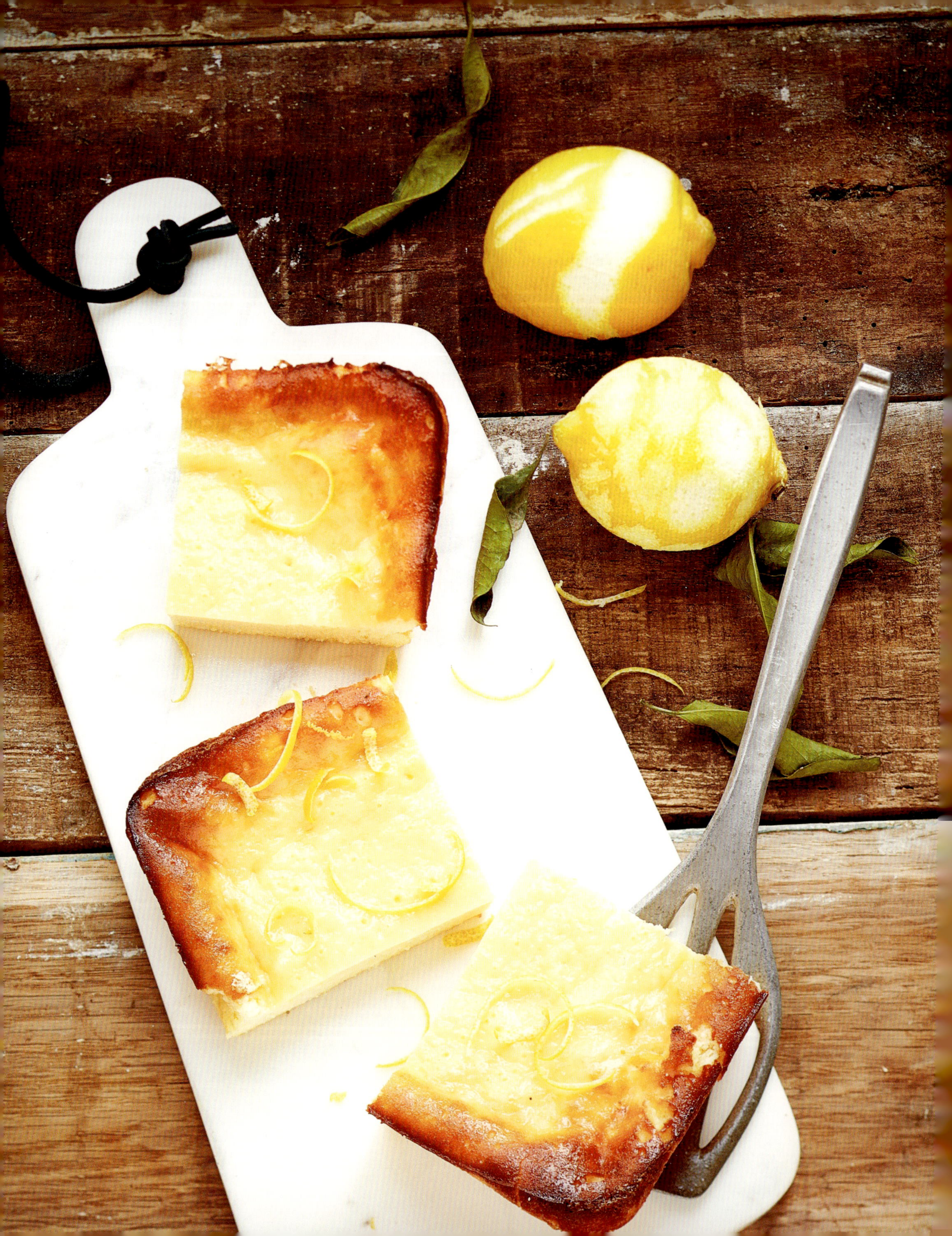

FIADONE

Pour 6 personnes
Préparation : 10 min
Cuisson : 30 min

€ ✳

- 500 g de brocciu frais
- 1 gros citron
- 5 œufs
- 180 g de sucre en poudre
- beurre
- 1 petit verre d'eau-de-vie corse

Muscat du Cap corse
ou de Rivesaltes

1 Lavez le citron, essuyez-le et râpez finement le zeste. Mélangez dans une terrine le fromage et les œufs, puis incorporez le sucre et le zeste de citron.

2 Beurrez un plat allant au four et versez-y la préparation. Lissez le dessus et faites cuire à 180 °C (th. 6) pendant 30 minutes.

3 Sortez le fiadone du four, arrosez-le avec un peu d'eau-de-vie et laissez-le reposer pendant quelques instants avant de le déguster tiède. Il est également très bon complètement refroidi.

TARTE AUX FIGUES

1 Lavez et essuyez délicatement les figues, puis rangez-les dans une casserole basse sur une seule couche, debout. Versez le miel dessus et laissez confire doucement à couvert pendant 1 heure. Puis retirez du feu et laissez refroidir complètement.

2 Abaissez la pâte et garnissez-en un moule à tarte beurré de 26 cm de diamètre. Réservez au réfrigérateur. Dans une casserole, faites chauffer les fraises équeutées avec 50 g de sucre pendant 10 minutes. Retirez du feu, ajoutez la crème et réduisez le tout en purée.

3 Sortez le fond de tarte du réfrigérateur et faites-le cuire à blanc pendant 20 minutes au four à 180 °C (th. 6). Étalez sur le fond la purée de fraises, puis prélevez les figues de leur sirop et disposez-les par-dessus.

4 Montez les blancs d'œufs en neige ferme avec le reste de sucre et étalez-les sur le dessus. Passez au four 5 minutes, juste pour dorer la meringue.

Pour 6 personnes
Préparation : 30 min
Cuisson : 1 h 35

€ € ✳ ✳

- 1 kg de petites figues violettes
- 250 g de fraises
- 4 blancs d'œufs
- 2 cuill. à soupe de crème fraîche
- 25 g de beurre
- 200 g de miel de Provence liquide
- 250 g de pâte brisée ou sucrée
- 80 g de sucre en poudre

Muscat-de-beaumes-de-venise
ou clairette de Dic

TARTE TROPÉZIENNE

Cette spécialité de Saint-Tropez fut créée en 1945, juste après la guerre, par un pâtissier d'origine polonaise qui inventa un gâteau inspiré du répertoire de son pays natal.

Pour 6 personnes
Préparation : 40 min
Repos : 2 h
Cuisson : 40 min

€

✱✱

- 1 œuf entier + 5 jaunes
- 50 cl de lait
- 10 cl de crème fleurette
- 80 g de beurre ramolli
- 300 g de farine
- 15 g de levure de boulanger
- 40 g de fécule de maïs
- 80 g de sucre en poudre
- 3 cuill. à soupe de sucre en grains
- 1 cuill. à soupe de rhum
- 1 pincée de sel

1 Émiettez la levure dans 10 cl de lait et délayez-la. Dans une terrine, tamisez la farine, ajoutez l'œuf entier battu, le sel et 40 g de sucre en poudre. Mélangez, puis incorporez le beurre et la levure délayée. Pétrissez pendant 5 minutes, couvrez d'un linge et laissez lever pendant 1 heure à température ambiante.

2 Préparez une crème pâtissière. Dans une casserole, mélangez 4 jaunes d'œufs, la fécule de maïs et le reste de sucre. Délayez peu à peu avec 40 cl de lait et faites cuire doucement pendant 10 minutes en remuant constamment. Hors du feu, ajoutez le rhum et laissez refroidir.

3 Étalez la pâte en formant un disque de 2 cm d'épaisseur sur une tôle tapissée de papier sulfurisé. Laissez lever 1 heure.

4 Badigeonnez le disque de pâte avec le dernier jaune d'œuf et faites cuire au four à 180 °C (th. 6) pendant 25 minutes.

5 Sortez le disque de pâte du four, recouvrez-le de grains de sucre et laissez refroidir.

6 Mélangez la crème pâtissière avec la crème fleurette en fouettant. Coupez la tarte en deux dans l'épaisseur et fourrez-la avec cette crème. Refermez et servez aussitôt.

Variantes et conseils

La marque et le brevet de l'authentique tarte tropézienne sont déposés, mais de nombreuses recettes s'en inspirent, avec des variations de parfums pour la crème.

Palette blanc ou bandol blanc

NAVETTES MARSEILLAISES

Pour 30 pièces environ
Préparation : 25 min
Cuisson : 20 min

€ ✳ ✳

- 3 œufs
- 80 g de beurre
- 700 g de farine
- 12 g de levure alsacienne
- 300 g de sucre en poudre
- 1 cuill. à soupe d'eau de fleur d'oranger
- 1 pincée de sel

🍷 Cassis blanc ou muscat de Beaumes-de-Venise

1 Dans une terrine, tamisez la farine avec la levure. Faites une fontaine au milieu. Ajoutez le beurre très ramolli, le sel, les œufs battus en omelette et le sucre. Commencez à mélanger en ajoutant l'eau de fleur d'oranger, et un peu d'eau tiède si la pâte est trop sèche. Elle doit être lisse et ferme.

2 Partagez la pâte en 3 portions, puis chaque portion en une dizaine de navettes en forme de barquettes effilées. Incisez-les dans la longueur et rangez-les sur la tôle du four (en deux fournées éventuellement).

3 Faites cuire à 180 °C (th. 6) pendant 20 minutes environ. À la sortie du four, décollez les navettes et laissez-les refroidir sur une grille.

POMPE À L'HUILE

1 Versez la levure dans un bol, ajoutez 8 cl d'eau tiède, mélangez et réservez. Dans une grande terrine, tamisez la farine. Ajoutez la levure délayée, le sucre en poudre et le sel. Mélangez en incorporant peu à peu 12 cl d'huile d'olive, l'eau de fleur d'oranger, le zeste du citron râpé et 10 cl d'eau. Pétrissez pendant 15 minutes en ajoutant 1 œuf entier. Laissez la pâte lever à couvert pendant 1 heure à température ambiante, puis encore 1 heure dans le réfrigérateur.

2 Partagez la pâte en 2 portions égales et aplatissez-les sur 1 cm d'épaisseur. Déposez-les sur la tôle du four bien huilée et entaillez-les avec un couteau pour les ajourer. Laissez lever encore 1 heure à température ambiante.

3 Dorez les pompes avec l'œuf restant et faites cuire au four à 180 °C (th. 6) pendant 30 minutes. Laissez refroidir complètement avant de déguster.

🍷 Rasteau doré ou vin d'orange

Pour 8 personnes
Préparation : 20 min
Repos : 2 h
Réfrigération : 1 h
Cuisson : 30 min

€ ✳ ✳

- le zeste de 1 citron
- 2 œufs
- 600 g de farine
- 30 g de levure de boulanger
- 100 g de sucre en poudre
- 2 cuill. à soupe d'eau de fleur d'oranger
- 14 cl d'huile d'olive
- 15 g de sel

SAVOIE
&
DAUPHINÉ

ENTRÉES

Soupe savoyarde au beaufort, 209
Caillettes dauphinoises, 209

PLATS

Gratin dauphinois, 211
Gratin de cuisses de grenouilles, 212
Farçon, 212
Diots au vin blanc, 215
Crique de pommes de terre, 215
Potée savoyarde, 216
Fondue savoyarde, 216
Pintadeau aux morilles, 219

DESSERTS

Soufflé à la chartreuse verte, 220
Gâteau grenoblois, 222
Biscuit de Savoie, 222
Pogne de Romans, 224
Rézules de poires, 224

QUE LA MONTAGNE EST BELLE !

Difficile pour moi de dissocier la gastronomie savoyarde et dauphinoise des solides petits déjeuners, des déjeuners d'altitude et des dîners reconstituants que nous prenions mes frères et moi lors de nos vacances aux sports d'hiver. Cette cuisine colle si bien aux jours de ski, à la montagne et aux produits des massifs élancés et des vallées profondes, que je revis ces jours heureux à chaque fois que je mords dans une pointe de beaufort d'alpage. Fromages, salaisons, fruits secs, confitures et tout ce que l'on pouvait conserver pendant les longues saisons sous la neige, constituent la solide base de la cuisine montagnarde. Poissons lacustres, champignons, herbes et baies sauvages et quelques gibiers en sont les adjuvants occasionnels et bienvenus. Pendant des siècles, les gens vécurent dans ces régions en quasi-autarcie, surtout en hiver, et ce n'est qu'après-guerre que l'essor des sports d'hiver permit aux citadins de découvrir cette cuisine enclavée qui conquit les cœurs et les estomacs de toute la France. Isolés dans leurs fermes et chalets, les montagnards dépendaient de leurs produits locaux et ils ont trouvé le moyen de les rendre de plus en plus attrayants. Aujourd'hui, la gastronomie de ces régions, soutenue par des vins et des liqueurs (la Chartreuse®, la plus grande liqueur française) qui n'ont fait que progresser, s'exporte jusqu'au bord de la mer, et même au-delà. Mais elle reste suffisamment authentique pour ne pas perdre son âme. Et franchement, c'est tout ce que l'on souhaite !

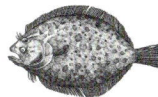

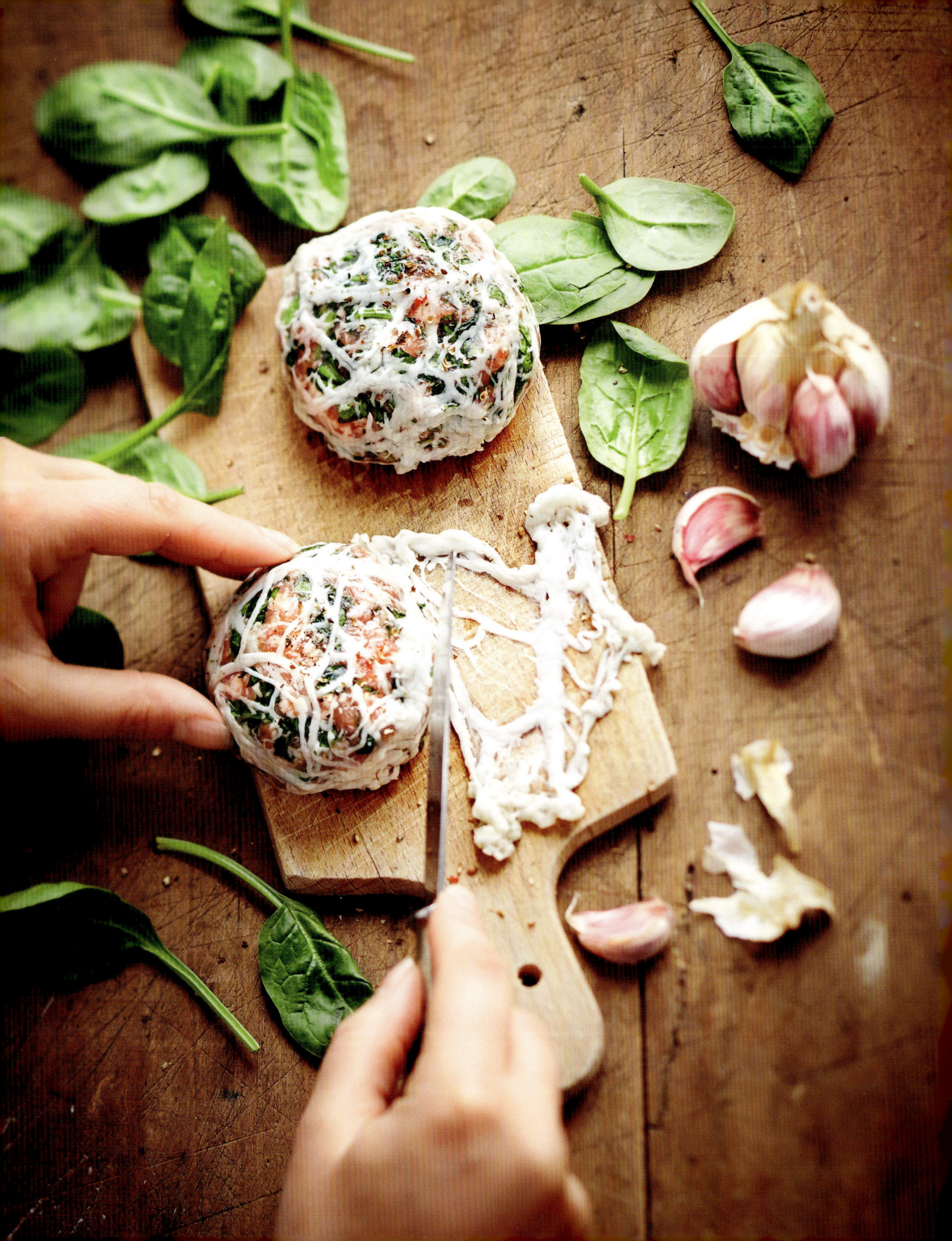

SOUPE SAVOYARDE AU BEAUFORT

Pour 6 personnes
Préparation : 25 min
Cuisson : 1 h environ

€ ✳

- 400 g de céleri-rave
- 3 poireaux
- 2 navets
- 1 citron
- 4 grosses pommes de terre
- 150 g de beaufort râpé
- 50 cl de lait
- 40 g de beurre
- sel et poivre du moulin

1 Faites chauffer le beurre dans une marmite, ajoutez les poireaux lavés et émincés, en gardant le maximum de vert. Faites cuire 5 minutes doucement.

2 Ajoutez ensuite les navets parés et taillés en petits dés, le céleri pelé et taillé en fines lamelles citronnées, et les pommes de terre pelées et coupées en rondelles.

3 Versez 1 litre d'eau, salez et poivrez. Faites cuire doucement en remuant de temps en temps pendant 1 heure.

4 Une quinzaine de minutes avant la fin, ajoutez en remuant le lait chauffé à part et rectifiez l'assaisonnement. Servez la soupe accompagnée de beaufort à part. Chacun en ajoutera à sa guise dans la soupe.

🍷 Gamay de Savoie ou rousette de Savoie

CAILLETTES DAUPHINOISES

1 Hachez menu les blettes, les épinards, le céleri et l'ail pelé. Hachez également les viandes et mélangez-les dans une terrine. Salez, poivrez et pétrissez le tout 5 minutes. Puis partagez la farce en 6 boulettes et enveloppez-les soigneusement de crépine.

2 Rangez les caillettes dans un plat à gratin enduit de saindoux, arrosez-les avec un peu de saindoux fondu et faites cuire à 220 °C (th. 7-8) pendant 25 minutes, en arrosant de temps en temps. À la sortie du four, laissez refroidir les caillettes dans le plat.

🍷 Saint-joseph rouge ou crozes-hermitage

Pour 6 personnes
Préparation : 35 min
Cuisson : 25 min

€ ✳ ✳

- 200 g de foie de porc
- 250 g de filet de porc
- 125 g de poitrine de porc fraîche sans os
- 1 grande crépine
- 500 g de feuilles de blettes
- 1 branche de céleri
- 100 g d'épinards
- 3 gousses d'ail
- saindoux
- sel et poivre du moulin

GRATIN DAUPHINOIS

Pour 6-8 personnes
Préparation : 40 min
Cuisson : 2 h

€

✳

- 2,2 kg de pommes de terre fermes (charlotte)
- 1 l de lait entier
- 120 g de beurre doux
- 10 g de gros sel
- 50 cl de crème fraîche épaisse
- 1 gousse d'ail
- sel fin et poivre blanc du moulin

Crozes-hermitage blanc
ou saint-joseph blanc

1 Lavez les pommes de terre. Épluchez-les et découpez-les (à la mandoline) en lamelles de 3 mm environ. Essuyez-les sans les passer sous l'eau. Épluchez l'ail. Dans une casserole, portez à petite ébullition le lait avec 1 demi-gousse d'ail pressée et ajoutez 100 g de beurre. Ajoutez le gros sel et remuez.

2 Mettez les pommes de terre dans ce mélange et faire cuire en remuant pendant une vingtaine de minutes. Au bout de ce temps, le mélange de lait et de beurre doit avoir été absorbé aux trois quarts par les pommes de terre.

3 Préchauffez le four à 170 °C (th. 5-6). Graissez le plat à four avec le beurre restant ramolli. Dans un bol, salez et poivrez la crème fraîche, ajoutez l'ail restant pressé puis remuez à l'aide d'une cuillère.

4 Dans le plat beurré, disposez sans les briser la moitié des rondelles de pomme de terre. Étalez dessus la moitié de la crème. Ajoutez le restant des pommes de terre, versez le fond de lait réduit et épaissi, puis le restant de crème à la surface.

5 Enfournez. Laissez cuire et gratiner de 1 h 30 à 1 h 45 selon le four. Servez quand le dessus est bien doré.

Variantes et conseils

Jadis quand les plats à gratin étaient très rugueux on frottait ceux-ci avec 1 gousse d'ail qui se « râpait » dedans. Aujourd'hui la plupart des plats sont lisses et je préfère donc presser l'ail dans le lait et la crème. Pas de fromage dans le gratin dauphinois ! C'est la crème qui gratine. Si on ajoute du fromage (beaufort, comté, emmental…) alors il n'est plus dauphinois. Il devient gratin savoyard, comtois…

GRATIN DE CUISSES DE GRENOUILLES

Pour 4 personnes
Préparation : 20 min
Cuisson : 15 min environ

€ € ✳

● 4 douzaines de cuisses
de grenouilles, 1 gousse d'ail,
4 échalotes
● 2 cuill. à soupe de cerfeuil,
1 bouquet de ciboulette
● 2 jaunes d'œufs
● 40 cl de lait, 25 cl de crème
fraîche
● 80 g de beaufort râpé
● 50 g de beurre
● farine
● 10 cl de vin blanc
● sel et poivre du moulin

1 Mettez les cuisses de grenouilles dans un saladier, salez, poivrez, arrosez de lait et réservez. Pelez et hachez finement l'ail et les échalotes.

2 Dans une grande poêle, faites chauffer le beurre. Épongez et farinez légèrement les grenouilles, puis faites-les sauter 7 ou 8 minutes au beurre avec l'ail et les échalotes hachés. Mettez-les dans un grand plat à gratin.

3 Déglacez la poêle au vin blanc, faites réduire et versez ce jus sur les cuisses de grenouilles. Ajoutez la ciboulette hachée et le cerfeuil ciselé. Mélangez ensemble la crème fraîche, le beaufort râpé et les jaunes d'œufs, et nappez le plat de cette sauce. Salez légèrement, poivrez et faites gratiner sous le gril du four pendant 4 minutes environ.

FARÇON

1 Faites cuire les pommes de terre à l'eau avec leur peau, puis pelez-les et écrasez-les à l'aide d'une fourchette. Battez les œufs en omelette. Hachez les oignons et les échalotes. Ciselez le cerfeuil. Ajoutez l'un après l'autre, en mélangeant bien, le lait, la farine et les œufs battus. Salez et poivrez.

2 Préchauffez le four à 200-210 °C (th. 7). Faites revenir au beurre à la poêle les oignons et les échalotes. Ajoutez les petits lardons et laissez colorer légèrement. Incorporez cette poêlée au mélange précédemment réalisé. Incorporez le cerfeuil ciselé et la moitié du beaufort.

3 Versez le tout dans un plat à gratin beurré, puis répartissez sur le dessus le fromage râpé restant. Enfournez à mi-hauteur pendant 30 minutes environ.

Pour 6 personnes
Préparation : 25 min
Cuisson : 50 min

€ ✳

● 1,5 kg de pommes de terre
● 3 œufs
● 50 cl de lait entier
● 50 g de farine tamisée
● 3 beaux oignons jaunes
● 3 échalotes
● 200 g de lardons fumés
● 200 g de beaufort râpé
● 1 botte de cerfeuil
● beurre
● sel fin et poivre du moulin

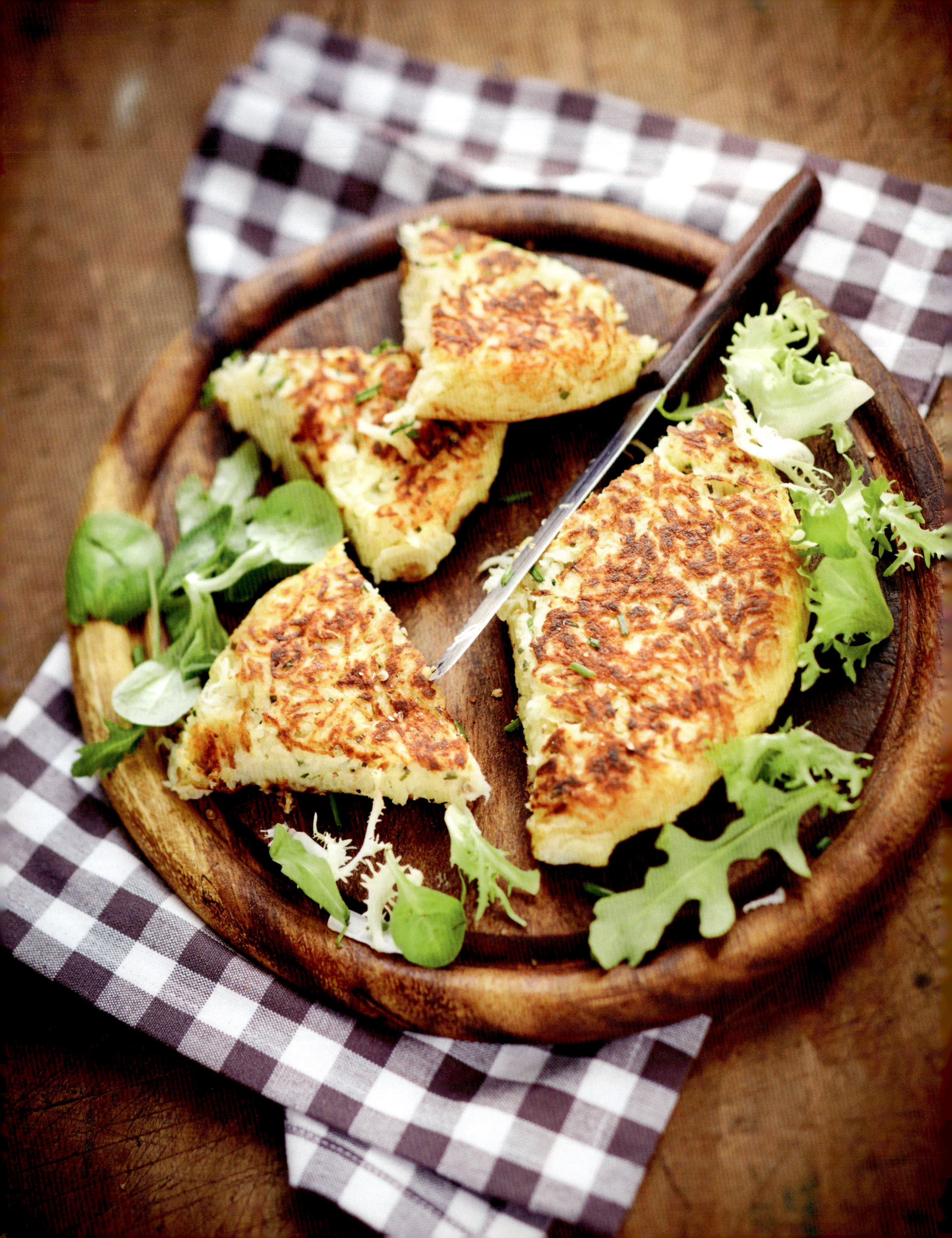

DIOTS AU VIN BLANC

Pour 8 personnes
Préparation : 10 min
Cuisson : 50 min

€ ✳

● 8 diots (saucisses de porc savoyardes)
● 50 cl de vin blanc sec de Savoie
● 3 oignons
● 1 échalote
● 30 g de farine
● 25 g de beurre
● thym et laurier
● sel et poivre noir du moulin

🍷 Blanc de Savoie

1 Épluchez et émincez les oignons et l'échalote. Faites revenir les diots dans une cocotte avec le beurre jusqu'à ce qu'ils soient bien colorés sur toutes les faces. Sortez les diots et réservez-les.

2 Ajoutez dans la cocotte les oignons et l'échalote émincés. Faites-les colorer doucement pendant 5 minutes. Ajoutez la farine et mélangez.

3 Disposez les diots sur le lit d'oignons et d'échalote, puis mouillez avec le vin blanc. Ajoutez le thym et le laurier. Salez et poivrez.

4 Faites mijoter à couvert durant 45 minutes environ. Goûtez et rectifiez l'assaisonnement de la sauce.

☞ CRIQUE DE POMMES DE TERRE

1 Pelez, lavez et épongez les pommes de terre. Râpez-les grossièrement, ajoutez la ciboulette ciselée, salez et poivrez. Ajoutez les oignons finement émincés et mélangez. Incorporez ensuite les œufs battus en omelette et mélangez intimement.

2 Dans une grande poêle, faites fondre 20 g de beurre avec un filet d'huile. Versez la préparation aux pommes de terre, aplatissez à la spatule pour former une galette et faites cuire 15 minutes sur feu moyen.

3 Retournez la galette à l'aide d'un plat rond et faites-la glisser dans la poêle avec le reste de beurre et un filet d'huile. Poursuivez la cuisson 2 minutes, jusqu'à ce que la crique soit croustillante. Servez aussitôt.

🍷 Chignin-bergeron ou rousette de Savoie

Pour 4 personnes
Préparation : 15 min
Cuisson : 17 min

€ ✳

● 800 g de pommes de terre à chair ferme
● 2 oignons
● 1 bouquet de ciboulette
● 2 gros œufs
● 40 g de beurre
● huile
● sel et poivre du moulin

POTÉE SAVOYARDE

Pour 8 personnes
Préparation : 35 min
Cuisson : 2 h 30

€ ✳

- 800 g de poitrine de porc fraîche
- 300 g de poitrine de porc fumée
- 1 jarret de porc frais
- 8 diots (saucisses savoyardes)
- 1 petit chou frisé
- 4 carottes
- 8 pommes de terre
- 4 navets
- 2 oignons
- 2 échalotes
- 2 clous de girofle
- 1 bouquet garni
- sel et poivre du moulin

1 Faites blanchir le chou coupé en quartiers 10 minutes à l'eau bouillante.

2 Dans une grande marmite, mettez toutes les viandes, ajoutez les carottes et les navets pelés, le bouquet garni, les oignons pelés et piqués de clous de girofle, et les échalotes pelées. Couvrez d'eau, salez, poivrez, faites bouillir, écumez et laissez cuire doucement pendant 1 h 30.

3 Écumez à nouveau, ajoutez les pommes de terre pelées et les quartiers de chou, et poursuivez la cuisson encore 1 heure.

4 Égouttez les légumes et servez-les dans un plat creux, disposez les viandes avec les diots par-dessus dans un autre plat et servez chaud.

🍷 Vin du Bugey rosé ou gamay de Savoie

FONDUE SAVOYARDE

1 Coupez en lamelles (ou râpez) les fromages séparément. Découpez le pain en cubes de 3 cm de côté environ.

2 Délayez la fécule dans le kirsch. Frottez bien le poêlon à l'ail jusqu'à l'usure de la gousse.

3 Mettez dans le poêlon les lamelles de fromage. Placez sur feu doux à moyen et faites fondre doucement les fromages en versant la moitié du vin, et en remuant constamment. Ajoutez le mélange de kirsch et de fécule. Puis ajoutez le vin restant toujours en remuant.

4 Lorsque tout est bien fondu et homogène, poivrez généreusement. Remuez encore 1 minute et servez bien chaud (légère ébullition) dans un caquelon sur un réchaud au milieu de la table. Chacun se sert en pain, pique un cube sur une broche en métal et trempe le morceau dans la préparation chaude.

Pour 4 personnes
Préparation : 15 min
Cuisson : 20 min

€ € ✳

- 400 g de beaufort (pas trop jeune)
- 400 g de gruyère de Savoie ou de comté
- 60 cl de vin blanc sec de Savoie
- 500 à 700 g de pain un peu rassis (pain de campagne de préférence)
- 2 cuill à café rases de fécule de pomme de terre
- 1 ou 2 gousses d'ail
- 2 cl de kirsch
- poivre blanc du moulin

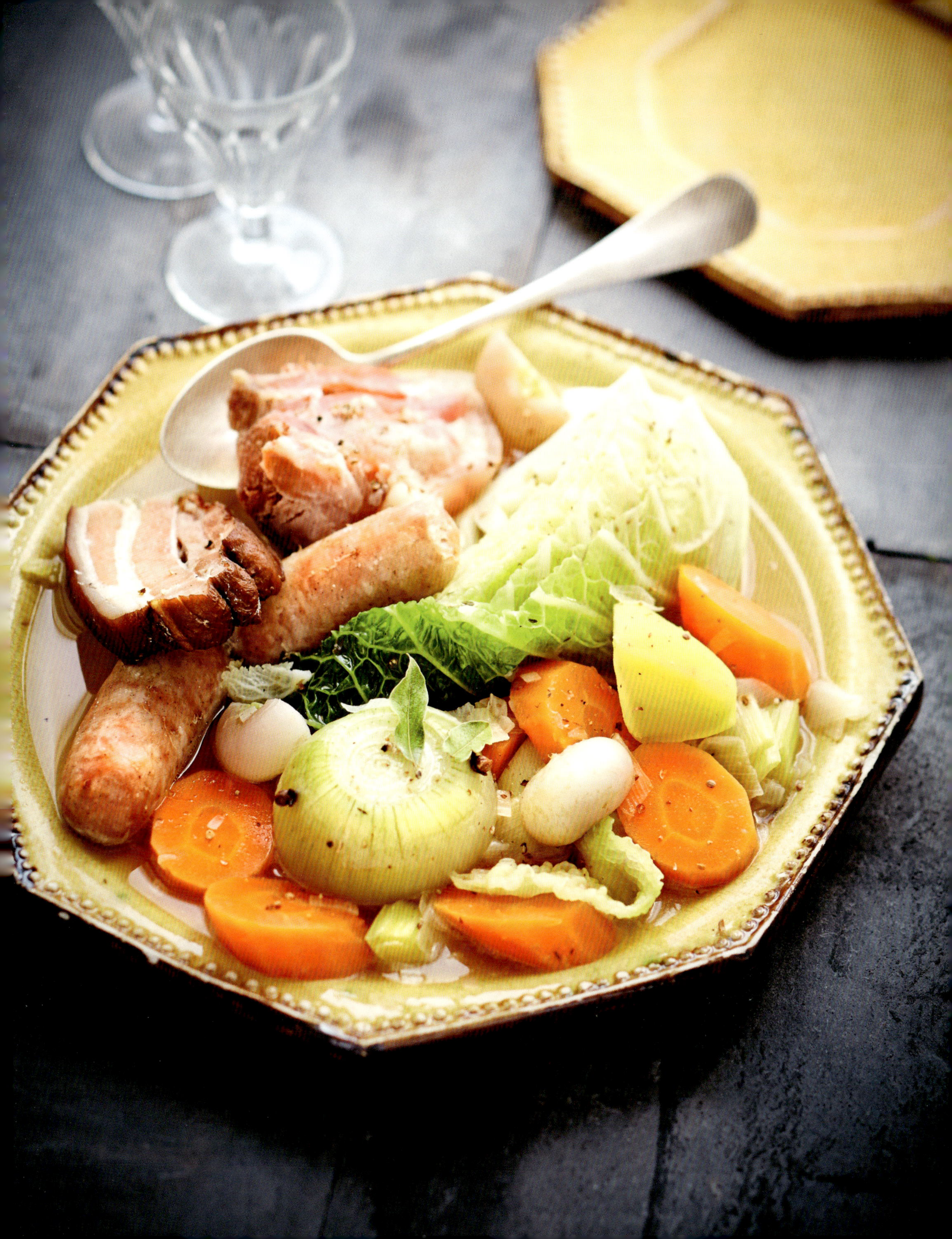

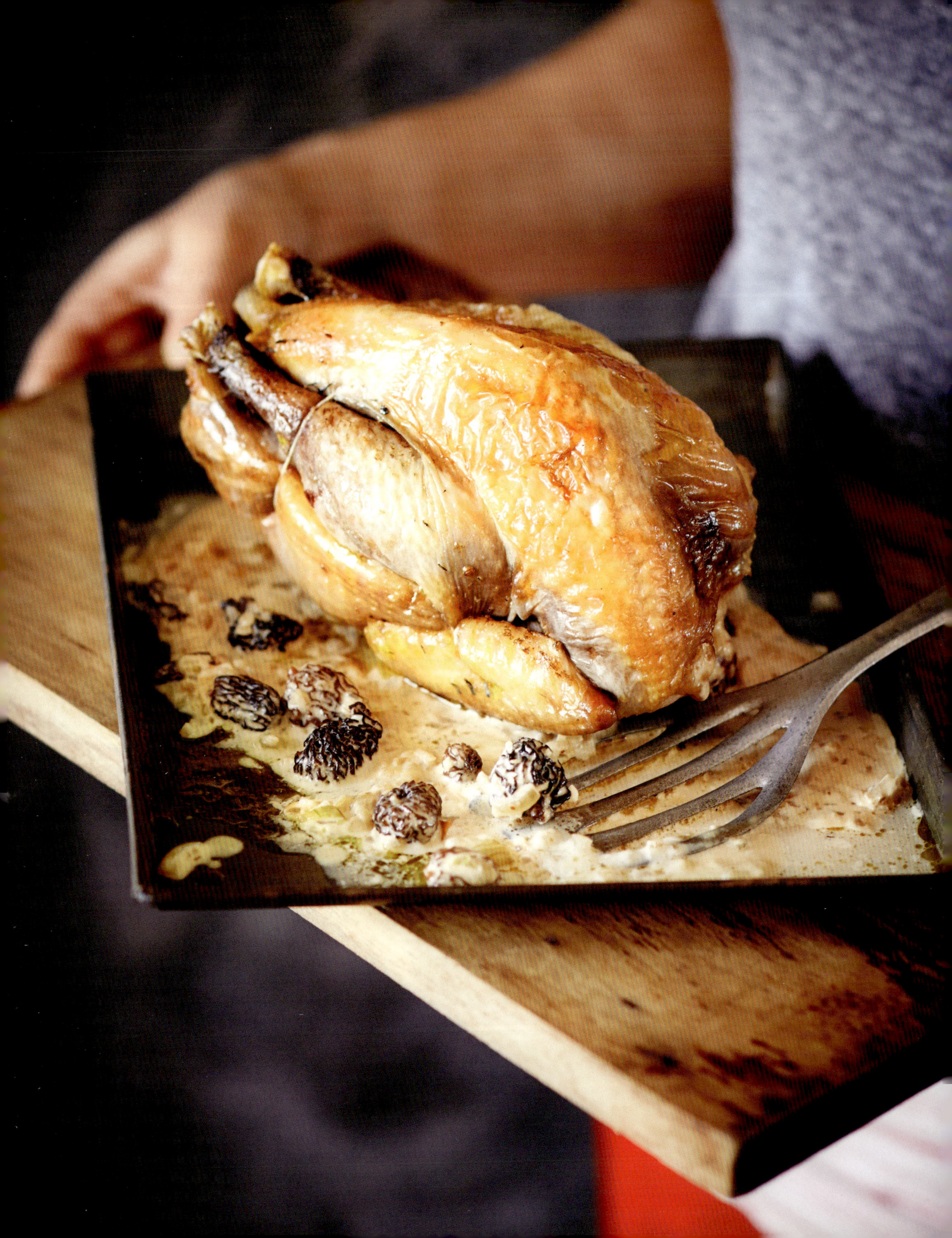

PINTADEAU AUX MORILLES

Pour 2 personnes
Préparation : 30 min
Cuisson : 30 min

€ €

✳ ✳

- 1 pintadeau
- 1 fine barde de lard
- 400 g de morilles fraîches
- 2 échalotes
- 10 cl de crème fraîche
- 40 g de beurre
- sel et poivre du moulin

1 Bardez le pintadeau salé et poivré. Ficelez-le et faites-le cuire au four à 240 °C (th. 8) dans un petit plat à rôtir, 10 minutes sur une cuisse, 10 minutes sur l'autre, puis 10 minutes sur le dos, en l'arrosant à chaque fois avec un peu d'eau bouillante.

2 Pendant ce temps, faites revenir les échalotes ciselées au beurre dans une casserole, ajoutez les morilles nettoyées et faites-les cuire en remuant pendant 20 minutes. Ajoutez la crème, salez et poivrez. Laissez épaissir en remuant.

3 Servez le pintadeau débardé et déficelé, coupé en deux, et garni de morilles à la crème.

FRANCE · PURE TRADITION · FAIT-MAISON · **Savoie**

Mondeuse de Savoie
ou hermitage blanc

SOUFFLÉ À LA CHARTREUSE VERTE

Si elle se déguste en digestif, la fameuse liqueur de plantes, inventée par les chartreux, sert aussi de parfum en pâtisserie ou en confiserie, ainsi que pour les entremets.

Pour 6 personnes
Préparation : 15 min
Cuisson : 30 min

€

✳ ✳

- 3 œufs
- 25 cl de lait
- 50 g de beurre
- 40 g de farine
- 15 g de fécule
- 40 g de sucre en poudre
- 1 sachet de sucre vanillé
- 3 biscuits à la cuillère
- 1 petit verre de chartreuse

Chartreuse verte ou jaune

1 Dans une casserole, faites chauffer le lait avec 20 g de sucre. Dans une autre casserole, faites fondre 35 g de beurre, ajoutez la farine et la fécule, mélangez, puis ajoutez le sucre vanillé. Versez le lait bouillant sucré et mélangez en remuant.

2 Incorporez les jaunes des œufs sans laisser bouillir, ajoutez la moitié de la liqueur et laissez tiédir.

3 Fouettez les blancs d'œufs en neige très ferme et incorporez-les à la pâte.

4 Beurrez un moule à soufflé de 18 cm de diamètre et poudrez-le du reste de sucre. Versez la moitié de la pâte, ajoutez les biscuits à la cuillère imbibés du reste de liqueur et coupés en morceaux. Recouvrez du reste de pâte et faites cuire au four à 200 °C (th. 6-7) pendant 30 minutes, sans ouvrir la porte. Servez aussitôt.

Variantes et conseils

Vous pouvez remplacer les biscuits à la cuillère par de fines tranches de biscuit de Savoie. La chartreuse verte est moins sucrée que la jaune ; faites selon votre goût.

GÂTEAU GRENOBLOIS

Pour 8 personnes
Préparation : 30 min
Cuisson : 50 min

€ ✳ ✳

- 250 g de noix + 10 cerneaux
- 5 œufs
- 40 g de beurre
- 100 g de fécule
- 250 g de sucre en poudre
- 150 g de sucre glace
- 2 cuill. à soupe d'extrait de café
- 1 cuill. à soupe de rhum

Café ou côtes-du-jura
Savagnin

1 Hachez finement les noix. Cassez les œufs en séparant les blancs des jaunes. Fouettez vivement les jaunes avec le sucre en poudre, puis ajoutez le rhum.

2 Fouettez les blancs d'œufs en neige ferme et incorporez-les au mélange jaunes-sucre. Ajoutez les noix hachées et la fécule.

3 Beurrez un moule à manqué et placez dans le fond un disque de papier sulfurisé beurré. Versez la pâte dans le moule et faites cuire à 190 °C (th. 6-7) pendant 50 minutes. Puis laissez tiédir et démoulez sur une grille. Délayez le sucre glace avec 1 cuillerée à soupe d'eau et l'extrait de café. Nappez le gâteau de ce glaçage et déposez les cerneaux de noix entiers en décor sur le dessus.

BISCUIT DE SAVOIE

Pour 8 personnes
Préparation : 25 min
Cuisson : 45 min

€ ✳ ✳

- 1 citron non traité
- 6 œufs de 55 g
- 20 g de beurre
- 170 g de sucre en poudre
- 50 g de farine
- 50 g de fécule de pomme de terre
- sel

Vin de Savoie-Ayze ou café

1 Cassez les œufs en séparant les blancs des jaunes. Fouettez vivement les jaunes avec 150 g de sucre et une pincée de sel. Incorporez la farine tamisée, la fécule et le zeste du citron finement râpé.

2 Fouettez les blancs d'œufs en neige très ferme avec une pincée de sel. Puis incorporez-les peu à peu à la préparation précédente, en la gardant très mousseuse.

3 Beurrez un moule à manqué et poudrez-le avec le reste de sucre. Versez-y la pâte et faites cuire à 160 °C (th. 5-6) pendant 45 minutes, sans ouvrir la porte.

4 Démoulez à la sortie du four et laissez refroidir complètement.

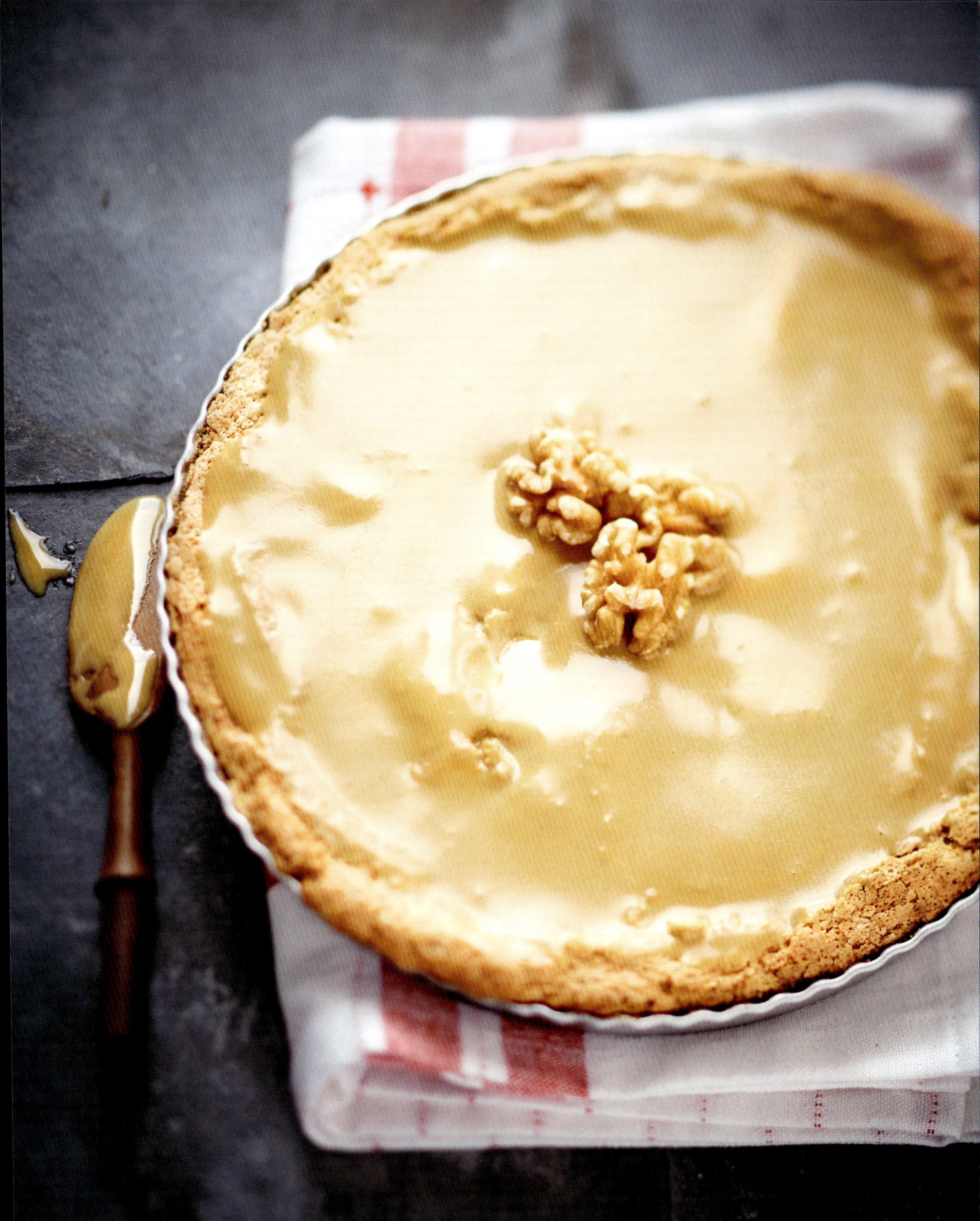

POGNE DE ROMANS

Pour 6-10 personnes
Préparation : 20 min
Cuisson : 30 min
Repos : 8 h + 6 h 30

€ ✳ ✳

- 500 g de farine
- 20 g de levure de boulanger
- 250 g de beurre
- 10 g de sel
- 10 cl de lait
- 100 g de sucre en poudre
- 3 cl d'eau de fleur d'oranger
- 6 œufs + 1 jaune d'œuf

1 Préparez le levain la veille en faisant dissoudre le sel et 20 g de sucre dans le lait tiède. Ajoutez ensuite la levure pour la dissoudre. Incorporez 100 g de farine à ce mélange. Couvrez d'un linge humide et laissez doubler de volume dans un endroit tempéré de 8 à 12 heures. Mélangez dans une terrine la farine et le sucre restants. Creusez un puits et versez peu à peu l'eau de fleur d'oranger, les œufs entiers un à un et le levain en tournant la pâte. Incorporez le beurre ramolli. Formez une boule de pâte. Mettez-la dans une terrine couverte d'un linge humide et laissez-la reposer 2 heures à température de la pièce. Reprenez la boule et aplatissez-la à la main. Formez de nouveau une boule, remettez-la dans la terrine et laissez-la reposer 4 heures dans les mêmes conditions.

2 Préchauffez le four à 180 °C (th. 6). Farinez vos mains et façonnez 2 couronnes sur une plaque recouverte de papier sulfurisé et laissez à nouveau reposer 30 minutes. Avec des ciseaux trempés dans l'eau, taillez des petites pointes tout autour du sommet de la couronne de pâte. Mélangez 1 cuillerée à café d'eau avec le jaune d'œuf et dorez la couronne à l'aide d'un pinceau de cuisine. Enfournez pendant 30 à 40 minutes et vérifiez qu'un couteau planté dedans ressorte sec.

RÉZULES DE POIRES

1 Pelez et épépinez les poires, puis coupez-les en quartiers et faites-les cuire tout doucement pendant 2 heures avec le jus de citron, le sucre, la cannelle et 2 verres d'eau. Puis enlevez le bâton de cannelle, et laissez refroidir et sécher la compote.

2 Abaissez la pâte feuilletée et découpez dedans des ronds de 12 cm de diamètre. Répartissez la compote sur la moitié de ces ronds, couvrez-les avec l'autre moitié et soudez-les. Badigeonnez-les au jaune d'œuf allongé d'eau, poudrez-les de sucre glace et faites-les cuire 15 minutes au four à 220 °C (th. 7-8). Servez aussitôt.

Pour 6 personnes
Préparation : 30 min
Cuisson : 2 h 15

€ ✳

- 2 kg de petites poires fermes
- 1 citron
- 1 jaune d'œuf
- 1 bâton de cannelle
- 400 g de pâte feuilletée
- 400 g de sucre en poudre
- sucre glace

AUVERGNE
&
MASSIF CENTRAL

ENTRÉES

PLATS

DESSERTS

UN GRAND PLATEAU
DE FROMAGES ET CHARCUTERIES

Avec ses potées, ses charcuteries, ses farcis et ses estouffades, les cuisines auvergnate et rouergate donnent une image de belle rusticité, solide et généreuse, dont les classiques se sont peu à peu installés sur les cartes des bistrots les plus tentants : tripous et chou farci, petit salé aux lentilles, aligot ou truffade. Pour mieux en saisir la spécificité, au-delà des richesses que le terroir propose (la région est à la fois un plateau de fromages et une assiette de cochonnailles), je tiens à vous présenter les quelques signes distinctifs de cette gastronomie. Tout d'abord, la rencontre du vin rouge, de l'oignon et du lard, avec la pomme de terre comme quatrième ingrédient. Un quatuor aussi à l'aise pour accompagner viandes ou volailles que poissons ou légumes secs. Autre mariage heureux, celui, plus simple mais parfait, du lard et de la pomme de terre, avec pour témoins l'ail, l'oignon et le serpolet. Il faut dire qu'ici le lard de poitrine et le jambon sont quasi une religion. Une autre caractéristique culinaire : le sucré-salé avec l'ajout de fruits secs, pruneaux ou raisins, ou encore de châtaignes. Quant aux produits laitiers, ils sont bien présents avec ces spécialités typiquement cantaliennes que sont les recettes à base de cantal jeune et de pommes de terre que l'on retrouve en Aubrac avec le fromage de Laguiole. Et comment oublier le chou ? Il vit une union magnifique avec la viande de porc ou de bœuf, un mariage célébré dans un des plus beaux plats de la table française : le chou farci. Une cuisine de pauvres paysans, dites-vous ? Peut-être un peu, mais authentique, ingénieuse et généreuse, faite pour nourrir les vraies gens quand les tâches étaient dures et la terre aussi.

SOUPE BRÉJAUDE

Cette soupe doit son nom au « bréjou », couenne du lard indispensable pour parfumer les légumes du pot et qui, en principe, revient de droit à l'assiette du maître de maison.

Pour 6 personnes
Préparation : 20 min
Cuisson : 1 h 50

€

✳

- 250 g de lard frais avec la couenne
- 1 cœur de chou vert frisé
- 3 carottes
- 3 navets
- 3 poireaux
- 6 pommes de terre
- 200 g de haricots verts
- 300 g de pain de seigle
- poivre
- gros sel

Massif Central
FRANCE · PURE TRADITION · FAIT-MAISON

Côtes-du-forez
ou crus de Beaujolais

1 Dans une marmite, faites pocher le morceau de lard incisé en croisillons avec 3 litres d'eau pendant 1 heure.

2 Parez le chou et coupez-le en quartiers. Pelez, lavez et coupez en morceaux les carottes, les navets et les pommes de terre.

3 Lavez et tronçonnez les blancs des poireaux, effilez les haricots verts.

4 Retirez le morceau de lard de la marmite au bout de 1 heure. Écrasez-le grossièrement avec du gros sel et remettez le tout (dont la couenne intacte) dans la marmite avec le chou, les carottes, les navets et les poireaux. Poivrez et faites cuire doucement 30 minutes.

5 Ajoutez les pommes de terre et les haricots verts, et faites cuire encore 20 minutes.

6 Détaillez le pain de seigle en lamelles et mettez-les dans des assiettes creuses. Arrosez de bouillon, puis ajoutez les légumes et les morceaux de lard écrasés, avec un morceau de couenne. Poivrez et servez aussitôt.

Variantes et conseils

Le pain de seigle n'est pas indispensable.
La bréjaude servie en petites soupières fera un excellent dîner, suivie d'un plateau de fromages auvergnats.

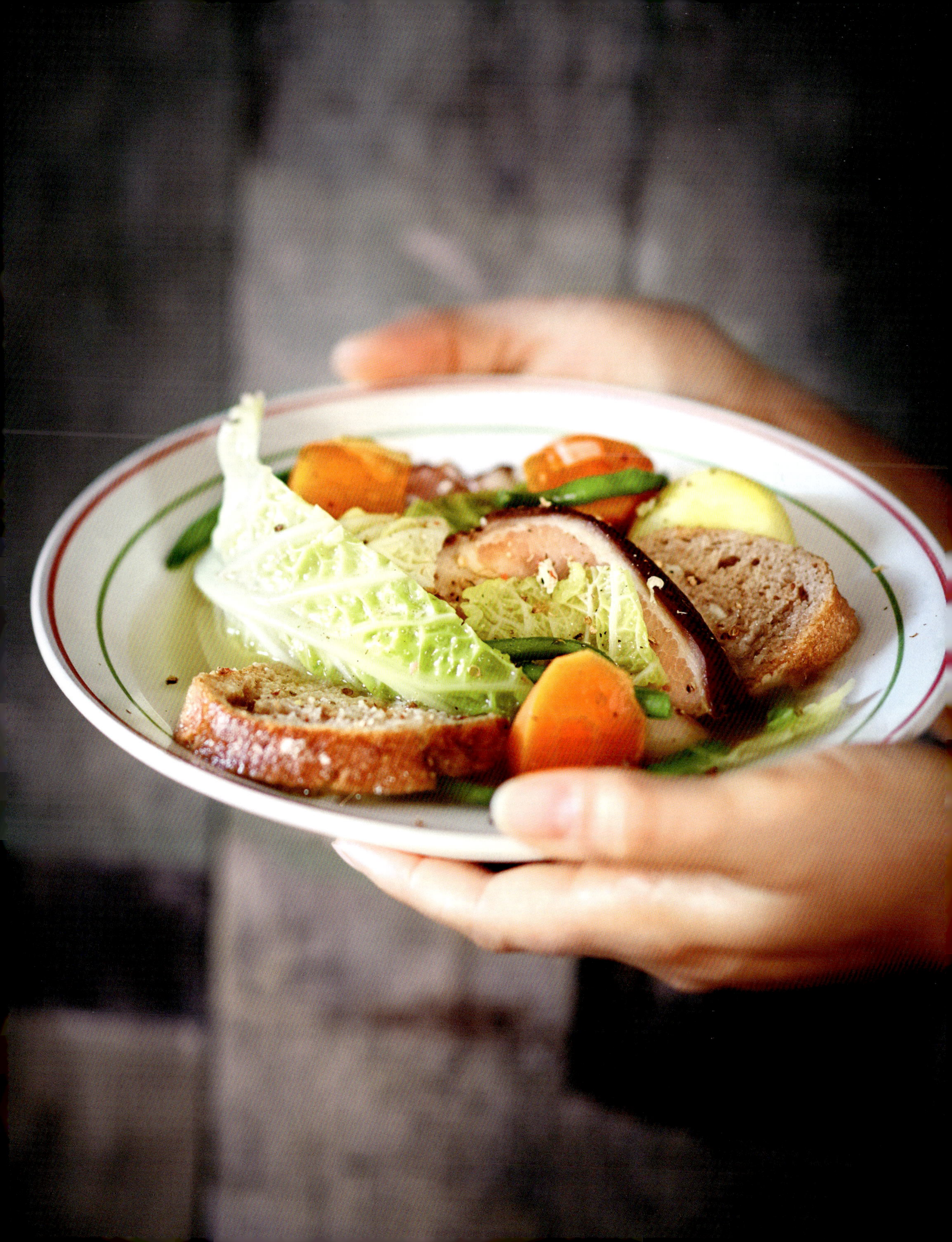

SALADE DE LENTILLES

Pour 4 personnes
Préparation : 15 min
Cuisson : 30 min environ

€ ✳

● 300 g de lentilles vertes,
2 gousses d'ail, 1 oignon, 2 cuill.
à soupe de ciboulette, 1 brin
de thym frais, 1 feuille de laurier

● 15 g de beurre

● 70 cl de vin blanc sec

● 1 cuill. à soupe de moutarde

● 2 cuill. à soupe de vinaigre
de vin rouge, 6 cuill. à soupe
d'huile neutre, sel et poivre
du moulin

1 Ébouillantez les lentilles pendant 1 minute
dans une casserole d'eau non salée, puis égouttez-les.

2 Dans une cocotte, faites fondre le beurre, ajoutez l'ail et
l'oignon pelés et hachés, le thym et le laurier. Mélangez
2 minutes, puis ajoutez les lentilles. Mélangez, versez doucement
le vin, portez à ébullition, baissez le feu, couvrez et laissez
mijoter 30 minutes.

3 Pendant ce temps, préparez une vinaigrette avec l'huile,
le vinaigre, la moutarde et la ciboulette ciselée, salez et
poivrez. Égouttez soigneusement les lentilles et versez-les dans
un saladier, en retirant le thym et le laurier. Arrosez aussitôt de
vinaigrette et mélangez. Laissez reposer quelques instants et
servez tiède.

ESCARGOTS EN CRÈME AUX HERBES

1 Dans une casserole, mettez les escargots rincés et
égouttés avec la moitié du beurre. Faites chauffer
doucement. Retirez du feu quand le beurre est fondu, salez et
poivrez. Réservez.

2 Dans une autre casserole, faites chauffer le reste de
beurre. Ajoutez l'oseille et les épinards ciselés, ainsi que la
sauge, la ciboulette et le persil également ciselés. Poudrez d'un peu
de farine et faites cuire 2 minutes. Puis ajoutez le vin blanc, faites
bouillir et laissez mijoter doucement 15 minutes. Salez et poivrez.

3 Faites à nouveau chauffer doucement les escargots.
Incorporez à la sauce la crème fraîche et l'ail pressé.
Égouttez les escargots et répartissez-les dans des assiettes
creuses, nappez de sauce avant de servir.

Pour 4 personnes
Préparation : 30 min
Cuisson : 30 min

€ € ✳ ✳

● 8 douzaines de petits-gris

● 1 poignée d'oseille, 1 poignée
d'épinards, 1 gousse d'ail,
2 bouquets de ciboulette,
1 bouquet de persil, 3 feuilles
de sauge

● 20 cl de crème fraîche épaisse,
125 g de beurre

● farine

● 2 verres de vin blanc sec

● sel et poivre du moulin

PÂTÉ AUX POMMES DE TERRE BOURBONNAIS

C'est vrai que cette recette plaît à tous, car je n'ai jamais vu personne et surtout les enfants ne pas apprécier la pomme de terre quand elle est parfaitement cuisinée. Et si le Bourbonnais et le Berry réclament la paternité de ce plat, je rappelle que les deux régions se jouxtent et j'ajoute que la pomme de terre ne connaît pas de frontières. Vous l'avez compris, je préfère botter en touche et dévorer ce pâté d'où qu'il vienne.

Pour 8 personnes
Préparation : 45 min
Cuisson : 1 h

€

✳

- 2 rouleaux de pâte brisée au beurre
- 1 kg de pommes de terre
- 35 cl de crème fraîche épaisse
- 10 g de beurre
- 10 g de farine
- 1 jaune d'œuf
- sel et poivre du moulin

FRANCE · PURE TRADITION · Auvergne · FAIT-MAISON

🍷 Pouilly fumé ou chateaumeillant blanc

1 Épluchez et rincez les pommes de terre. Coupez-les en rondelles dans un saladier. Assaisonnez-les avec du sel et du poivre. Mélangez bien.

2 Préchauffez le four à 210 °C (th. 7). Beurrez et farinez le fond d'une tourtière. Foncez une pâte brisée dans le fond et disposez les rondelles de pomme de terre dessus. Recouvrez les pommes de terre avec l'autre pâte brisée jusqu'en butée du bord de la tourtière. Superposez le bord de la pâte brisée inférieure sur le bord de la pâte brisée supérieure. Effectuez au centre du pâté un trou de 5 cm de diamètre (une cheminée). Dorez le pâté au jaune d'œuf à l'aide d'un pinceau. Mettez au four pendant 1 heure.

3 À la sortie du four, laissez reposer le pâté. Une fois tiède, mettez la crème par la cheminée à l'aide d'une cuillère à café et faites tourner la tourtière pour que la crème pénètre bien dans les pommes de terre (ou, pour une version plus simple, ôtez la partie supérieure de la tourte et versez la totalité de la crème sur les pommes de terre). Laissez reposer 30 minutes avant de déguster.

Variantes & conseils

Pour une version plus simple : décalotter le pâté et verser la totalité de la crème sur les pommes de terre. Laisser reposer 30 min et déguster.

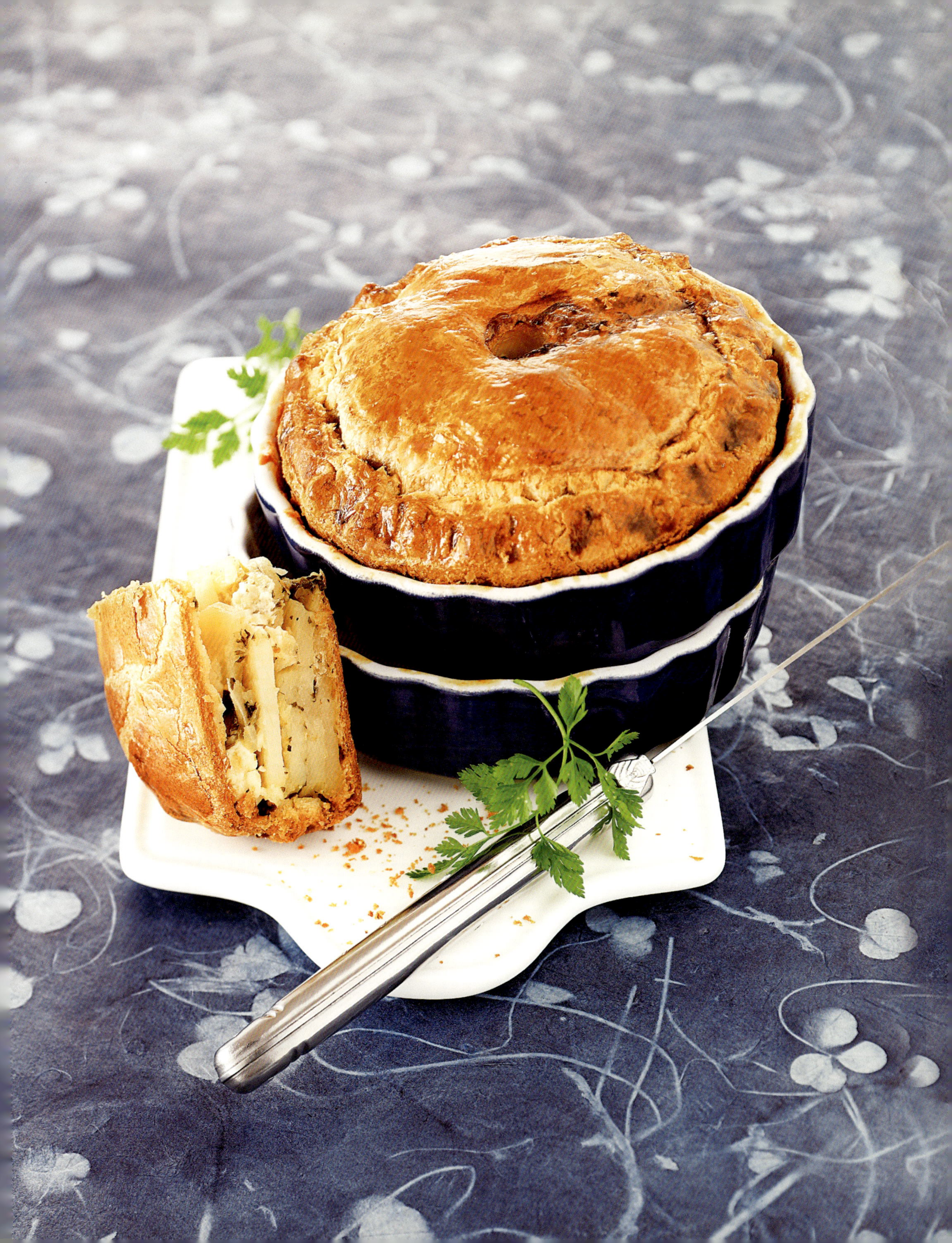

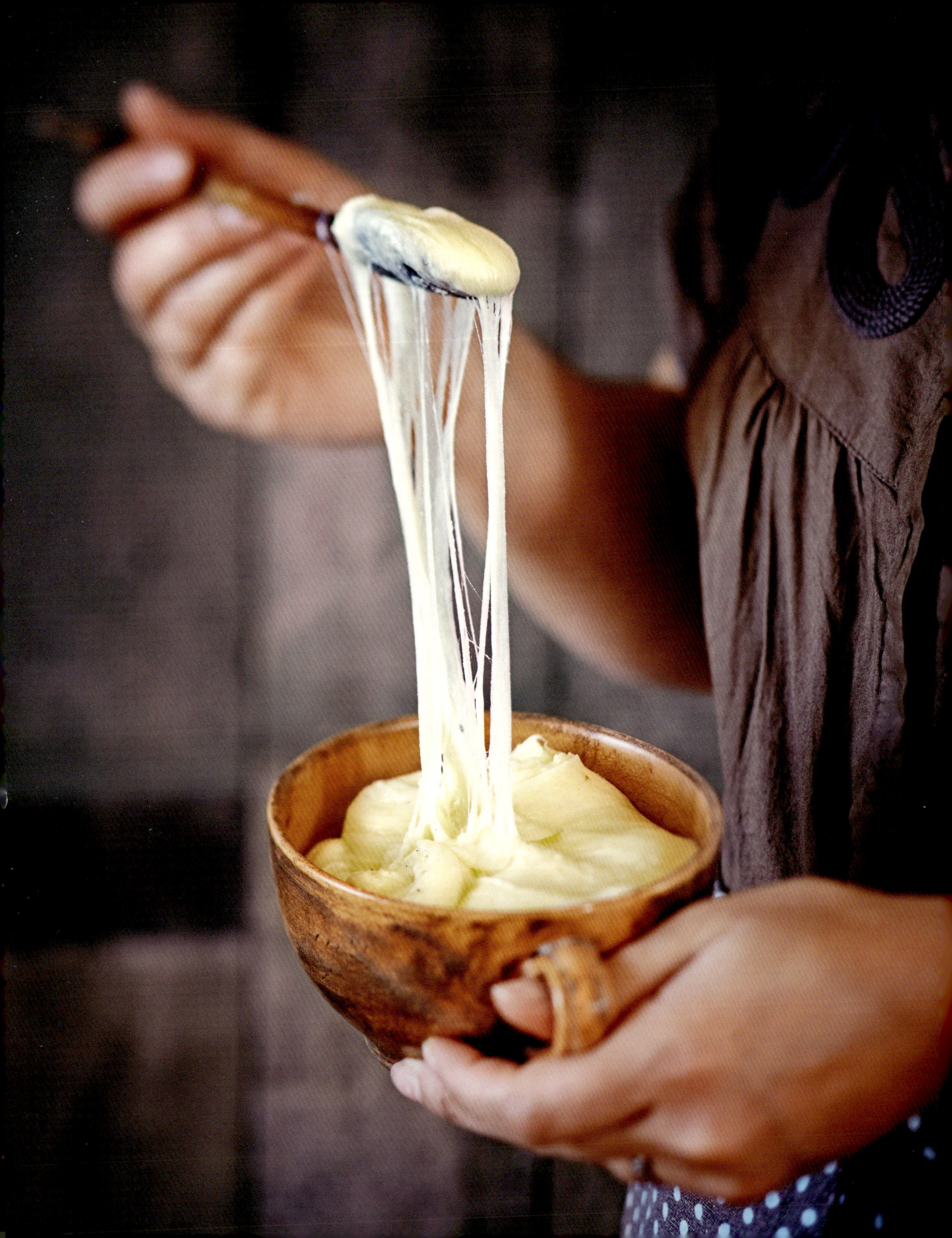

ALIGOT

Pour 6 personnes
Préparation : 40 min
Cuisson : 35 min

€€✳✳

- 1 kg de pommes de terre
à chair farineuse
- 400 g de tomme fraîche
- 100 g de beurre
- 250 g de crème fraîche épaisse
- sel et poivre du moulin

1 Brossez les pommes de terre sous l'eau froide
et mettez-les dans une marmite. Couvrez-les et faites
bouillir. Puis baissez le feu et laissez cuire 30 minutes. Quand
elles sont cuites, égouttez soigneusement les pommes de terre.

2 Coupez le fromage en lamelles. Passez les pommes
de terre en purée dans une terrine, ajoutez le beurre et
la crème, salez et poivrez. Mélangez et versez dans la marmite
nettoyée. Posez sur feu modéré et faites chauffer en remuant.
Incorporez le fromage en lamelles en mélangeant vigoureusement
pour qu'il fonde au contact de la purée. Continuez à remuer
jusqu'à ce que des fils apparaissent en levant la spatule. Servez
aussitôt.

TRIPOUS

1 Coupez la panse blanchie en 4 carrés de 20 x 20 cm
environ. Pliez-les en deux et cousez-les bord à bord avec
du fil de lin blanc en laissant le grand côté (face à la pliure)
ouvert, pour confectionner des petits sacs. Lavez le persil plat.
Coupez la chair des pieds de mouton en dés. Hachez au couteau
la fraise de veau, la gorge, la poitrine, le jambon, le reste de
panse, le persil plat, 1 demi-oignon et l'ail épluché et dégermé.
Mélangez avec les dés de pied de mouton. Salez et poivrez
largement. Remplissez en tassant bien les petits sacs de panse et
cousez le dernier côté pour fermer les tripous.

2 Dans une cocotte tapissée des couennes, placez les
tripous côte à côte et ajoutez le bouquet garni, l'oignon
restant émincé, la carotte taillée en rondelles et le quatre-épices.
Mouillez avec le vin blanc et le bouillon pour couvrir. Fermez
le couvercle et soudez les bords avec le boudin de pâte à pain.
Enfournez pour 7 ou 8 heures de cuisson à four doux, 140 °C
(th. 4-5). Servez dans le plat.

Pour 6-8 personnes
Préparation : 40 min
Cuisson : 8 h

€€✳✳✳

- 1 panse de veau blanchie,
8 pieds de mouton blanchis
et désossés, 1 kg de fraise de
veau blanchie, 200 g de poitrine
de porc, couennes de porc
fraîches, 200 g de jambon cru,
250 g de gorge de porc
- 1 oignon épluché
- 1 carotte pelée
- 5 gousses d'ail
- 1 bouquet de persil plat
- 1 bouquet garni
- ½ cuill. à café de quatre-épices
- 40 cl de vin blanc sec
- 2 l de bouillon de volaille
- 1 boudin de pâte à pain
- sel fin et poivre noir du moulin

MOURTAYROL

Pour 6 personnes
Préparation : 15 min
Cuisson : 2 h 40

€ ✳

- 1 poule de 2 kg, prête à cuire
- 4 carottes
- 2 navets
- 2 branches de céleri
- 3 poireaux
- 1 oignon
- 2 clous de girofle
- 1 mesure de safran
- 6 fines tranches de pain de seigle un peu rassis
- gros sel et poivre du moulin

1 Mettez la poule dans une grande marmite, couvrez d'eau froide et faites chauffer. Lorsqu'elle commence à bouillir, écumez et ajoutez les carottes et les navets pelés et tronçonnés, le céleri effilé et tronçonné, les poireaux lavés et coupés en tronçons, ainsi que l'oignon piqué de clous de girofle. Laissez cuire doucement 2 h 30 sans ébullition.

2 Égouttez la poule, coupez-la en morceaux et disposez-les dans un plat. Mettez les légumes dans un autre plat. Réservez le tout dans le four tiède.

3 Passez le bouillon et faites-le chauffer à nouveau en ajoutant le safran. Versez-le dans des bols sur les tranches de pain et poivrez. Servez ensuite la poule et les légumes avec du gros sel.

ESCALOPES ROULÉES À L'AUVERGNATE

1 Placez sur chaque escalope une tranche de jambon découennée et une tranche de cantal écroûtée. Repliez les escalopes et maintenez-les fermées avec des piques en bois. Passez-les d'abord dans l'œuf battu avec un peu d'huile et de sel, puis dans la chapelure en appuyant bien.

2 Dans une casserole, faites réduire sur feu vif le vin blanc avec les échalotes et la gousse d'ail pelées et émincées. Ajoutez la crème, faites bouillir, puis laissez mijoter 3 minutes et retirez du feu. Salez et poivrez.

3 Dans une poêle, posez les escalopes farcies dans le beurre chaud et faites-les dorer 6 à 7 minutes de chaque côté. En même temps, faites réchauffer doucement la sauce et nappez-en les escalopes bien dorées avant de servir.

Pour 4 personnes
Préparation : 20 min
Cuisson : 25 min

€ € ✳ ✳

- 4 escalopes de veau assez fines
- 4 tranches fines de jambon cru
- 3 échalotes
- 1 gousse d'ail
- 1 œuf
- 4 tranches de cantal entre-deux
- 4 cuill. à soupe de crème fraîche
- 60 g de beurre
- 100 g de chapelure
- 12 cl de vin blanc
- huile, sel et poivre du moulin

POTÉE AUVERGNATE

Chaque région de France, ou presque, possède une potée qui lui est propre, de la Lorraine au Béarn. Au centre de la France, l'Auvergne défend la sienne.

Pour 6 personnes
Préparation : 1 h
Cuisson : 2 h 50

€

❋

- 400 g de lard de poitrine demi-sel
- 1,2 kg de palette de porc demi-sel
- 1 saucisson à cuire
- 1 petit chou vert frisé
- 6 carottes
- 3 navets
- 6 blancs de poireau
- 2 branches de céleri
- 6 pommes de terre
- 2 oignons
- 2 gousses d'ail
- 2 clous de girofle
- 1 bouquet garni
- 2 cuill. à soupe de saindoux
- poivre du moulin

Côte-roannaise rouge
ou côtes-du-forez rouge

1 Dans une bassine d'eau, faites tremper les viandes pendant la préparation des légumes.

2 Pelez, parez et tronçonnez les carottes, les navets, les poireaux et le céleri. Pelez et piquez les oignons de clous de girofle. Pelez l'ail. Coupez le chou en quartiers et faites-le blanchir 5 minutes à l'eau bouillante, puis égouttez-le bien.

3 Dans une grande marmite, faites chauffer le saindoux. Ajoutez les viandes bien égouttées et faites-les dorer doucement. Puis ajoutez carottes, navets, poireaux, céleri, oignons, bouquet garni et ail. Poivrez et couvrez largement d'eau.

4 Portez à ébullition et ajoutez le chou, puis laissez cuire tranquillement pendant 2 heures.

5 Pelez les pommes de terre et ajoutez-les dans la marmite avec le saucisson. Poursuivez la cuisson 30 minutes et servez la potée dans une grande soupière bien chaude, après avoir coupé les viandes et le saucisson en morceaux.

Variantes et conseils

N'oubliez pas non seulement d'écumer plusieurs fois pendant la cuisson, mais aussi de dégraisser le liquide de la potée avant de servir les viandes et les légumes.

GRATIN DE MORUE AU LAGUIOLE

Pour 4 personnes
Préparation : 20 min
Dessalage : 12 h
Cuisson : 35 min

€ €

✳ ✳

- 1 kg de morue salée
- 2 oignons pelés et émincés
- 1 bouquet garni
- 50 cl de lait
- 150 g de laguiole peu affiné
- 60 g de beurre
- 30 g de farine
- 1 verre de vin blanc sec
- sel et poivre du moulin

1 Faites dessaler la morue 12 heures dans de l'eau froide en la renouvelant plusieurs fois.

2 Au bout de 12 heures, égouttez-la et mettez-la dans une casserole avec le vin blanc. Puis couvrez d'eau. Ajoutez le bouquet garni et les oignons, salez et poivrez. Portez à la limite de l'ébullition, puis laissez frémir 15 minutes. Égouttez le poisson, retirez la peau et les arêtes. Effeuillez la chair.

3 Pendant ce temps, préparez une sauce Béchamel assez épaisse avec 30 g de beurre, la farine et le lait. Incorporez en fin de cuisson la moitié du fromage taillé en fines languettes.

4 Beurrez un plat à gratin et versez-y la morue effeuillée. Nappez de sauce au fromage et ajoutez le reste de laguiole émincé sur le dessus, avec quelques noisettes de beurre. Faites gratiner dans le four une dizaine de minutes et servez dans le plat.

FRANCE · PURE TRADITION · FAIT-MAISON
Massif Central

Quincy ou
entraygnes rosé

POULE À LA FARCE NOIRE

Cette poule-au-pot farcie (d'une farce « noire » car colorée par le sang et les abats de la volaille) était jadis un plat de fête, notamment en Corrèze et dans le Limousin.

Pour 6 personnes
Préparation : 30 min
Cuisson : 3 h

€
✳ ✳

- 1 poule de 2 kg environ, vidée (abats et sang réservés)
- 200 g de chair à saucisse
- 6 carottes
- 4 panais
- 6 poireaux
- 6 pommes de terre
- 2 gousses d'ail
- 2 oignons
- 1 bouquet de persil plat
- 2 jaunes d'œufs
- 1 bouquet garni
- 2 clous de girofle
- 100 g de pain rassis
- gros sel
- 12 grains de poivre
- sel et poivre du moulin

🍷 Côtes-d'auvergne
ou beaujolais-village

1 Dans un saladier, mélangez la chair à saucisse, le foie, le cœur et le gésier hachés de la poule, le pain trempé dans 1 demi-verre de sang, les gousses d'ail et 1 oignon hachés, le persil ciselé. Pétrissez et liez avec les jaunes d'œufs. Salez et poivrez.

2 Farcissez la poule, cousez-la et bridez-la. Mettez-la dans une grande marmite, couvrez d'eau froide et ajoutez une poignée de gros sel, les grains de poivre, le bouquet garni et 1 oignon piqué de clous de girofle. Portez à ébullition et laissez mijoter doucement 2 heures.

3 Ajoutez les carottes et les panais pelés et tronçonnés, les blancs des poireaux parés et poursuivez la cuisson 1 heure.

4 Faites cuire les pommes de terre pelées à l'eau salée à part.

5 Servez la poule coupée en morceaux, avec la farce et les légumes assortis.

FRANCE · PURE TRADITION · FAIT-MAISON
Massif Central

Variantes et conseils

Vous pouvez supprimer le pain de la farce et diminuer la quantité de chair à saucisse, et les remplacer par une proportion plus grande de persil et de fines herbes.

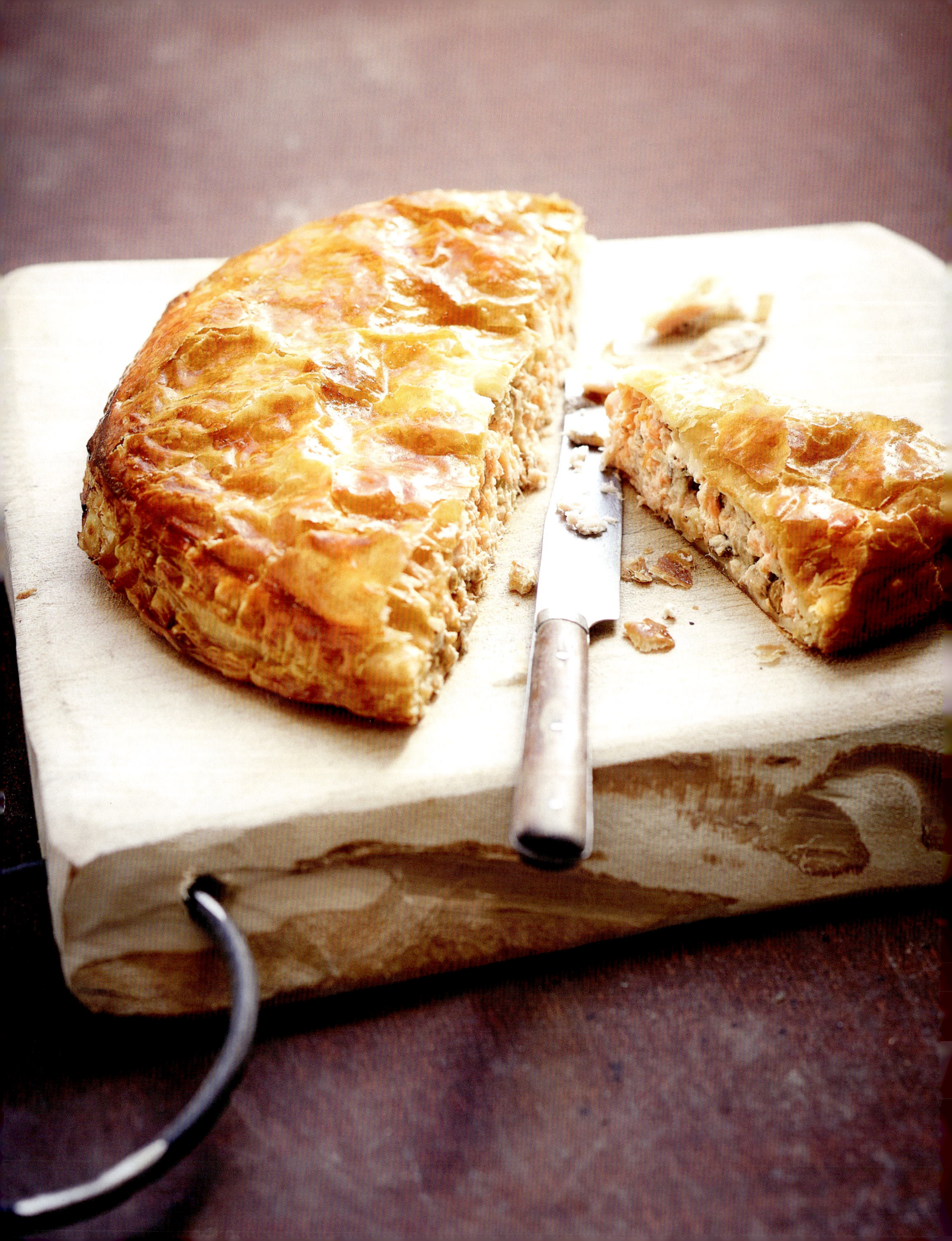

TOURTE DE BRIOUDE AU SAUMON

Pour 8 personnes
Préparation : 45 min
Cuisson : 30 min

€€€
✳✳✳

- 1 saumon frais de 3 kg environ, écaillé, vidé et paré
- 800 g de pâte feuilletée
- 100 g de petits mousserons
- 2 échalotes ciselées
- 40 g de beurre
- 10 cl de crème fraîche
- 1 jaune d'œuf
- sel et poivre du moulin

Saint-pourçain blanc
ou boudes blanc

1 Levez les filets du saumon, retirez la peau et les arêtes. Dans une terrine, hachez 300 g de la chair.

2 Abaissez la pâte feuilletée en 2 disques de 26 cm de diamètre et réservez au frais.

3 Dans une sauteuse, faites revenir les échalotes et la moitié des champignons avec 20 g de beurre. Hachez le tout et incorporez la chair de saumon, puis la crème. Salez et poivrez.

4 Posez une abaisse de pâte sur la tôle du four beurrée. Étalez la farce au saumon dessus, ajoutez les champignons restants, recouvrez avec les filets de saumon détaillés en escalopes fines et régulières. Posez la seconde abaisse en couvercle et soudez les bords. Badigeonnez le dessus de jaune d'œuf et enfoncez une petite douille sur le dessus. Faites cuire au four à 210 °C (th. 7) pendant 30 minutes environ.

FRANCE · PURE TRADITION · FAIT-MAISON · Auvergne

CHOU FARCI

Pour 6-8 personnes
Préparation : 45 min
Cuisson : 1 h

€

✳ ✳

- 1 beau chou vert
- 750 g de bœuf cuit (restes de pot-au-feu : gîte, plat de côtes, paleron…)
- 400 g d'échine de porc
- 4 oignons moyens
- 2 carottes
- 3 échalotes
- 1 gousse d'ail
- 1 botte de persil plat
- ½ cuill. à soupe de thym (en feuilles)
- 2 œufs
- 1 crépine de porc
- 25 cl de bouillon de bœuf
- 30 g de beurre
- gros sel
- sel fin et poivre noir du moulin

Saint-pourçain rouge
ou côtes-de-forez rouge

1 Lavez le chou entier en écartant légèrement les feuilles. Retirez les feuilles extérieures les plus abîmées et la base du trognon. Remplissez d'eau un faitout et portez-la à ébullition. Salez au gros sel et plongez-y le chou. Faites blanchir 10 minutes avant de le retirer et de le plonger dans une bassine d'eau froide pour stopper la cuisson. Égouttez-le. Détachez les grandes feuilles vert foncé une par une sur plusieurs épaisseurs et réservez-les. Ôtez le cœur (il ne sert plus pour cette recette mais vous pouvez le réserver pour un autre usage).

2 Préparez la farce : épluchez les oignons, l'ail et les échalotes et lavez le persil. Passez au hachoir à grille moyenne les viandes de bœuf et de porc, 2 oignons, les échalotes, le persil plat et l'ail. Ajoutez le thym et les œufs. Salez, poivrez et malaxez bien la farce. Réalisez une boule de farce de la taille du cœur du chou. Recouvrez la boule par les feuilles de chou blanchies dans l'ordre inverse de celui dans lequel elles ont été prélevées (du plus clair au centre au plus foncé à l'extérieur). Entre chaque couche de feuilles, pensez à étaler des couches de farce sur 1 cm d'épaisseur environ. Allez jusqu'au bout et reconstituez le chou originel.

3 Rincez la crépine à l'eau claire et déposez-la sur un linge propre. Déposez le chou à l'envers au centre et refermez la crépine, puis le linge. Serrez pour expulser l'eau en trop. Ficelez le torchon. Faites chauffer le beurre dans une cocotte et faites revenir les oignons restants émincés et les carottes pelées et taillées en rondelles. Déposez le chou dans son torchon sur sa base, ajoutez le bouillon, couvrez et enfournez pendant 1 h 30 à 180 °C (th. 6).

4 Égouttez le chou après cuisson, retirez la ficelle et le torchon et servez le chou, découpé en parts comme un gâteau, et mouillé de son bouillon réduit.

COQ AU VIN

Pour 6 personnes
Préparation : 25 min
Cuisson : 2 h 15

€€

✳✳✳

- 1 coq de 2 kg, en morceaux, 3 cuill. à soupe de sang
- 125 g de lardons maigres
- 200 g de petits champignons
- 12 petits oignons blancs
- 1 gousse d'ail
- 1 bouquet garni
- 120 g de beurre
- 30 g de farine
- 1 morceau de sucre
- 1 l de vin rouge
- 1 petit verre de marc
- sel et poivre du moulin

1 Dans une cocotte, faites fondre les lardons avec 50 g de beurre, puis ajoutez les oignons et faites-les rissoler 10 minutes. Retirez et réservez oignons et lardons.

2 Mettez à leur place les morceaux de volaille et faites-les dorer sur tous les côtés. Salez et poivrez. Arrosez-les avec le marc chauffé et flambez. Retirez et réservez les morceaux de volaille.

3 Remettez à leur place oignons et lardons, poudrez avec 15 g de farine et mélangez. Remettez les morceaux de volaille, puis versez le vin rouge, que vous aurez préalablement chauffé à part dans une casserole avec le morceau de sucre.

4 Ajoutez l'ail pelé et pressé, le bouquet garni, couvrez et faites mijoter 1 h 30.

5 Faites sauter à part les champignons émincés dans 50 g de beurre. Ajoutez-les dans la cocotte et poursuivez la cuisson encore 30 minutes.

6 Mélangez les restes de beurre et de farine. Incorporez ce beurre manié au contenu de la cocotte en fouettant, puis ajoutez le sang et faites chauffer 5 minutes sans laisser bouillir. Servez chaud après avoir retiré le bouquet garni.

Chanturgue ou Marcellac

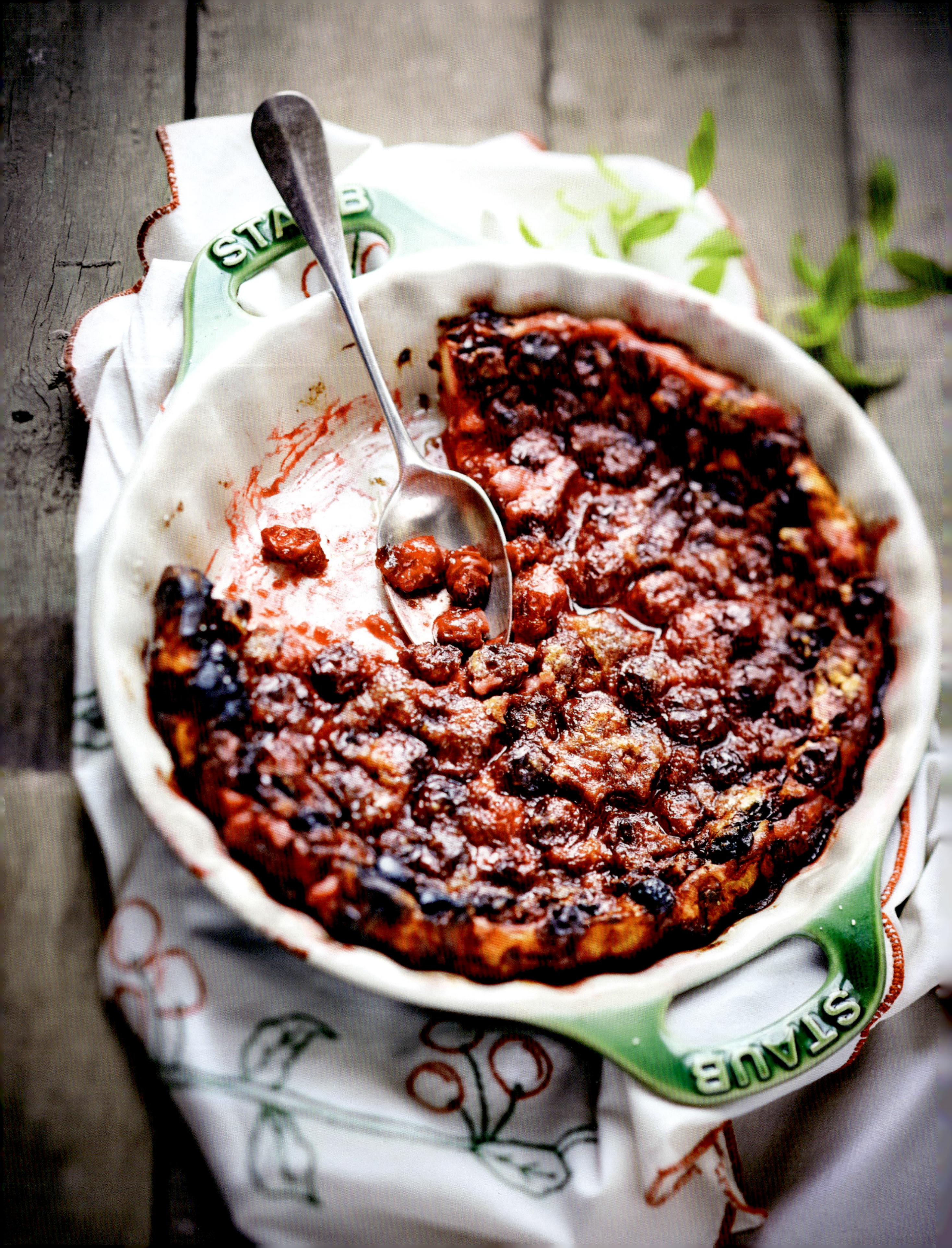
STAUB
STAUB

CLAFOUTIS AUX CERISES

Pour 6 personnes
Préparation : 20 min
Repos : 1 h
Cuisson : 30 min

€

✳

- 600 g de cerises juteuses
- 4 œufs
- 40 cl de lait
- 40 g de beurre
- 180 g de farine
- 150 g de sucre en poudre
- 1 petit verre d'eau-de-vie
- 1 cuill. à soupe d'huile
- sel

Guignolet kirsch
ou champagne rosé

1 Dans une terrine, tamisez la farine, faites une fontaine, ajoutez une pincée de sel, les œufs, l'huile et 1 verre de lait. Mélangez intimement, puis incorporez le reste de lait, la moitié du sucre et l'eau-de-vie. Laissez reposer 1 heure à température ambiante.

2 Lavez les cerises et équeutez-les (en principe on ne les dénoyaute pas). Beurrez un plat à gratin et rangez les cerises dedans en une seule couche. Versez la pâte dessus et ajoutez quelques noisettes de beurre. Faites cuire au four à 210 °C (th. 7) pendant 30 minutes.

3 À la sortie du four, poudrez généreusement de sucre et laissez tiédir avant de déguster.

FRANCE · PURE TRADITION
Massif
Central
FAIT-MAISON

TARTE FEUILLETÉE AUX PRALINES

Pour 6 personnes
Préparation : 30 min
Cuisson : 30 min

€ €

✳ ✳

- 2 œufs entiers + 1 jaune
- 80 g de beurre
- 80 g de sucre
- 60 g de poudre d'amande
- 100 g de pralines
- 300 g de pâte feuilletée
- 1 cuill. à soupe de rhum

1 Dans une jatte, travaillez le beurre ramolli avec le sucre, incorporez la poudre d'amande, puis les œufs entiers et le rhum. Mélangez intimement.

2 Concassez grossièrement les pralines. Étalez la pâte feuilletée en 2 disques identiques. Placez l'un d'eux sur une tôle à pâtisserie et déposez les pralines concassées sur le pourtour, en laissant une marge de 2 cm.

4 Étalez la crème aux amandes au milieu, recouvrez avec le second disque, soudez les bords et badigeonnez le dessus avec le jaune d'œuf.

5 Faites cuire au four à 240 °C (th. 8) pendant 30 minutes, en surveillant pour que le dessus ne colore pas trop vite ; si c'est le cas, baissez un peu la température.

Jus de fruit ou café

FRANCE · PURE TRADITION · FAIT-MAISON · Auvergne

TARTE DE VIC

Pour 6 personnes
Préparation : 20 min
Cuisson : 25 min environ

€

✳✳

- 4 jaunes d'œufs
- 10 cl de crème fraîche
- 20 g de beurre
- 1 bol de lait caillé
- 250 g de pâte brisée
- farine
- 50 g de sucre en poudre
- 1 sachet de sucre vanillé

Café ou vin
effervescent

1 Abaissez la pâte et garnissez-en un moule fariné et beurré. Piquez le fond, garnissez-le de haricots secs et faites cuire à blanc dans le four à 180 °C (th. 6) pendant 12 à 15 minutes. Laissez refroidir.

2 Fouettez vivement le lait caillé égoutté avec la crème, incorporez le sucre, puis les jaunes d'œufs un par un. Versez cette garniture bien mousseuse sur le fond de tarte et faites cuire dans le four à 180 °C (th. 6) pendant une douzaine de minutes. Poudrez de sucre vanillé et servez tiède ou froid.

FRANCE • PURE TRADITION • FAIT-MAISON
Auvergne

BOURGOGNE, LYONNAIS
&
FRANCHE-COMTÉ

ENTRÉES

Fromage de tête, 256
Cervelas pistaché en brioche, 259
Escargots à la bourguignonne, 259
Œufs en meurette, 260
Cervelle de canut, 263
Gougères, 263

PLATS

Poulet au vin jaune et aux morilles, 265
Bœuf bourguignon, 266
Cardons à la moelle, 269
Salmis de canard, 269
Tablier de sapeur, 271
Poulet au vinaigre, 271
Quenelles de brochet, 272
Pochouse, 274

DESSERTS

Pain d'épice au miel, 277
Rigodon, 278
Bugnes lyonnaises, 280

LA CIVILISATION DU VIN

Les régions culinaires et gastronomiques ne se satisfont pas toujours des frontières administratives, mais obéissent plutôt aux lois naturelles validées par l'usage. Voilà pourquoi j'ai choisi de rattacher Lyon, capitale gastronomique de la France, à la Bourgogne-Franche-Comté. Un produit majeur et fondateur de notre civilisation est commun à ces régions : le vin. La Bourgogne recèle selon moi le plus beau vignoble du monde, émaillé des crus les plus prestigieux et ancestraux. Autour de la colonne vertébrale des côtes-de-nuits et des côtes-de-beaune, de nombreuses appellations depuis Chablis au nord jusqu'au Mâconnais au sud forment le royaume des monocépages : pinot noir pour les rouges et chardonnay pour les blancs. Leur palette sublime les plus grands plats de viande, les gibiers et les poissons d'où qu'ils soient. La Franche-Comté, plus modeste région viticole, est célébrée pour ses particularismes : le vin jaune, ce vin de cépage savagnin au goût inimitable d'oxydation contrôlée, à savourer absolument avec les vieux comtés. Mais aussi des cépages noirs locaux à la palette gustative singulière : trousseau et poulsard, qui enchantent les charcuteries fumées du pays des tuyés. Enfin, impossible de dissocier la région lyonnaise du Beaujolais où le cépage gamay a trouvé sa plus belle diversité d'expressions. Crus du Beaujolais que l'on sert en pots lyonnais dans tous les petits bouchons de la ville pour accompagner un tablier de sapeur, un poulet au vinaigre ou des cardons à la moelle. Serviette, couteau, fourchette, tire-bouchon et… à table ! Et comme dit Monsieur Paul (Bocuse), qui est un peu mon papa en cuisine : « Bon appétit et large soif ! »

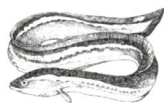

FROMAGE DE TÊTE

Rituelle dans les campagnes chaque fois que l'on procède à l'abattage d'un cochon, cette préparation demande du temps mais se conserve bien au réfrigérateur.

Pour 8 personnes
À faire à l'avance
Préparation : 1 h
Cuisson : 8 h
Prise au froid : 24 h

€

✳

- 1 tête de porc
- 2 pieds de porc
- 1 langue de porc
- 3 gousses d'ail
- 4 oignons
- 6 échalotes
- 1 bouquet de persil
- thym
- 1 bouteille de vin blanc sec
- 12 grains de poivre
- sel et poivre du moulin

Bourgogne passe-tout-grains
ou saint-amour

1 Dans une grande marmite, réunissez la tête de porc coupée en deux, les pieds de porc, puis l'ail, les échalotes et les oignons émincés (réunis dans un sachet en mousseline avec les queues de persil, les grains de poivre et un peu de thym). Couvrez d'eau, salez, faites bouillir et laissez mijoter 7 heures. Ajoutez la langue de porc et faites cuire 30 minutes supplémentaires.

2 Égouttez les viandes, passez le bouillon et faites-le frémir à nouveau dans une casserole en ajoutant le vin.

3 Désossez la tête et les pieds, pelez la langue, remettez le tout dans la casserole et faites cuire 30 minutes.

4 Enduisez une terrine de bouillon et laissez prendre en gelée. Puis remplissez la terrine en alternant les viandes, la langue coupée en dés et le persil haché. Salez, poivrez et versez le bouillon dessus. Laissez refroidir, posez une assiette et un poids sur la terrine puis faites prendre en gelée pendant 24 heures.

Variantes et conseils

Pour servir, découpez des tranches très froides et proposez-les en entrée avec cornichons et moutarde.
Vous pouvez aussi mouler le fromage de tête dans un moule à cake.

CERVELAS PISTACHÉ EN BRIOCHE

1 Dans une terrine, tamisez la farine et faites un puits. Ajoutez le lait chauffé, dans lequel vous aurez délayé la levure avec trois pincées de sucre. Mélangez et incorporez les œufs entiers l'un après l'autre, deux pincées de sel, puis 150 g de beurre ramolli. Laissez gonfler cette pâte 2 heures, enfoncez-la, puis réservez-la au frais jusqu'au lendemain.

2 Faites pocher le cervelas à l'eau frémissante pendant 45 minutes. Égouttez-le et épongez-le.

3 Abaissez la pâte en rectangle, enveloppez le saucisson dedans et badigeonnez l'extérieur au jaune d'œuf. Faites cuire sur la tôle du four beurrée à 190 °C (th. 6-7) pendant 1 heure. Servez tiède.

Y Chénas ou juliénas

Pour 6 personnes
À faire à l'avance
Préparation : 45 min
Repos : 12 h
Cuisson : 1 h 45

€€ ✳✳

- 1 cervelas pistaché et truffé de 800 g environ
- 3 œufs entiers + 1 jaune
- 10 cl de lait
- 180 g de beurre
- 450 g de farine
- 15 g de levure
- sucre en poudre
- sel

FRANCE • PURE TRADITION • FAIT-MAISON • Lyonnais

ESCARGOTS À LA BOURGUIGNONNE

1 Malaxez le beurre ramolli à la fourchette, en lui ajoutant peu à peu le persil finement ciselé, ainsi que l'ail et l'échalote très finement hachés. Incorporez le poivre blanc. Réservez au frais.

2 Rincez les escargots et épongez-les. Remplissez à moitié les coquilles avec du beurre d'escargot, ajoutez un escargot et finissez de les remplir.

3 Rangez-les dans des plats alvéolés, ouverture vers le haut, et faites-les cuire 10 minutes sous le gril du four, jusqu'à ce que le beurre grésille. Servez aussitôt.

Y Chablis ou saint-aubin blanc

Pour 6 personnes
Préparation : 45 min
Cuisson : 10 min

€€ ✳

- 6 douzaines d'escargots de Bourgogne en boîte, avec les coquilles
- 60 g d'échalotes
- 40 g d'ail
- 1 beau bouquet de persil plat
- 400 g de beurre demi-sel
- 1 cuill. à café de poivre blanc concassé

FRANCE • PURE TRADITION • FAIT-MAISON • Bourgogne

ŒUFS EN MEURETTE

La « meurette », sauce bourguignonne au vin rouge et aux lardons, sert à cuisiner les œufs et les poissons : son nom vient de l'ancien français *muire*, qui signifie « saumure ».

Pour 4 personnes
Préparation : 20 min
Cuisson : 35 min

€

✳

- 150 g de lardons maigres non fumés
- 4 échalotes
- 1 gousse d'ail
- 2 petits oignons
- 4 œufs
- 50 g de beurre
- 50 g de farine
- 4 tranches de pain de mie
- 50 cl de vin rouge
- vinaigre
- sel et poivre du moulin

Hautes-côtes de Beaune ou santenay

1 Dans une casserole, faites revenir les lardons avec le beurre, en remuant constamment. Ajoutez l'ail, les oignons et les échalotes émincés très finement. Mélangez 2 minutes, poudrez de farine et remuez encore 2 minutes.

2 Versez doucement le vin et mélangez aussitôt en fouettant. Salez et poivrez. Laissez mijoter doucement 25 minutes environ.

3 Un quart d'heure avant la fin de la cuisson, faites pocher les œufs dans une grande casserole d'eau légèrement vinaigrée. Puis égouttez-les, déposez-les dans des assiettes creuses sur les tranches de pain de mie grillées, nappez-les de sauce meurette et servez aussitôt.

FRANCE · PURE TRADITION · FAIT-MAISON · Bourgogne

Variantes et conseils

La meurette traditionnelle se prépare avec du vin rouge, mais on peut aussi utiliser du chablis.

Les lardons doivent être maigres et non fumés.

CERVELLE DE CANUT

Pour 4 personnes
Préparation : 20 min
Réfrigération : 1 h

€ ✳

- 500 g de fromage blanc en faisselle
- 1 bouquet de ciboulette
- 10 brins de cerfeuil
- 10 brins de persil plat
- 6 brins d'estragon
- 1 gousse d'ail
- 3 échalotes
- 1 cuill. à soupe de vinaigre de vin blanc
- 2 cuill. à soupe d'huile
- sel et poivre du moulin

1 Dans un saladier, réunissez le fromage blanc égoutté et les fines herbes ciselées, l'ail et les échalotes pelés et ciselés. Mélangez, salez et poivrez.

2 Incorporez en remuant l'huile et le vinaigre. Goûtez et rectifiez l'assaisonnement. Laissez reposer au moins 1 heure au frais avant de servir. Proposez en même temps de fines tranches de pain de campagne grillées.

🍷 Beaujolais-villages ou mâcon

FRANCE • PURE TRADITION
Lyonnais
FAIT-MAISON

GOUGÈRES

Pour 6 personnes
Préparation : 15 min
Cuisson : 35 min

€ ✳ ✳

- 4 œufs entiers + 1 jaune
- 150 g de gruyère râpé
- 130 g de beurre
- 150 g de farine
- sel

1 Dans une casserole, faites bouillir 25 cl d'eau en ajoutant 100 g de beurre coupé en morceaux et salez. À l'ébullition, versez la farine et mélangez aussitôt avec une cuillère en bois.

2 Hors du feu, quand la farine se détache des parois, incorporez les œufs entiers un par un, en remuant bien. Ajoutez le fromage en dernier et mélangez à nouveau.

3 Prélevez des boulettes de pâte et rangez-les, bien espacées, sur une tôle beurrée. Badigeonnez-les au jaune d'œuf et faites cuire à 210 °C (th. 7) pendant 5 minutes, puis 20 minutes de plus avec la porte entrouverte.

🍷 Bourgogne aligoté ou mâcon

FRANCE • PURE TRADITION
Bourgogne
FAIT-MAISON

POULET AU VIN JAUNE ET AUX MORILLES

À chacun sa madeleine de Proust, de Dax ou de Commercy. Pour moi, c'est le poulet au vin jaune et aux morilles que mon père nous faisait déguster accompagné d'un clavelin (nom de la bouteille qui contient le vin jaune) de Château-Chalon, le roi des vins jaunes !

Pour 4 personnes
Préparation : 15 min
Trempage : 12 h
Cuisson : 40 min

€ € €

*

- 1 beau poulet fermier
- 16 à 20 belles morilles sèches
- 2 échalotes
- 15 cl de vin jaune
- 5 cl de bouillon de volaille
- 30 cl de lait
- 10 cl de crème fraîche épaisse
- 25 g de beurre
- 1 cuill. à café de fécule de maïs
- sel fin et poivre blanc du moulin

FRANCE · PURE TRADITION · FAIT-MAISON
Franche-Comté

Château-chalon ou arbois

1 Découpez le poulet vidé en 8 morceaux (2 hauts de cuisses, 2 pilons et les ailes coupées en deux).

2 Faites tremper les morilles séchées la veille dans le lait légèrement tiédi. Égouttez-les bien. Gardez le lait de trempage pour la sauce. Épluchez et émincez très finement les échalotes.

3 Dans une sauteuse, faites revenir dans le beurre les morceaux de poulet sur toutes les faces jusqu'à coloration blonde. Ajoutez les échalotes ciselées. Salez et poivrez et laissez colorer 5 minutes.

4 Ajoutez les morilles et la fécule en pluie. Remuez et laissez cuire 5 minutes environ. Déglacez avec le vin jaune et laissez-le s'évaporer aux deux tiers avant d'ajouter la crème. Mouillez avec le bouillon de volaille et la moitié du lait de trempage des morilles. Laissez épaissir la sauce à petits bouillons en surveillant bien. Servez les morceaux de poulet nappés de la crème et les morilles autour.

Variantes & conseils

Le vin jaune est un vin cher et qui ne plaît pas à tous en raison de son arôme « oxydatif » poussé. Voilà pourquoi je préconise d'utiliser plutôt pour la cuisson de ce plat, une bouteille de Côtes-du-Jura, cépage savagnin (le cépage utilisé pour le vin jaune). Il n'aura ni la finesse ni la puissance du vin jaune, mais il en aura l'arôme de noix et un prix beaucoup plus doux ce qui ne fâchera personne… Sauf les puristes.

BŒUF BOURGUIGNON

Plat de bistrot typique, ce ragoût savoureux permet l'emploi de morceaux de viande économique. Dans la recette authentique, on fait mariner la viande avant la cuisson.

Pour 4 personnes
Préparation : 15 min
Cuisson : 2 h

€

✳

- 1 kg de gîte ou de macreuse
- 150 g de lardons maigres
- 250 g de petits champignons
- 3 carottes
- 2 gros oignons
- 1 gousse d'ail
- 1 bouquet garni
- 40 g de beurre
- 1 cuill. à soupe de concentré de tomate
- 1 bouteille de bourgogne rouge
- 1 filet d'huile
- sel et poivre du moulin

Savigny-lès-beaune ou morgon

1 Dans une cocotte, faites dorer les oignons émincés et les lardons avec 20 g de beurre et l'huile. Retirez-les et faites dorer à leur place la viande coupée en morceaux. Puis remettez lardons et oignons, poivrez, salez et versez le vin. Ajoutez l'ail pelé et pressé, les carottes émincées et le bouquet garni. Couvrez et faites mijoter doucement pendant 2 heures.

2 Faites revenir les champignons émincés dans le reste de beurre, salez, poivrez, puis ajoutez le concentré de tomate et mélangez.

3 Ajoutez les champignons en sauce dans la cocotte 10 minutes avant la fin de la cuisson. Retirez le bouquet garni avant de servir.

Variantes et conseils

Le bœuf bourguignon est encore meilleur quand il est réchauffé. Préparez-en une plus grande quantité ; il se conserve au réfrigérateur pendant 48 heures.

CARDONS À LA MOELLE

Pour 4 personnes
Préparation : 30 min
Cuisson : 1 h 30

€ ✱ ✱

- 1 pied de cardon (bien blanchi)
- 2 cuill. à soupe de farine
- 50 g de gros sel
- 3 citrons jaunes
- 40 g de beurre
- 1 l de bouillon de bœuf
- 4 os à moelle
- 50 g de comté râpé
- sel et poivre noir du moulin

1 Épluchez les cardons et ne gardez que les côtes tendres. Coupez les côtes en tronçons. Avec la pointe d'un couteau, retirez les fils sur le dessus. Frottez les tronçons avec 1 citron coupé en deux puis tranchez chaque tronçon en trois. Placez ces morceaux dans un bol. Pressez les citrons restants. Recouvrez d'eau froide et ajoutez la moitié du jus de citron. Mélangez. Préparez un blanc pour la cuisson : diluez 1 cuillerée à soupe de farine dans le reste de jus de citron. Dans un faitout, versez 3 litres d'eau froide, le gros sel et le jus de citron fariné. Portez à ébullition en battant au fouet. Versez les cardons et laissez-les cuire 45 minutes à couvert sur feu moyen.

2 Préparez un roux en faisant fondre 25 g de beurre dans une casserole sur feu moyen. Dès qu'il mousse, ajoutez 1 cuillerée à soupe de farine et remuez à l'aide d'un fouet. Laissez le mélange blondir, puis versez le bouillon de bœuf en fouettant. Laissez épaissir pendant 15 minutes sur feu doux. Goûtez et rectifiez l'assaisonnement. Préchauffez le four à 210 °C (th. 7). Faites cuire les os à moelle pendant 15 minutes dans une casserole d'eau frémissante salée et poivrée. Sortez la moelle et mettez-la à refroidir au réfrigérateur. Beurrez un plat à four. Égouttez les cardons et essuyez-les. Disposez-les dans le plat beurré et versez la sauce à hauteur. Découpez des rondelles de moelle et disposez-les sur les cardons. Saupoudrez de comté râpé. Enfournez le plat et passez sur la position gril. Laissez gratiner pendant 5 minutes et servez.

SALMIS DE CANARD

1 Faites rôtir le canard dans le four à 240 °C (th. 8) pendant 30 minutes. Découpez-le en morceaux. Hachez finement le cœur et le foie. Dans une sauteuse, faites revenir les échalotes et les petits oignons émincés avec le beurre et l'huile pendant 5 minutes.

2 Ajoutez le bouquet garni et l'ail haché, puis le vin, du sel et du poivre. Mettez les morceaux de canard dans cette sauce et laissez mijoter pendant 40 minutes. Ajoutez le foie et le cœur, faites cuire 5 minutes, puis retirez le bouquet garni et servez.

Pour 4 personnes
Préparation : 20 min
Cuisson : 1 h 20

€ € ✱ ✱

- 1 canard de 1,5 kg, 10 petits oignons blancs 2 gousses d'ail, 4 échalotes, 1 bouquet garni
- 25 g de beurre
- 50 cl de ferrey-chambertin
- 1 filet d'huile, sel et poivre

TABLIER DE SAPEUR

Pour 4 personnes
Préparation : 30 min
Marinade : 3 h
Cuisson : 20 min

€ ✳

- 800 g de panse de bœuf cuite au bouillon
- le jus de 1 citron
- 2 œufs
- 150 g de chapelure
- 1 cuill. à soupe de moutarde
- 1 verre de vin blanc
- huile
- sel et poivre du moulin

1 Faites mariner la panse de bœuf 3 heures dans une terrine avec le vin blanc, le jus de citron, la moutarde délayée dans un peu d'huile, du sel et du poivre.

2 Égouttez-la, découpez-la en triangles de 10 à 12 cm de côté et épongez-les.

3 Passez ces morceaux de gras-double d'abord dans les œufs battus avec un peu d'eau et d'huile, puis dans la chapelure en appuyant bien.

4 Dans une grande poêle, chauffez 1 cm d'huile et faites-y dorer les morceaux de gras-double panés sans les laisser roussir. Servez avec une mayonnaise, une sauce gribiche ou un beurre d'escargot.

🍷 Brouilly ou coteaux du lyonnais

POULET AU VINAIGRE

1 Découpez le poulet en morceaux. Faites-les colorer dans une sauteuse avec 50 g de beurre mousseux pendant 5 minutes environ. Salez, poivrez et déglacez avec la moitié du vinaigre. Laissez s'évaporer 1 minute et couvrez. Faites mijoter 30 minutes sur feu doux.

2 Débarrassez les morceaux de poulet sur un plat et réservez au chaud. Ajoutez le reste du vinaigre dans la sauteuse et portez 5 minutes à ébullition. Mélangez bien le beurre restant en pommade avec la farine avant de l'ajouter dans la sauteuse. Incorporez délicatement à l'aide d'un fouet. Rectifiez l'assaisonnement. Versez la sauce épaissie sur le poulet chaud et servez aussitôt.

🍷 Moulin-à-vent ou chiroubles

Pour 4-6 personnes
Préparation : 10 min
Cuisson : 45 min

€ ✳

- 1 poulet (de Bresse) de 1,5 kg
- 70 g de beurre
- 20 cl de vinaigre de vin à l'estragon
- 15 g de farine
- sel et poivre blanc du moulin

QUENELLES DE BROCHET

Gloire de la cuisine lyonnaise, les quenelles de brochet doivent leur moelleux et leur fondant au fait que le tiers du poids total, au minimum, est uniquement du brochet.

Pour 6 personnes
Préparation : 40 min
Réfrigération : 1 h
Cuisson : 30 min environ

€ €
✳ ✳ ✳

- 750 g de filets de brochet sans peau ni arêtes
- 3 blancs d'œufs
- 50 cl de lait
- 60 cl de crème fraîche épaisse
- 8 cl de crème fleurette
- 70 g de beurre
- 50 g de farine
- 25 g de beurre d'écrevisse
- sel et poivre du moulin

Pouilly-fuissé ou pouilly-loché

1 Passez les filets de brochet au mixeur, salez et poivrez. Incorporez les blancs d'œufs un par un sans fouetter et réservez le mélange au réfrigérateur pendant 1 heure.

2 Incorporez ensuite 20 cl de crème fraîche épaisse très froide, mixez rapidement, puis ajoutez le reste de crème épaisse en deux fois. Réservez au frais.

3 Préparez une béchamel avec 50 g de beurre, la farine et le lait. Puis incorporez-lui la crème fleurette et le beurre d'écrevisse.

4 Avec deux cuillères, moulez la farce à quenelles en portions et faites-les pocher doucement 12 à 15 minutes dans une grande casserole d'eau frémissante.

5 Versez la moitié de la sauce dans un plat à gratin beurré, rangez dessus les quenelles égouttées, recouvrez-les de sauce et faites gratiner dans le four à 180 °C (th. 6) pendant 12 minutes environ. Servez très chaud.

FRANCE · PURE TRADITION
Lyonnais
FAIT-MAISON

Variantes et conseils

Vous pouvez servir également les quenelles de brochet avec une sauce aux champignons, ou encore une sauce à l'américaine bien relevée.

POCHOUSE

Célèbre matelote de rivière, la pochouse doit son nom à la « poche » ou gibecière des pêcheurs.
Originaire du Doubs, elle fut introduite en Bourgogne par les marchands de poissons bressans.

Pour 6 personnes
Préparation : 20 min
Cuisson : 1 h 25

€ €

✳

- 2 kg de poissons de rivière vidés, écaillés, parés, étêtés et lavés
- 3 têtes d'ail
- 2 brins de thym frais
- 25 g de beurre
- 30 g de farine
- 12 petites tranches de pain de mie
- 2 cuill. à soupe de marc de Bourgogne
- 1 bouteille de vin blanc
- sel et poivre du moulin

1 Dans une casserole, faites chauffer le vin. Dans une autre casserole, plus petite, faites chauffer le marc, enflammez-le hors du feu et versez-le sur le vin dans la première casserole. Mélangez et ajoutez les têtes et les parures des poissons, les gousses d'ail pelées et écrasées (sauf 2), le thym, du sel et du poivre. Laissez mijoter doucement pendant 1 heure.

2 Au bout de 1 heure, passez le fumet en pressant bien. Versez-le dans une casserole propre et faites bouillir. Ajoutez les poissons coupés en tronçons réguliers et faites-les pocher doucement pendant 20 minutes, puis égouttez-les.

3 Faites un roux dans une autre casserole avec le beurre et la farine, versez le fumet dessus et faites cuire en remuant pendant 5 minutes.

4 Mettez les morceaux de poisson dans un plat creux, nappez-les de sauce et garnissez de croûtons de pain grillés et frottés d'ail. Servez très chaud.

FRANCE • PURE TRADITION • FAIT-MAISON
Franche-Comté

Variantes et conseils

Une confrérie des chevaliers de la Pochouse s'est constituée à Verdun-sur-le-Doubs, qui revendique l'authenticité de la préparation au vin blanc aligoté.

Mâcon blanc ou saint-véran

PAIN D'ÉPICE AU MIEL

Pour 6 personnes
Préparation : 15 min
Cuisson : 1 h
Repos : 24 h

€ €

✳

- 2 cuill. à soupe de jus de citron
- 2 jaunes d'œufs
- 10 cl de lait
- 25 g de beurre
- 300 g de farine
- 1 cuill. à soupe de bicarbonate de soude
- 80 g de sucre semoule
- 200 g de miel
- 1 cuill. à café de cannelle
- 1 cuill. à café de grains d'anis pilés
- 1 pincée de sel

1 Sur feu doux, faites chauffer en remuant le lait avec le miel et le sucre. Versez-en la moitié sur les jaunes d'œufs battus dans un bol. Mélangez le reste avec le bicarbonate et le sel.

2 Dans une terrine, tamisez la farine et incorporez alternativement les mélanges précédents.

3 Incorporez ensuite le jus de citron, la cannelle en poudre et l'anis pilé. Battez cette pâte 10 minutes et versez-la dans un moule à cake beurré et tapissé de papier sulfurisé. Faites cuire à 180 °C (th. 6) pendant 1 heure.

4 Démoulez, laissez refroidir sur une grille et attendez 24 heures avant de déguster.

FRANCE · PURE TRADITION
Bourgogne
FAIT-MAISON

Thé Earl Grey
ou Darjeeling

RIGODON

Cette pâtisserie de la campagne bourguignonne cuisait dans le four du boulanger, après la fournée, lorsque la chaleur était encore suffisante.

Pour 6 personnes
Préparation : 25 min
Cuisson : 45 min

€

✳ ✳

- 2 poires
- 3 pêches
- 100 g de framboises ou de fraises
- 12 cerneaux de noix
- 12 noisettes
- 6 œufs
- 80 cl de lait
- 40 g de beurre
- 160 g de sucre en poudre
- 1 gousse de vanille
- 10 g de cannelle
- 5 tranches de
- 2 cuill. à soupe de crème de riz
- sel

1 Dans une casserole, faites bouillir le lait, puis hors du feu ajoutez la gousse de vanille fendue en deux, le sucre, le sel et la cannelle. Mélangez et laissez refroidir.

2 Dans une terrine, battez les œufs en omelette avec la crème de riz. Versez doucement le lait, après avoir ôté la gousse de vanille, puis incorporez le pain brioché émietté, les noix et les noisettes concassées.

3 Versez le tout dans un moule à gratin beurré et faites cuire au four à 180 °C (th. 6) pendant 45 minutes.

4 Pendant ce temps, faites cuire doucement les poires et les pêches pelées et dénoyautées en compote, puis ajoutez les fruits rouges écrasés. Servez le rigodon tiède, nappé de la compote.

Variantes et conseils

Le rigodon se sert tiède, avec une compote de fruits à part, mais vous pouvez aussi, après l'avoir démoulé, le servir nappé de la confiture de votre choix.

Jus de pomme ou cidre

BUGNES LYONNAISES

Pour 8 personnes
Préparation : 30 min
Réfrigération : 1 h
Cuisson : 15 min

€

✳ ✳

- 1 citron
- 6 œufs
- 100 g de beurre
- 500 g de farine
- 100 g de sucre en poudre
- sucre vanillé
- 2 cuill. à soupe de rhum
- huile de friture
- 1 pincée de sel

Thé ou chocolat chaud

1 Dans une terrine, tamisez la farine, ajoutez le zeste du citron râpé, le sel et le sucre. Incorporez ensuite les œufs un par un, puis le beurre ramolli et le rhum. Lorsque la pâte est homogène, pétrissez-la 5 minutes, puis laissez-la reposer 1 heure au frais.

2 Abaissez des portions de pâte le plus finement possible et découpez-les en bandelettes. Plongez-les dans un bain de friture à 180 °C (5 ou 6 à la fois) et laissez-les gonfler avant de les égoutter. Poudrez de sucre vanillé et servez aussitôt.

FRANCE · PURE TRADITION · FAIT-MAISON
Lyonnais

ALSACE, LORRAINE
&
CHAMPAGNE-ARDENNE

ENTRÉES

Soupe à la bière, 285
Potée lorraine, 285
Flammekueche, 286
Soupe des vendangeurs, 286

PLATS

Pieds de porc à la Sainte-Menehould, 289
Harengs au raifort, 289
Sandre aux morilles, 290
Pâté en croûte ardennais, 293
Quiche lorraine, 293
Baeckeoffe, 295
Carpe à la bière, 295
Choucroute garnie, 296
Chevreuil aux poires, 299
Spätzle aux lardons, 299

DESSERTS

Tarte aux quetsches, 300
Pommes en streusel, 303
Kouglof, 304

L'EST DES TRADITIONS

Il suffit de prononcer le nom d'Alsace pour qu'aussitôt naissent en moi des visions de foie gras d'oie, de choucroute, de knacks, de raifort, de munster, de flammekueche, de kouglof, de bière et de grands vins. La Lorraine me donne envie de potée, de quiche, de charcuterie fumée, de pâtisserie et de mirabelle. Quant à la région Champagne-Ardenne, rattachée désormais administrativement aux deux premières, elle a sa place sur ce podium gastronomique avec le vin qui donne son nom à la région, les pâtés en croûte, pieds de cochon, boudins blancs, jambon et j'en passe. Ce que j'aime par-dessus tout dans la cuisine de ces régions, c'est la conscience de ses artisans que l'on retrouve dans la façon singulière de traiter le cochon. Ici, le métier de charcutier existe encore quand beaucoup l'ont délaissé pour n'être que traiteur. Ici, la charcuterie ne ressemble à aucune autre et on en est fier. Il suffit de la présenter à un Français « d'ailleurs » pour qu'il sache aussitôt l'identifier.

C'est parce qu'ici la tradition on y tient précieusement et ce n'est pas du folklore. On ne plaisante pas avec elle et on trouve encore partout de magnifiques charcutiers-traiteurs de village qui continuent à produire eux-mêmes les spécialités qu'ils vendent dans leurs boutiques, quand beaucoup ailleurs achètent et revendent malheureusement une charcuterie industrielle. Pas de ça ici. Dans l'Est, cuisiner et manger sont des affaires sérieuses, car chacun tient à sa culture et à ses traditions, et chacun veut tenir son rang et maintenir la réputation de la région : l'autre pays du cochon.

SOUPE À LA BIÈRE

Pour 6 personnes
Préparation : 10 min
Cuisson : 30 min

€ ✳

- 10 cl de crème fraîche épaisse
- 2 l de bouillon de volaille
- 250 g de mie de pain
- 30 cl de bière blonde
- sel et poivre du moulin

1 Dans une casserole, versez le bouillon de volaille et ajoutez la bière. Émiettez le pain dans ce liquide. Portez lentement à ébullition en remuant, salez et poivrez. Couvrez et faites cuire doucement pendant 30 minutes, en remuant de temps en temps.

2 À la fin de la cuisson, passez le contenu de la casserole au mixeur ou au moulin à légumes, puis incorporez la crème. Faites réchauffer, goûtez et rectifiez l'assaisonnement. Servez brûlant.

POTÉE LORRAINE

1 Faites tremper dans l'eau les haricots secs 6 heures. Épluchez les oignons, les carottes et les navets. Lavez les poireaux. Émincez 1 oignon, coupez les carottes et les poireaux en rondelles et les navets en cubes.

2 Dans une grande casserole, faites blanchir le chou (lavé, coupé en quatre et épluché de ses grosses côtes) dans de l'eau bouillante salée et égouttez-le. Dans une grande cocotte, faites chauffer sur feu vif le saindoux et faites revenir 1 oignon émincé avec les carottes, les navets et les poireaux. Salez et poivrez. Au bout de 5 à 10 minutes, ajoutez la palette sur les légumes revenus et mouillez avec de l'eau à hauteur avant d'ajouter l'oignon restant piqué de 2 clous de girofle, le bouquet garni, l'ail pelé (et dégermé). Couvrez et laissez mijoter 1 heure à petits bouillons. Ajoutez le chou dans la cocotte, les haricots égouttés et la poitrine fumée coupée en 2 tranches. Laissez cuire 1 h 30 avant d'ajouter le saucisson piqué. Ajoutez enfin les petits pois et les pommes de terre en tronçons et laissez cuire 30 minutes. Servez aussitôt.

Pour 6-8 personnes
Préparation : 30 min
Trempage : 6 h
Cuisson : 3 h

€ € ✳ ✳

- 600 g de palette de porc fumée, 1 saucisson fumé à cuire
- 300 g de lard de poitrine fumée
- 1 petit chou cloqué
- 100 g de haricots secs
- 30 g de saindoux
- 4 carottes
- 2 navets
- 4 poireaux
- 100 g de petits pois écossés
- 6 pommes de terre (moyennes)
- 2 oignons
- 2 clous de girofle
- 2 gousses d'ail
- 1 bouquet garni
- sel et poivre noir du moulin

Y Côtes-de-toul rouge
ou arbois rouge

FLAMMEKUECHE

Pour 4 personnes
Préparation : 30 min
Cuisson : 8-10 min

€ ✳ ✳

- 125 g de petits lardons fumés
- 3 oignons
- 20 cl de crème fraîche
- 100 g de fromage blanc
- 250 g de farine
- noix de muscade
- 12 cl d'huile de colza
- sel et poivre du moulin

Sylvaner ou pinot blanc

1 Préparez la pâte en mélangeant la farine avec l'huile de colza (réservez 1 cuillerée à soupe) et de l'eau tiède pour avoir une pâte homogène. Abaissez-la finement en forme de rectangle pour en garnir la plaque du four. Faites chauffer celui-ci à la chaleur maximale. Dans un saladier, mélangez la crème, le fromage blanc, l'huile de colza réservée, du poivre et la noix de muscade. Salez très légèrement.

2 Pelez et émincez très finement les oignons. Étalez la garniture au fromage blanc sur le fond de tarte sans aller jusqu'aux bords (laissez 1 cm tout autour). Ajoutez les oignons émincés répartis, puis les lardons également bien dispersés.

3 Enfournez et surveillez la cuisson, température maximale. de 8 à 10 minutes. Servez très chaud.

SOUPE DES VENDANGEURS

1 Parez, lavez et émincez les poireaux. Pelez les oignons et coupez-les en fines rondelles. Pelez les pommes de terre et coupez-les en cubes.

2 Dans une grande marmite, faites fondre 100 g de beurre. Ajoutez les poireaux et les oignons. Remuez sur feu modéré pour faire suer sans coloration. Salez, poivrez et râpez la noix de muscade.

3 Versez 3 litres d'eau et ajoutez les pommes de terre. Portez à ébullition et laissez ensuite mijoter 40 minutes environ. Incorporez la crème et le reste de beurre en parcelles, rectifiez l'assaisonnement et ajoutez la ciboulette ciselée.

4 Pendant les dix dernières minutes de cuisson, faites pocher à part les saucisses dans une casserole d'eau frémissante. Égouttez-les et coupez-les en tronçons. Servez la soupe bien chaude avec les saucisses en garniture.

Pour 8 personnes
Préparation : 15 min
Cuisson : 45 min

€ ✳

- 16 saucisses de Strasbourg
- 4 poireaux
- 4 gros oignons
- 8 grosses pommes de terre
- 1 bouquet de ciboulette
- 40 cl de crème fraîche
- 180 g de beurre
- noix de muscade
- sel et poivre du moulin

Sylvaner
ou edelzwicker

PIEDS DE PORC
À LA SAINTE-MENEHOULD

Pour 6 personnes
Préparation : 20 min
Cuisson : 2 h 10

- 6 pieds de porc
- ½ l de bouillon de volaille (ou de veau)
- 50 cl de vin blanc sec (chardonnay)
- 180 g de beurre
- 100 g de chapelure blonde
- 2 beaux oignons
- 1 bouquet garni (thym, laurier et persil plat)
- ½ cuillerée à café de quatre-épices
- sel fin et poivre noir du moulin

1 Fendez les pieds de porc en deux, dans la longueur. Attachez les deux moitiés avec de la ficelle de cuisine pour reconstituer le pied.

2 Portez à ébullition le bouillon additionné du vin blanc, des oignons, du quatre-épices et du bouquet garni. Salez et poivrez généreusement. Plongez les pieds dans le bouillon et laissez-les mijoter à petits bouillottements.

3 Après 2 heures de cuisson, sortez les pieds et laissez-les refroidir sur une assiette. Allumez le four bien fort sur position gril. Déliez-les et enduisez-les généreusement de beurre fondu de tous côtés avec un pinceau. Roulez-les dans la chapelure blonde en appuyant un peu. Faites-les dorer 5 minutes sur chaque face sous le gril et servez bouillant.

🍷 Bouzy rouge ou pinot noir d'Alsace

HARENGS AU RAIFORT

1 Nettoyez et hachez les champignons. Pelez et ciselez les échalotes. Mélangez les champignons, les échalotes, les œufs durs grossièrement hachés et 4 cuillerées à soupe de persil plat ciselé. Farcissez les harengs avec cette préparation et refermez-les en les maintenant avec une ou deux petites piques en bois. Mélangez le raifort et la crème.

2 Beurrez 4 rectangles de papier sulfurisé et posez les harengs farcis dessus. Nappez-les de la crème au raifort. Refermez hermétiquement les papillotes et faites-les cuire dans le four à 200 °C (th. 6-7) pendant 25 minutes environ.

🍷 Bière alsacienne blonde

Pour 4 personnes
Préparation : 20 min
Cuisson : 25 min environ

€ ✳ ✳

- 4 harengs frais de 200 g chacun, vidés et nettoyés
- 12 champignons de couche
- 4 échalotes
- 1 bouquet de persil plat
- 2 œufs durs
- 4 cuill. à soupe de crème fraîche
- 50 g de beurre
- 2 cuill. à soupe de raifort râpé

SANDRE AUX MORILLES

Plat de fête raffiné, le sandre braisé au vin blanc garni de morilles est un bon exemple des mets de la gastronomie du poisson d'eau douce en Alsace, dans ses meilleurs accords avec les champignons.

Pour 4 personnes
Préparation : 20 min
Cuisson : 25 min

€€€ ✳ ✳ ✳

- 1,2 kg de filets de sandre, parés
- 300 g de morilles fraîches
- le jus de ½ citron
- 2 échalotes
- 1 bouquet de ciboulette
- 2 jaunes d'œufs
- 20 cl de crème fraîche
- 80 g de beurre
- 20 cl de riesling
- sel et poivre du moulin

Riesling sec
ou sylvaner

1 Nettoyez très soigneusement les morilles, lavez-les abondamment, épongez-les, coupez-les en deux si elles sont grosses, éliminez le pied. Pelez et hachez les échalotes. Beurrez grassement un plat à gratin.

2 Salez et poivrez les filets de sandre et rangez-les dans le plat. Arrosez de riesling et ajoutez le jus de citron. Enfournez à 175 °C (th. 5-6) et faites cuire, porte entrouverte, en arrosant souvent, pendant 20 minutes.

3 Pendant ce temps, faites revenir les morilles dans une casserole avec un peu de beurre, ajoutez la ciboulette et les échalotes hachées, et 2 cuillerées à soupe de crème fraîche. Laissez mijoter 20 minutes.

4 Égouttez les filets de sandre et mettez-les dans un plat de service chaud. Versez leur jus de cuisson dans une casserole, liez avec le reste de crème, les jaunes d'œufs et 20 g de beurre. Salez et poivrez. Ajoutez les champignons et leur sauce. Mélangez délicatement, nappez les filets de sandre de cette préparation et servez aussitôt.

Variantes et conseils

Pour la liaison finale, vous pouvez remplacer le reste de crème fraîche, les jaunes d'oeufs et le beurre par 15 cl de crème fleurette.

PÂTÉ EN CROÛTE ARDENNAIS

1 Détaillez les viandes en petits dés de 1 cm de côté. Mélangez les cubes ensemble dans un saladier. Pelez les échalotes, l'oignon et l'ail et lavez le persil. Hachez finement l'oignon, les échalotes et l'ail ainsi que le persil plat. Mélangez avec les viandes, salez, poivrez et ajoutez le vin blanc. Couvrez et faites mariner 1 nuit au réfrigérateur.

2 Égouttez la viande marinée. Abaissez la pâte et coupez-la en 2 abaisses rectangulaires de 20×30 cm environ. Sur la première abaisse, disposez la viande égouttée et tassée en laissant 5 cm de bord. Repliez les bords pour les faire remonter sur la farce. Battez les jaunes d'œufs avec le lait et passez ce mélange à l'aide d'un pinceau de cuisine sur tous les rabats. Recouvrez ensuite le pâté avec la deuxième abaisse de pâte et soudez-la bien en appuyant sur les rabats. Utilisez les chutes de pâte pour faire des décorations collées dessus. Préchauffez le four à 200 °C (th. 6-7). Dorez le dessus du pâté avec le même mélange de jaune et lait. Faites cuire sur la plaque du four recouvert de papier sulfurisé de 30 à 40 minutes.

Pour 6 personnes
Préparation : 30 min
Marinade : 1 nuit
Cuisson : 40 min

€ € ✳ ✳

- 400 g de pâte feuilletée, 250 g d'échine de porc
- 100 g de tendron de veau
- 2 cuisses de lapin désossées
- 2 échalotes
- 1 oignon moyen
- 1 bouquet de persil plat
- 1 gousse d'ail
- 1 bouteille de vin blanc sec
- 2 jaunes d'œufs
- 1 cl de lait
- sel fin et poivre noir du moulin

QUICHE LORRAINE

1 Abaissez et étalez la pâte dans un moule puis piquez-la à la fourchette. Faites cuire la pâte à blanc en étalant sur le fond du papier sulfurisé garni de haricots à 180 °C (th. 6) pendant 10 minutes. Retirez le papier sulfurisé avec les haricots. Faites revenir les lardons à la poêle puis égouttez-les. Répartissez les lardons sur le fond de pâte précuit.

2 Battez les œufs et les jaunes avec la crème fraîche et le lait, assaisonnez avec un peu de sel, du poivre et de la muscade. Versez ce mélange sur les lardons. Parsemez la surface de copeaux de beurre. Faites cuire 40 minutes environ au four à 180 °C (th. 6).

Moselle blanc
ou petit chablis

Pour 6-8 personnes
Préparation : 25 min
Cuisson : 40 min

€ ✳

- 200 g de pâte brisée
- 200 g de lardons fumés
- 4 œufs + 2 jaunes d'œufs
- 25 cl de crème fraîche
- 10 cl de lait entier
- 10 g de beurre doux
- noix de muscade râpée
- sel et poivre noir du moulin

BAECKEOFFE

Pour 6 personnes
Préparation : 20 min
Marinade : 12 h
Cuisson : 4 h

€ ✳ ✳

- 500 g d'épaule de mouton, 500 g d'épaule de porc
- 500 g de paleron de bœuf
- 1 kg de pommes de terre
- 1 kg d'oignons
- 3 clous de girofle
- 2 gousses d'ail
- 1 bouquet garni
- un peu de farine
- 80 g de saindoux
- 50 cl de vin blanc
- sel et poivre du moulin

1 Découpez les viandes en gros cubes et mettez-les dans une terrine. Ajoutez 1 oignon pelé et émincé, 1 autre pelé et piqué de clous de girofle, les gousses d'ail pelées et écrasées, le bouquet garni, du sel et du poivre. Arrosez de vin blanc, couvrez et laisser mariner la nuit au frais.

2 Pelez et émincez le reste des oignons. Pelez les pommes de terre et coupez-les en tranches pas trop fines. Graissez une cocotte de saindoux. Mettez une couche de pommes de terre puis remplissez en alternant les viandes égouttées, les oignons et les pommes de terre, en terminant par celles-ci. Retirez de la terrine le bouquet garni et l'oignon piqué, et versez la marinade dans la cocotte. Mélangez un peu de farine et d'eau pour faire un cordon de pâte afin de souder le couvercle. Mettez la cocotte dans le four et faites cuire 4 heures à 160 °C (th. 5-6). Servez chaud.

CARPE À LA BIÈRE

Pour 4 personnes
Préparation : 20 min
Cuisson : 30 min environ

€ € ✳ ✳

- 1 carpe de 1 kg, écaillée, nettoyée et vidée
- 3 branches de céleri
- 1 carotte
- 2 gros oignons jaunes
- 1 bouquet garni
- 50 g de beurre
- ½ cuill. à café de cumin
- 1 tranche épaisse de pain d'épice
- 50 cl de bière blonde
- sel et poivre du moulin

1 Pelez les oignons et émincez-les finement. Parez le céleri et hachez-le. Pelez la carotte et taillez-la en fines rondelles. Dans une cocotte, faites fondre le beurre, ajoutez ces légumes et faites-les fondre en remuant pendant 5 minutes.

2 Salez et poivrez la carpe intérieurement et glissez-y le cumin. Posez-la sur la fondue de légumes et faites cuire pendant quelques minutes en la retournant délicatement plusieurs fois. Ajoutez le bouquet garni et versez la bière. Émiettez le pain d'épice et ajoutez-le. Couvrez la cocotte et faites cuire dans le four à 180 °C (th. 6) pendant 25 minutes environ.

3 Égouttez le poisson et posez-le sur un plat très chaud. Passez la cuisson au mixeur après avoir retiré le bouquet garni, goûtez et rectifiez l'assaisonnement. Nappez la carpe de cette sauce avant de servir.

CHOUCROUTE GARNIE

S'il fallait ne citer que deux grands plats régionaux français, la choucroute disputerait sans doute la place au cassoulet. C'est sa garniture qui en fait la richesse.

Pour 8-10 personnes
À faire à l'avance
Préparation : 20 min
Trempage : 12 h
Cuisson : 3 h

€ €
✳ ✳

- 1 jambonneau demi-sel
- 1 palette de porc fumée
- 2 saucisses de Montbéliard
- 8 saucisses de Strasbourg
- 2 kg de choucroute crue
- 2 oignons
- 15 baies de genièvre
- 1 cuill. à café de cumin
- 3 cuill. à soupe de saindoux
- 1 bouteille de riesling
- poivre du moulin

Riesling sec ou bière
alsacienne blonde

1 Faites tremper les viandes salées dans une marmite d'eau froide pendant la nuit.

2 Lavez la choucroute, essorez-la et faites-la blanchir 1 minute dans une grande casserole d'eau bouillante. Égouttez-la aussitôt.

3 Pelez et émincez les oignons. Dans une grande cocotte à fond épais, faites chauffer le saindoux. Ajoutez les oignons et faites-les fondre en remuant. Quand ils sont translucides, ajoutez la choucroute en l'effilochant et en la mélangeant avec les oignons.

4 Ajoutez les baies de genièvre et le cumin, laissez chauffer en soulevant la choucroute plusieurs fois, poivrez et ajoutez la moitié du riesling. Introduisez les viandes égouttées en les enfouissant à demi dans la choucroute. Laissez mijoter à couvert doucement pendant 2 h 45, en ajoutant progressivement le reste de riesling. Surveillez pour que le fond n'attache pas.

5 Ajoutez ensuite les saucisses de Montbéliard et, 10 minutes plus tard, les saucisses de Strasbourg.

6 Retirez les viandes de la cocotte et découpez-les en portions. Disposez la choucroute en tas sur un plat très chaud, avec les viandes et les saucisses en garniture.

Variantes et conseils

Les pommes de terre ne font pas partie de la garniture traditionnelle. Vous pouvez supprimer la palette de porc fumée et diminuer la proportion de saindoux.

CHEVREUIL AUX POIRES

Pour 8 personnes
Préparation : 15 min
Repos : 12 h
Cuisson : 45 min

€€€ ✳✳

- 1 cuissot de chevreuil
- 8 poires pelées et évidées
- 200 g de rondelles de poire séchées
- 2 brins de thym
- 1 feuille de laurier
- 100 g de beurre
- 1 cuill. à soupe rase de cannelle
- 35 cl de vin blanc sec
- 3 cuill. à soupe d'huile
- sel et poivre du moulin

1 Badigeonnez le cuissot d'huile et posez-le dans un plat creux avec le thym et le laurier émiettés. Arrosez-le avec 25 cl de vin et laissez reposer à couvert pendant 12 heures. Dans le même temps, faites tremper les rondelles de poire dans de l'eau tiède.

2 Posez le cuissot dans un plat à rôtir beurré. Enfournez à 240 °C (th. 8) et faites saisir 10 minutes. Puis baissez la chaleur à 220 °C (th. 7-8) et poursuivez la cuisson 30 minutes en arrosant la cuissot avec le vin blanc de la marinade. Un quart d'heure avant la fin de la cuisson, ajoutez les poires séchées.

3 Coupez les poires en quartiers et faites-les cuire dans une poêle avec du beurre et la cannelle, salez et poivrez.

4 Quand le cuissot est cuit, laissez-le reposer à couvert 10 minutes avant de le découper. Déglacez le plat avec 10 cl de vin blanc. Servez les poires et le jus en saucière.

SPÄTZLE AUX LARDONS

1 Mélangez la farine, les œufs, le sel, puis ajoutez petit à petit l'eau jusqu'à ce que la pâte ait la bonne consistance : celle d'une pâte à cake.

2 Faites bouillir dans une casserole une grande quantité d'eau salée. Prenez 1 louche de pâte, mettez-la sur la râpe à spätzle et faites des allers-retours à l'aide d'une spatule au-dessus de la casserole. Les spätzles sont cuits lorsqu'ils remontent à la surface. Récupérez-les à l'aide d'une écumoire et égouttez-les. Faites-les revenir dans du beurre à la poêle à feu moyen pendant 10 minutes. Épluchez et émincez l'oignon.

3 Faites revenir les lardons et l'oignon dans une poêle bien chaude. Lorsque les lardons et les oignons sont dorés, ajoutez les spätzle. Mélangez et dégustez aussitôt.

Pour 6 personnes
Préparation : 30 min
Cuisson : 35 min

€ ✳

- 4 œufs
- 400 g de farine
- 200 g de lardons fumés taillés en allumettes
- 1 gros oignon
- 15 cl d'eau environ
- sel
- beurre

TARTE AUX QUETSCHES

C'est entre juillet et la fin du mois de septembre, lorsque les quetsches des vergers alsaciens sont bien sucrées et juteuses, que cette tarte est une succulente réussite.

Pour 6 personnes
Préparation : 25 min
Cuisson : 30 min

€€

✳✳

- 1 kg de quetsches mûres
- 30 g de beurre
- 250 g de pâte brisée
- 125 g de sucre en poudre
- 4 ou 5 petits macarons secs aux amandes

1 Lavez les quetsches, essuyez-les et coupez-les en deux pour retirer le noyau. Réservez les fruits. Écrasez les macarons pour les réduire en poudre pas trop fine.

2 Abaissez la pâte brisée et garnissez-en une tourtière beurrée. Étalez les macarons en poudre sur le fond en une couche régulière. Rangez les prunes dessus, en rosace, peau contre le fond. Poudrez les fruits avec le sucre et mettez la tarte dans le four à 230 °C (th. 7-8). Laissez cuire 30 minutes environ. Servez la tarte tiède ou complètement refroidie.

Gewurztraminer ou eau-de-vie de prune

Variantes et conseils
À la place des macarons, vous pouvez utiliser d'autres biscuits, de préférence aux amandes, mais aussi à l'anis ou encore au gingembre, selon votre goût.

POMMES EN STREUSEL

Ce que l'on appelle streusel en alsacien est une sorte de pâte friable dont on recouvre le dessus de certains desserts aux fruits, à la manière du crumble anglais.

Pour 6 personnes
Préparation : 20 min
Cuisson : 30 min

€
✳

- 1 kg de pommes à cuire
- le jus de 1 citron
- 12 pruneaux
- 150 g de beurre
- 100 g de farine
- 100 g de sucre en poudre
- 1 cuill. à café de cannelle
- 150 g de cassonade
- 50 g de poudre d'amande

FRANCE · PURE TRADITION · FAIT-MAISON · Alsace

Crémant d'Alsace
ou muscat

1 Pelez les pommes, évidez-les et coupez-les en tranches. Mettez-les dans une casserole avec le jus de citron, et les pruneaux dénoyautés et coupés en morceaux. Faites cuire pendant 10 minutes sur feu modéré, puis ajoutez le sucre et la cannelle. Mélangez et retirez du feu.

2 Graissez un plat à gratin assez profond avec 40 g de beurre. Versez la compote dedans.

3 Mélangez le reste de beurre en parcelles avec la cassonade. Incorporez la farine et la poudre d'amande. Mélangez jusqu'à consistance de grosse chapelure.

4 Versez cette préparation en une seule couche épaisse sur les fruits en compote. Faites cuire dans le four à 200 °C (th. 6-7) pendant 20 minutes environ. Servez tiède de préférence, sinon le streusel est moins savoureux.

Variantes et conseils

La poudre d'amandes n'est pas indispensable dans la composition du streusel. Vous pouvez augmenter légèrement la proportion de cannelle et utiliser du sucre vanillé.

KOUGLOF

Sachez qu'un kouglof légèrement rassis (cuit la veille) est toujours meilleur. On le sert soit en dessert avec un vin blanc, soit au petit déjeuner, avec du thé ou du café.

Pour 8 personnes
Préparation : 30 min
Repos : 3 h
Cuisson : 45 min

€

✳ ✳

- 2 œufs
- 40 cl de lait
- 300 g de beurre
- 1 kg de farine
- 25 g de levure de boulanger
- 150 g de sucre en poudre
- 150 g de raisins de Malaga
- 80 g d'amandes effilées
- 1 petit verre de kirsch
- 15 g de sel

1 Dans un saladier, émiettez la levure, ajoutez 20 cl de lait tiédi et 500 g de farine. Mélangez intimement et laissez doubler de volume pendant 1 heure.

2 Dans une jatte, battez-les en omelette avec le sel. Faites par ailleurs tremper les raisins secs dans le kirsch.

3 Versez le reste de la farine dans une terrine, ajoutez le reste de lait tiède et les œufs battus. Mélangez avec une spatule, puis pétrissez la pâte en la soulevant avec les mains. Incorporez 250 g de beurre ramolli, ainsi que le sucre et la boule de levain. Pétrissez pendant 5 minutes, couvrez la terrine et laissez reposer à température ambiante pendant 1 heure.

4 Lorsque la pâte a levé, tapotez-la plusieurs fois, rompez-la, puis incorporez les raisins et le kirsch.

5 Enduisez un grand moule à kouglof avec le reste de beurre, puis garnissez-le d'amandes effilées en les répartissant sur les parois. Versez la pâte dans le moule et laissez reposer encore 1 heure, jusqu'à ce qu'elle remplisse le moule.

6 Mettez au four à 180 °C (th. 6) et faites cuire 45 minutes. Si le kouglof colore un peu trop vite, couvrez de papier d'aluminium. À la sortie du four, laissez-le refroidir complètement avant de le déguster.

Variantes et conseils

Vous pouvez supprimer les amandes effilées à l'intérieur du moule, ou bien réaliser une version salée du kouglof, en mettant des petits lardons à la place des raisins secs.

Sylvaner ou
Gewurztraminer grand cru

MENUS

NORD-PAS-DE-CALAIS & PICARDIE

FAMILIAL

Salade de maquereaux, p. 15

Carbonade de bœuf, p. 27

Gâteau battu picard, p. 32

FESTIF

Tarte au maroilles, p. 19

Anguilles au vert, p. 19

Ch'tiramisu aux spéculoos
et à la chicorée, p. 28

NORMANDIE

FAMILIAL

Salade cauchoise au jambon à l'os, p. 41

Paillasson d'andouille de Vire
aux deux pommes, p. 49

Teurgoule, p. 59

FESTIF

Crevettes grises au cidre, p. 39

Gigot de pré-salé rôti, p. 55

Tarte aux pommes flambée, p. 59

BRETAGNE, POITOU-CHARENTES & VENDÉE

FAMILIAL

Préfou vendéen, p. 68

Embeurrée de chou, p. 73

Kouign-amann, p. 79

FESTIF

Boudins blancs aux artichauts, p. 71

Barbue de Cancale, p. 73

Broyé du Poitou, p. 80

VAL DE LOIRE, CENTRE & BERRY

FAMILIAL

Rillettes du Mans, p. 87

Poulet en barbouille, p. 92

Tarte Tatin, p. 100

FESTIF

Pâté de Pâques berrichon, p. 87

Grenadins de veau à la crème, p. 92

Pithiviers, p. 99

BORDELAIS, PÉRIGORD & QUERCY

FAMILIAL

Feuilletés de rocamadour au miel
et aux noix, p. 107

Confit de canard, p. 120

Gâteau aux noix du Quercy, p. 128

FESTIF

Huîtres comme à Arcachon, p. 104

Pot-au-feu de foie gras, p. 118

Duchesse de Sarlat, p. 126

PAYS BASQUE, BÉARN & GASCOGNE

FAMILIAL

Salade de poulpes, p. 132

Poule au pot farcie, p. 143

Gâteau basque, p. 152

FESTIF

Soupe biarrote de poissons, p. 135

Salmis de palombes, p. 146

Croustade aux pommes à l'armagnac, p. 155

LANGUEDOC-ROUSSILLON

FAMILIAL

Soupe de moules au safran, p. 160

Cassoulet, p. 166

Rousquilles, p. 174

FESTIF

Petits pâtés de Pézenas, p. 165

Bourride sétoise, p. 172

Galette narbonnaise, p. 176

PROVENCE, CÔTE D'AZUR & CORSE

FAMILIAL

Cannellonis au brocciu, p. 183

Aubergines farcies à la bonfacienne, p. 192

Tarte aux figues, p. 201

FESTIF

Fleurs de courgettes farcies, p. 196

Bouillabaisse, p.188

Tarte tropézienne, p. 202

SAVOIE & DAUPHINÉ

FAMILIAL

Caillettes dauphinoises, p. 209

Fondue savoyarde, p. 216

Pogne de Romans, p. 224

FESTIF

Gratin de cuisses de grenouilles, p.212

Pintadeau aux morilles, p. 219

Soufflé à la chartreuse verte, p. 220

AUVERGNE & MASSIF CENTRAL

FAMILIAL

Salade de lentilles, p. 231

Chou farci, p. 246

Clafoutis aux cerises, p. 249

FESTIF

Escargots en crème aux herbes, p. 231

Coq au vin, p. 247

Tarte feuilletée aux pralines, p. 251

BOURGOGNE, LYONNAIS & FRANCHE-COMTÉ

FAMILIAL

Gougères, p. 263

Poulet au vinaigre, p. 271

Pain d'épice au miel, p. 277

FESTIF

Quenelles de brochet, p. 272

Salmis de canard, p. 269

Rigodon, p. 278

ALSACE, LORRAINE & CHAMPAGNE-ARDENNE

FAMILIAL

Flammekueche, p. 286

Choucroute garnie, p. 296

Tarte aux quetsches, p. 300

FESTIF

Pieds de porc à la Sainte-Menehould, p. 289

Chevreuil aux poires, p. 299

Pommes en streusel, p. 303

INDEX DES RECETTES

INDEX PAR INGRÉDIENT

REMERCIEMENTS

Je tiens à sincèrement remercier les quelques personnes sans lesquelles ce livre n'aurait pas pris forme, à commencer par Sylvie Girard-Lagorce, co-auteur du livre qui connaît parfaitement la cuisine régionale et qui a comblé avec talent quelques-unes de mes lacunes ; Frédérique Sarfati-Romano, mon éditrice, qui est à l'initiative du projet ; Didier Férat et Corinne Cesano, mes directeurs éditoriaux qui m'ont soutenu sans faille en me laissant ma liberté chérie ; Océane Monange et sa patience… d'ange, qui a totalement piloté la mise en forme de cet ouvrage et a supporté mes maniaqueries graphiques et iconographiques.
Grand merci aussi à *Midi en France* mon émission chérie, à France 3 et R&G qui me permettent de sillonner les routes de France chaque semaine et d'en extraire le meilleur réalisé par les meilleurs chefs et cuisiniers amateurs. Et, enfin, un grand merci à ma famille : mon père qui me donna le goût de la cuisine de terroir, ma mère le goût des marchés de campagne et surtout, pour leur indulgence, merci à ma femme et à mes filles, qui ont supporté les heures passées enfermé dans mon bureau à « cuisiner » sur mon ordinateur au lieu de passer du temps à table avec elles.

Crédits photos

Toutes les photos sont de Pierre Chivoret et Alexia Janny assistée de Ayumi Iida, à l'exception des suivantes :
p. 9 haut gauche : © Tupungato ; p.29, p. 78 ; Guillaume Czerw / Sophie Dupuis-Gaulier ; p. 44 : © Gousses de vanille / Photocuisine ; p. 47 : © Rivière / Photocuisine ; p. 54, p. 116, p. 190 : Valery Guedes / Natacha Arnoult ; p. 57, p. 119, p. 240, p. 244 : Pierre Chivoret / Sophie Dupuis-Gaulier ; p. 61 haut gauche : © Philipp Klinger / Getty Iamges ; p. 81 haut gauche : © Hans Georg Elben / Getty images ; p. 86 : Sudres / Photocuisine ; p. 101 haut gauche : © Gareitkirklandphotography / Getty images ; p. 131 haut gauche : © Maxim Loskutnikov, milieu droite : Jean Bono / Emmanuel Renault et bas milieu : Bernard Radvaner / Delphine Brunet ; p. 136 : © A point studio / Photocuisine ; p. 157 haut gauche : © Chris Mellor / Getty images ; p. 170 ; Julien Le Berre / Jean-François Strugula ; p. 177 haut gauche : © Susana Guzman Martinez / Getty images ; p. 225 haut gauche : © Gérard Labriet / Getty images et bas gauche : Guillaume Czerw / Natacha Arnoult ; p. 233 : Julie Mechali / Isabelle Guerre ; p. 254 haut gauche : © Richard Semik ; p. 262 : Marie-Josée Jarry / Bérangère Abraham ; p. 264 : Bernard Radvaner ; p. 267 : David Bonnier / Camille Fourcade ; p. 292 : Myriam Gauthier-Moreau

Directeur éditorial : Didier Férat
Directrice éditoriale adjointe : Corinne Cesano
Édition : Océane Monange
Graphisme : Julia Phillips
Mise en pages et photogravure : Nord Compo
Fabrication : Laurence Duboscq

© Éditions Solar, 2015

Solar | un département **place des éditeurs**

place
des
éditeurs

ISBN : 978-2-263-06244-5
Code éditeur : S06244
Dépôt légal : septembre 2015
Imprimé en Pologne chez Interak